Сергей Носов

Сергей **Носов**

WITHDRAWN

Построение квадрата на шестом уроке

РЕДАКЦИЯ ИЗДАТЕЛЬСТВО
ЕЛЕНЫ АСТ
ШУБИНОЙ МОСКВА

УДК 821.161.1-32
ББК 84(2Рос=Рус)6-44
Н84

Дизайн переплета *Ирины Драгунской*
Фото автора на переплете — *Александр Веселов*

Н84   **Носов, Сергей Анатольевич.**
       Построение квадрата на шестом уроке : [малая про-
за] / Сергей Носов. — Москва : Издательство АСТ :
Редакция Елены Шубиной, 2018. — 346, [6] с. —
(Классное чтение).

       ISBN 978-5-17-105897-5

Сергей Носов — прозаик, драматург, автор шести романов, нескольких книг рассказов и эссе, а также оригинальных
работ по психологии памятников; лауреат премии «Национальный бестселлер» (за роман «Фигурные скобки») и фина-
лист «Большой книги» («Франсуаза, или Путь к леднику»).

Новая книга «Построение квадрата на шестом уроке»
приглашает взглянуть на нашу жизнь с четырех неожиданных
сторон и узнать, почему опасно ночевать на комаровской даче
Ахматовой, где купался Керенский, что происходит в голове
шестиклассника Ромы и зачем автор этой книги залез на Алек-
сандровскую колонну...

                                   УДК 821.161.1-32
                                   ББК 84(2Рос=Рус)6-44

Содержание

***

ТРЕТЬЯ СТОРОНА
(ПЕРПЕНДИКУЛЯРНАЯ ПЕРВЫМ ДВУМ)

ЧЕТВЕРТАЯ СТОРОНА
(ПЕРПЕНДИКУЛЯРНАЯ ПЕРВЫМ ДВУМ
И ПАРАЛЛЕЛЬНАЯ ТРЕТЬЕЙ)

ПЕРВАЯ СТОРОНА
(САМА ПО СЕБЕ)

РОМА И ПЕДОФИЛ

Рома проснулся и сразу вспомнил о Педофиле: сегодня четверг.

Он и перед сном думал о Педофиле, потому что завтра четверг, а это было вчера (когда думал): представлял, каким будет из себя Педофил, и очень не хотел, чтобы Педофил приснился. Педофил не приснился. Роме вообще ничего не приснилось, а если и приснилось что-нибудь, он это забыл в момент просыпания, но все равно первая мысль этим утром была о Педофиле.

А через минуту пришла мама будить Рому в школу и очень удивилась, что он уже не спит. «Ты разве не спишь?» — спросила мама, увидев, что Рома сидит на кровати и ей будить некого. Рома не знал, что ответить, и ответил: «Проснулся».

Рома только два раза сдавал экзамены: первый раз — в первый класс, когда его просили прочитать стихотворение и определить, какая из четырех картинок лишняя (лишним был верблюд), а второй раз — когда он поступал в детский хор и не прошел почему-то, — в тот вечер мама и папа вдруг поругались; папа говорил «ты всегда навязываешь свои предпочтения», а мама говорила «много ли ты занимался ребенком?»... Только два раза за всю свою жизнь Рома сдавал экзамены, но и этого больше, чем надо, чтобы, распробовав, уже не забывать, как бывает, когда будет экзамен, — неправильность обнаруживается в животе и какое-то странное смещение тяжести в теле — особенно утром, после сна, до того как еще не вышел из дома. И сейчас, распознав знакомую внутри себя смещенность, Рома понимает, что и это будет для него тоже экзаменом — сегодняшняя встреча с Педофилом.

Кухня, стол. Есть не хочется, но чтобы не задавали вопросы об отсутствии аппетита, он безропотно ест омлет. Мама проницательна и может о многом догадываться по глазам, поэтому Рома глядит в тарелку. Но с разглядыванием тарелки тоже нельзя переусердствовать, иначе будет вопрос: «Что-то случилось?» — а у Ромы всегда получается плохо, когда он пытается что-то скрыть.

О педофилах он знает достаточно много. Это бабушка почти ничего о них не знает. Она сама восклицала как-то: «Мы и слова не знали такого "педофил", это только сейчас появилось!..» А вот и не сейчас. Оно появилось давно. И они были всегда, педофилы.

Потому что бабушка не пользуется интернетом. А мама, хотя и пользуется интернетом, но зачем ей знать о педофилах больше того, что она и так знает?

Папа, наверное, знает не меньше Ромы, но вряд ли это ему интересно.

А Роме все интересно. Ни папа, ни мама, ни бабушка даже не догадываются, как много знает Рома о педофилах. Наверное, думают, что всё, что он знает, это что нельзя никуда уходить с незнакомыми дядями, да и тетями тоже. Думают, наверное, что он только и знает о педофилах, что от них исходит опасность, а в чем опасность, откуда ж им знать, как много знает об этом Рома?

Так думает Рома — как думают про него.

А ведь и педофилы тоже бывают разными. И разве стал бы сегодня Рома соглашаться на педофила, если бы тот был, как те, какими пугают взрослые? А всё как раз в том, что он совсем не такой. Костя-Лопата так и сказал: «Недоделанный педофил».

Костя знает. Это его — педофил. Лопата считает себя хозяином Педофила.

Бабушка провожает Рому. Рома уже большой, и он сам способен провожаться в школу, но бабушке по пути, после Ромы она поедет на автобусе в музей истории города, где работает в книжном киоске, хотя и на пенсии. А папа уже отправился в офис, и мама тоже ушла на работу. Рома из школы сам возвратится, и сегодня он встретится с Педофилом.

Бабушка, провожая Рому в школу, очень часто занудствует: она спрашивает, не забыл ли Рома дома дневник, папку для труда, тетрадь с домашним заданием. Раньше ее беспокоило, все ли Рома запомнил из того, что учил вчера, она даже могла устроить проверку — правило грамматики спросить, например, или важную дату истории, но после того как Рома стал раздраженно отвечать ей вопросом: «Бабушка, тебе интересно?» — она поняла, что он повзрослел, и перестала приставать с проверками знаний. Путь их пролегает по территории, которую одни называют пустырем, а другие садом, но не правы ни те, ни другие, считает Рома: потому что ты уже не пустырь, если на тебе растут деревья, но еще и не сад, если их всего два. Ему нравится слово «сквер», которое от слова «квадрат», хотя тут нет ни сквера, ни квадрата, но Рома учит английский, а вот бабушка английского не знает совсем, и зря она заводит песню про то, как хорошо учили тогда и как мало дают сегодня.

Потом они идут по улице, украшенной гирляндами в честь юбилея города, переходят трамвайную линию, где трамвай делает поворот, и это место бабушка считает самым опасным, ведь хвост трамвая на повороте очень сильно заносит, помнит ли об этом Рома? Расстаются на углу, у светофора. Здесь уже много школьников, все они идут со стороны моста, все они проходят мимо магазина «Тюль», улица освещена и кажется бабушке уже безопасной, ей надо налево, к автобусной остановке, но она не торопится уходить и смотрит, как Рома доходит до школьных дверей, он знает, что бабушка ждет, поэтому оборачивается и машет рукой, а она машет ему.

Первый урок — физкультура. Бег по линии зала, общеукрепляющие упражнения. Рома физкультуру недолюбливает, потому что у него не получается с легкой атлетикой.

Сегодня повторяют прыжки в высоту — простым приемом «ножницы». А у Ромы не получается в высоту — даже простым приемом. И дело вовсе не в том, что у него недлинные ноги, дело в том, что он не может рассчитать длину разбега. С арифметикой у него хорошо, а вот с длиной разбега не очень. Тамара Евгеньевна недовольна: «Рома, ты определился с толчковой? Какая у тебя — правая или левая?» — «У меня обе». Но сам-то он знает, что толчковых у него ни одной.

«Перестань бояться перекладины!» — говорит учительница, только Рома перекладины совсем не боится, — как можно бояться какой-то перекладины? — он вообще ничего не боится, все, чего он боится, можно пересчитать по пальцам одной руки, просто у него не получается выбрать нужный разбег, и поэтому он уже знает, подбежав к перекладине, что перепрыгнуть ее не получится.

Тамара Евгеньевна — широкоплечая, крупная, всех учительниц в школе крупнее. В молодости она была чемпионкой по метанию диска. На ней тренировочный костюм ярко-синего цвета, и на шее у нее висит свисток, а голос у нее командный.

Она любит хлопать в ладоши. Вот она хлопает в ладоши и кричит: «А сейчас не только на физическое развитие, но и на товарищескую взаимопомощь!» Будут играть в «четыре мяча», для этого все делятся на две команды. Поровну не выходит: в Роминой команде четырнадцать человек, а в команде противника — тринадцать, поэтому в команде противника начинается ропот: «Так не честно, Тамара Евгеньевна, их больше!» Учительница обводит взглядом обе команды и говорит: «Рома, перейди к ним», — и Рома, немного помедлив («Ну давай же, поторопись!»), переходит в другую команду, хотя там его не очень-то ждут и даже как будто ему не рады, но, раз их теперь на одного больше, больше никто не жалуется на судьбу, да и в команде, которую покинул Рома, не замечают потери — им без Ромы не хуже, чем с Ромой.

Игра очень веселая, и это правильно, что она в конце урока. Шум, гам. Команда Ромы победила с уверенным перевесом в три очка, и Рома ликует со всеми своими, правда за всю игру ни один из четырех мячей ему так и не достался, и чуть-чуть мысль об этом омрачает Ромину радость, но не сильно — только чуть-чуть.

Раздевалка. Обсуждается фильм о вампирах, который Рома не видел. Диму Рожкова укусил клещ этим летом и теперь он хочет всем показать от операции след. Но ничего особенного никто на спине Рожкова не замечает. «Да вы под лопаткой смотрите! Была ж операция!» Рома встает на цыпочки и глядит через плечо Гексогена: «Под какой, под какой лопаткой?» А Телега вдруг вспоминает: «Сегодня четверг!» — радостно бьет Рому в плечо: «Ты не забыл?» Рома оборачивается и хочет испепелить взглядом Телегу: как так можно при всех? День Телеги был понедельник. Но ведь это же тайна, их общая тайна!

Застегивая рубашку, Телега делает значительное лицо, и это означает верность Телеги их общей тайне. Их общая тайна это вот кого тайна: Ромина тайна, Телегина тайна, Алика Бакса, у которого настоящая фамилия Букс и который пропускает уроки, потому что заболел гриппом, и, конечно, Кости-Лопаты, который из параллельного «Б». Лопата — Педофила хозяин.

И все же Телега хочет внимания, а поскольку никто из переодевающихся не обратил на него внимания, он добавляет: «Потом расскажешь».

Очень не нравится Роме Телега. После Педофила Телега стал зазнаваться.

«Вы про что?» — спрашивает Федосей.

«А так!» — отвечает Телега, неуклюже подмигнув Роме.

Лестница. На площадках дежурят старшеклассники, чтобы никто не гонялся, — такова традиция школы. Математика у Ромы на третьем этаже, а уроки параллельного «Б» — на четвертом. Рома хотел подняться на четвертый, чтобы поговорить с Лопатой, пусть знает, что все хорошо, но Лопата сам его ждет на третьем.

«Готов?» — спрашивает Лопата Рому.

Рома отвечает: «Готов».

Класс закрыт на ключ. Пока не пришла Антанта с ключом и классным журналом, одноклассники Ромы носятся как угорелые по коридору. В школе всегда говорят «как угорелые» про тех, кто носится по коридору. Только Лопата и Рома не носятся — у них разговор.

«Да ты не ссы, — говорит Лопата, — он не кусается».

«Я и не ссу», — гордо отвечает Рома.

Тут к нему подбегает Юлька: дай арифметику. Рома достает из рюкзака тетрадь с гоночными машинами на обложке, Юлька хватает ее и убегает списывать к подоконнику. «Бесплатно? — недоумевает Лопата. — У нас так не дадут». Рома пожимает плечами и видит, как в Лопате борются противоположные чувства — зависть к положению дел, когда можно сдувать свободно, и уверенность в том, что любая домашка стоит денег.

Рома стал бы олигархом, если бы у них было как в классе Лопаты. Он знает: олигархом ему никогда не стать. А кем стать, он сам не знает.

К Юльке присоединяется Света Жук, а Рите Фроловой не хватает на подоконнике места.

Рома и Лопата договариваются о встрече после уроков, чтобы вместе пойти к Педофилу. Лопата удаляется к себе на четвертый этаж.

Почему Антонина Антоновна стала Антантой, это понятно любому, но кто бы мог подумать, что так уже назывался военный блок? В интернете очень много есть про Антанту. Антонина Антоновна Антанта и есть.

Антанта пришла только в этом году, а до нее была Ольга Михайловна. Ольгу Михайловну весь класс любил.

Рома задумался о Педофиле.

Позавчера ему Лопата все рассказал. Они с Педофилом нашли друг друга три недели назад. До того Костя никогда не встречал педофилов. Этот подошел к нему на улице и сразу сказал, чего он хочет и сколько он за это даст. «Я тебя не трону, мальчик, совсем не трону, ты только посмотри, неужели тебе не любопытно, а?» Лопата сразу сказал, что к нему домой не пойдет, а тот и не хотел домой, он знает закуток во дворе за сараем. Так Лопата за три минуты заработал четыреста рублей и установил, что Педофил — «недоделанный». Никого не трогает, а только показывает. Одним словом, идиот. Через три дня сеанс повторился, за те же деньги, а вот после третьего раза Лопата Педофилу почему-то приелся, захотелось ему разнообразия — показать другому кому-нибудь, не Лопате. Тогда Лопата рассказал все Алику Баксу, который на самом деле Букс, и он охотно согласился заработать двести рублей, потому что другие двести рублей Лопата определил себе, как Педофила хозяин. А на этой неделе во вторник (дни Педофила были вторник и пятница) двести рублей заработал Телега. В своем классе о Педофиле Лопата никому не рассказывал, он решил искать сотрудничества среди «ашников». Телега порекомендовал Рому, потому что, на его взгляд, Педофил мог Ромой заинтересоваться, и тогда Лопата посвятил Рому в тайну своего Педофила. «Он не опасный, — убеждал Рому Лопата, — он недоделанный, и смотреть на это совсем не страшно, даже смешно. Тут главное, не рассмеяться. У тебя есть выдержка? И еще надо говорить: "здорово! здорово!"».

Это Роме не очень понравилось — что надо будет говорить «здорово! здорово!». Лучше бы он это отсмотрел молча. Но недоделанный Педофил, оказывается, будет обязательно спрашивать: «Здорово?» — и ему надо отвечать с очень серьезным видом: «Здорово! Здорово!» и изображать, что это действительно здорово, хотя на самом деле все наоборот, далеко не здорово, и Рома еще подумает, надо ли говорить «здорово!».

И еще Рома с самого начала был убежден, что ничего смешного не будет. Он знает, что это нехорошая работа — смотреть на педофила, только не потому нехорошая, что приносит кому-нибудь вред, а потому, что она неприятная — вроде работы исследователя внутренностей червяков, и стыдная тоже. Зато недолгая. Быстрая. К любой работе можно морально себя подготовить, особенно к быстрой работе. А неприятных и стыдных работ очень много на свете. Вот, например, та усатая врач, которая участвовала в медосмотре перед началом учебного года... Рома даже вспоминать не хочет об этом... Это можно ведь с ума сойти, если посвятить жизнь таким наблюдениям!

«Рома, — говорит Антонина Антоновна, — ты все решил?» Он давно все решил. «Тогда проверяй, а не смотри в окно».

Юлька касается пальцем его локтя — чтобы он проверил ее вариант, и пододвигает листок поближе к нему, пересекая границу, обозначенную на парте шариковой ручкой. Задачки у них на среднее арифметическое, эта тема простая. Во втором примере он видит у Юльки ошибку. «Семь», — говорит.

«Где семь?» «Семь, а не девять», — тихо, но отчетливо произносит Рома. Юля не торопится исправлять. «Почему?»

«И не мешай Иванцовой!» — рассердилась Антанта.

«Потому что семь», — шепчет Рома.

Эту границу парты придумала Юлька. Она первая начертила линию, чтобы Рома не задвигал за нее свои тетради, а он тогда линейкой стал измерять расстояния и установил, что Юлькина граница вовсе не посередине парты, и надо, если по-честному, сдвинуть границу в сторону Юльки на целых три сантиметра. Что он и сделал. А Юлька тоже стала тогда измерять, и у нее получилось, будто парта кривая, и она провела другую границу, уступив только один сантиметр. У них уже давно идет война за эту спорную полосу, Рома считает, что он может двигать на нее свои предметы, а Юля считает, что нет. Все осложняется тем, что у обоих плохое зрение и обоим предписана первая парта, — приходится друг друга терпеть.

Антанта ходит по классу, собирая контрольные. Юля в последнюю секунду исправляет девять на семь.

Времени до звонка еще много, и Антанта вызывает к доске Руслана, чтобы он прорешал на доске примеры из этой контрольной. Руслан путается в цифрах, делит не на то и наконец дерзко заявляет: «А где мне в жизни понадобится это среднее арифметическое?» «Как где?» — восклицает Антанта. И она начинает рассказывать, где.

А ведь это немало — двести рублей за три минуты. Рома перемножает в столбик, не слушая Антонину Антоновну. За час он мог бы заработать, когда бы вот так и платили, страшно подумать — четыре тысячи рублей! За один только час! А если бы так за рабочий день! Рома поражен: он бы тогда зарабатывал во много раз больше, чем зарабатывают его родители. Он не знает, сколько они зарабатывают, но здесь, здесь что-то совсем немыслимое! И даже если в общем доходе семьи учитывать пенсию бабушки, Рома один получал бы гораздо больше зарплату, чем родители с бабушкой вместе взятые! Рома не будет себя обманывать: это только на первый взгляд легкие деньги, а по правде — очень трудные деньги!.. Смотреть и смотреть.

Роме нравится думать по-взрослому. Он вспоминает разговоры о низких заработках учителей. Может, потому Антанта всегда недовольна, что мало она получает. Рома единственный в классе, чьи арифметические способности Антонина Антоновна ценит, но и на Рому она тоже часто фырчит. А больше всего ей не нравится расписание, по которому математика после физкультуры.

А посмотреть по-другому — и что такое двести рублей? Да ничего! Совсем ничего!

Но ведь это первый заработок Ромы — то, что запомнится на всю жизнь. Дедушка, спросят внуки, а когда ты первый раз заработал? В вашем возрасте, Рома ответит.

Самому заработать, это то, чего хочется Роме.

А сами деньги тут почти ни при чем.

Юлька запрещает ему касаться ее половины парты, и как-то плохо у него получается, когда играют командами, но ведь именно Рому позвал Костя-Лопата и доверил ему тайну своего дела. Эта тайна теперь только их четверых, если не считать Педофила. И Рома ценит то, что ему доверили тайну.

А увиденные гадости можно забыть. Вот и звонок. «Запишите номера задач на дом», — повелевает Антанта.

День долог, почти бесконечен, уроки — один длиннее другого. Часть речи местоимение проходят на русском. Я. Мы. Ты. Вы. Он. Она. Оно. Они. Они называются личными. Они никого и ничего не называют по имени, а только указывают на кого-то или на что-то. Урок ведет Нина Витальевна. Она практикантка. На ней серая кофта. Она часто засовывает в карманы кофты руки и сразу вытаскивает. Еще она напоминает Роме его двоюродную сестру Ленку, потому что часто поправляет волосы.

Урок ОБЖ тоже ведет Нина Витальевна. Папа считает ОБЖ самым нелепым предметом. Рома слышал однажды, как папа говорил маме, что предмет ОБЖ для того и придуман, чтобы запугать школьников. Лучше бы им давали военную подготовку с первого класса. Ты так говоришь, отвечала мама, потому что сам не служил в армии. А бабушка хвасталась: у них был гроб — гражданская оборона. Их водили в бомбоубежище и даже давали надеть противогаз. Только сначала надо было измерить свой овал головы. Бабушка не помнила, долго ли они сидели в противогазах, но помнила, что надо было знать свой номер: каждой голове противогаз подбирался по номеру. Номер своего противогаза бабушка давно забыла. Она убеждена, что все противогазы давно украдены. Рома не верит этому.

Рома любит ОБЖ. Это веселый урок. На нем рассказываются страшилки. Но никто ничего не боится, и здесь, конечно, папа не прав. Каждый школьник знает стихи про мальчика, который нашел гранату, и про электрика Петрова, который повесился на проводе и теперь у него качаются ноги. И это очень смешно, а совсем не страшно.

Только практикантку Нину Витальевну слушать не интересно — она сама словно боится того, о чем рассказывает. Когда шум в классе начинает усиливаться, Антанта, которая сидит на последней парте, бьет по парте ладонью.

Урок посвящен стихийным бедствиям и грозным явлениям природы.

Нина Витальевна установила у доски две картины — «Последний день Помпеи» и «Дети, бегущие от грозы».

«Есть еще время. Тебя точно не будут встречать?» «Да нет же! Меня только провожают — это потому что бабушке по пути, а обратно я сам».

Лопата удовлетворен ответом. Солнце сияет, на улице хорошо. Курсанты строем в баню идут. Рома и Лопата уступают им дорогу. У обоих школьные рюкзаки за плечами: у Лопаты с кармашком для телефона, а у Ромы просто рюкзак с двумя большими карманами, но без кармашка для телефона. До встречи еще полчаса — чтобы убить время, решили пойти дальним путем.

Лопата инструктирует Рому: «И не забывай про "здорово". Только говори "здорово", когда он сам спросит "здорово?". Если спросит "а что здорово?", говори "все здорово", и больше ничего не говори, ясно?»

Ясно. Но Лопата видит, что не все ясно. «Да я разберусь», — говорит Рома.

Останавливаются. Внешний вид Ромы Лопату не совсем устраивает. «Причешись. У тебя есть расческа?» У Ромы была расческа, но он ее потерял, а у Лопаты есть, складная расческа — как перочинный ножик, и, хотя мама не разрешает Роме пользоваться чужими расческами, он старательно причесывается расческой Лопаты.

«И очки тоже сними».

Рома охотно соглашается. Так Роме лучше — он меньше увидит. Он же не собирается, в самом деле, разглядывать.

«Волнуешься?» Но в этом Рома Лопате ни за что не признается, да и себе тоже.

Пришли наконец. Здесь когда-то были качели. На скамейке сидят алкоголики, занятые собой. А в стороне у столба стоит Педофил в черном пальто, спиной к Лопате и Роме и заложив за спину руки.

Рома сразу догадался, что он Педофил.

Сердце сильнее забилось.

Подходят к нему, и Лопата ему говорит: «Вот!»

Педофил, не сходя с места, поворачивает голову и смотрит через плечо сверху вниз на Рому, а Рома снизу вверх глядит на Педофила.

Рома видит лицо Педофила нечетко, но и без очков он видит все самое главное — лохматые брови, мешки под глазами и вдоль каждой щеки по глубокой морщине, как будто след от маски, которую мог бы надевать Педофил. Рома не помнит, как зовут того американского актера, на которого очень похож Педофил. А из-под бейсболки на висках у него торчат седые волосы.

Они глядят друг на друга, а потом Педофил произносит:

«Нет».

«Чё нет? — дергается Лопата. — А чё нет-то?»

«Нет, — говорит Педофил. — Этому — нет».

И от этого «этому — нет» у Ромы по спине пробегают мурашки.

А Педофил уже уходит, и за ним побежал Костя-Лопата.

Рома видит, как Лопата догнал Педофила, они остановились и говорят о чем-то. Потом Педофил дальше идет, а Лопата бежит к Роме.

«Что ты наделал! — шипит Лопата. — Что ты наделал!»

«Что? Что я наделал?» — не понимает Рома.

«Ты его напугал!»

«Как напугал? Как?»

«Как-как! Через каку! — сжав кулаки, кричит Лопата. — Зря только связался с тобой!..» И он бежит назад к Педофилу, догоняет его, и они идут вместе, а потом переходят улицу и скрываются за углом.

Рома, не зная как быть, еще с минуту стоит на месте.

Рома ошеломлен. Он не понимает, почему так получилось. Что он сделал не так. Что такого ужасного в нем разглядел Педофил. Рома хочет найти причину. Может быть, Педофил сидит в одном офисе с папой, и сейчас он Рому узнал, потому что видел когда-то? Но педофилы не могут вместе с папой работать... в чем же дело тогда? Вот в чем дело — дело в другом! Педофил наверняка догадался, что у Ромы плохое зрение (Рома надевает очки). А Лопата Педофила неправильно понял!.. Но ведь Рома никого не хотел подводить...

Он плетется домой, и на душе у него очень скверно. Словно он получил в дневник незаслуженное замечание. Словно в нем есть что-то хорошее, что приняли за плохое. Рома вспоминает, как бабушка говорит ему часто: «Мой ангел». Он глядит на себя, отраженного в стекле витрины магазина «Химик»: ангел ли он? Уши... они у него оттопырены (Юлька сказала однажды, что у него уши прозрачные). Но ведь это же не чудовищно? Это же не настолько чудовищно, чтобы напугать человека?

НЕПОДВИЖНЫЙ

Первое, что в голову приходит, — Старый Арбат, но нет: другое достопримечательное место, где вечером не так многолюдно.

А сейчас — день.

К неодушевленным достопримечательностям прибавляется живая — человек-статуя занимает место. Прежде чем войти в образ, медленно потягивается, разминает пальцы.

Специальный бледно-мраморный грим, соответствующая одежда.

Данте? Вергилий? Некий философ? Персонаж неизвестной комедии?

Замер.
Перед ним открытая сумка.

«Пешеходы бросают мзду» (как писал когда-то по другому — парижскому — случаю Андрей Вознесенский).

Но, конечно, не все. Одни просто проходят, другие приостанавливаются, всматриваются, чего-то ждут, кто-то издалека наблюдает, словно боится подойти ближе. В общем, отношение к объекту вполне обычное, будничное, характерное.

— Мам, а он настоящий?
— Ты же видишь, что нет.
Мимо проходящая дама:
— Вот не будешь бабушку слушаться, таким же станешь.

Предводимые экскурсоводом с алым флажком, мимо идут иностранцы — в русских ушанках и буденовках, с матрешками и балалайками. Вид человека-статуи вызывает у них коллективный приступ радости. Приветствуют, как старого знакомого. Фотографируют. Один кладет купюру в раскрытую сумку. Статуя в знак благодарности слегка изменяет позу.
    Продавщица хот-догов смотрит в окно.

Лимузин. Подбегают молодожены. Вместе снимаются. Статуя к восторгу невесты слегка к ней повернулась.

Реплики прохожих:
— Скрытая реклама памперсов.
— Понаставили — пройти негде.
— В Италии такие на каждом шагу стоят.
Последнее произнес, по-видимому, доброжелатель; ему закономерный ответ:
— Ну и поезжайте в свою Италию.

Двое — один худой, другой круглолицый — плюс девица; оба перед ней не прочь порисоваться.

— Хочешь пива? — предлагает худой человеку-статуе, щедрым жестом протягивая недопитую банку.

Ноль реакции.

— Чё, трудно ответить?

— Статуи не пьют, — говорит круглолицый с усмешкой.

— А чё, трудно ответить? — заводится худой.

Щелкает пальцами перед носом:

— Так и будем стоять?

Смотрит на неподвижного с недоброй улыбкой: ужо тебе! Неподвижность человека-статуи им воспринимается как вызов.

— Выносливый, да?

Почему бы не исследовать пределы профессиональной выносливости? Надевает ему на неподвижный мизинец банку из-под пива. Заглядывает в глаза.

— Терпеливый какой!

— Хочет сказать, что мы ему безразличны, — с грустью в голосе комментирует круглолицый.

— А покурить?

Перед глазами застывшего появляется сигарета. (Иногда, представим, нам дано смотреть глазами живой статуи: как если бы в неподвижную камеру — в наши глаза — влезали лица самых общительных, а также демонстрируемые ими предметы.)

Ноль реакции.

— Значит хочет.

Попытка протиснуть сигарету между губ. Кое-как получилось.

— Надо же, не укусил!

— Куда ему кусать — он зубы сжал!

Публика собирается: любопытство, участие, азарт экспериментаторства, неучастие, вялое недовольство.

Зажигалка в руке худого. Только изо рта неподвижного выпала сигарета.

— Статуи не курят, хочет сказать, — интерпретирует круглолицый.

— Да он ничего не хочет сказать, — вступается за неподвижного из публики некто. — Просто молчит.

— Щас посмотрим. Помаду дай, — обращается к подруге худой. — Скажет или не скажет.

— Гы, гы, гы.

Продавщица хот-догов:

— Хватит! Отстаньте! Что пристали к человеку!?

— А где тут человек? Разве это человек? — удивляется худой, нанося неподвижному яркую помаду на губы.

— Ты не умеешь, — протестует подруга. — Перестань, вдруг у него сифилис.

Подсказка со стороны:

— На лбу напиши.

На лбу, однако, пишется плохо.

— Штукатурка, бля! Не берет.

Лишь нечеткая буква Х изобразилась на лбу. Худой недоволен, его подруга — тоже.

— Ты мне всю помаду запачкал! Дай сюда!

— А если палец отломать, интересно, почувствует, нет? — любопытствует круглолицый. — А что, Верунька, слабо ему палец отломать? У тебя должно получиться.

Палец, однако, не отламывают — худому приходит в голову другая идея:

— Знаю, как надо.

Берет сумку со мздой и вертит у неподвижного перед глазами.

— Твое? Не твое? Неужели мое? Если не твое, значит мое?

Своим:

— Пошли.

Уходят с сумкой, оглядываясь.

Человек-статуя: ноль реакции.

Публика вяло расходится. Один, уходя, говорит неподвижному:

— Что ж ты в глаз ему не дал? Я б не сдержался, я б дал.

Ноль реакции.

Худой возвращается — лицо перекошено злобой.

— Ты думаешь, мне твоя сраная сумка нужна, твои рубли говёные? Да я эту дрянь на первой помойке выброшу — понял, урод?

Время проходит. Человек-статуя неподвижен. На палец надета пивная банка, губы перепачканы ярко-красной помадой, на лбу буква Х.

Проходящие с опаской и тревогой поглядывают на него. Замедляют шаг, чтобы тут же ускорить.

Продавщица хот-догов, женщина, в общем-то, некрасивая, говорит сочувственно:

— Сама весь день на ногах, я-то знаю, что значит стоять. А ведь я кручусь. А он не крутится.

Тот, к кому она обратилась, дает сдачу дочке:

— Снеси дяде.

— А там некуда положить.

— Ну, брось под ноги тогда.

Девочка бросает монетку неподвижному дяде под ноги.

Время проходит. Стемнело. Свет фонарей. Пространство пустынно.

Человек-статуя как стоял, так и стоит.

Два полицейских подходят. Смотрят. Молчат.

Один снимает с пальца живой статуи пивную банку (не порядок!).

Человек-статуя: легкое изменение положения — и снова застыл.

— Ну вы это… уходите уже. Больше никого не будет. Зачем?

Ноль реакции.

Полицейские находят верным уйти.

Продавщица хот-догов закрыла мини-вагончик. Подошла к неподвижному.

— Ну, чего?.. Ничего?.. Нет никого. Все кончились. Гордый, что ли?

Раскрывает зонт, заносит его над неподвижным.

— Капает, — говорит продавщица. — Тебе нельзя.

Человек-статуя: легкий жест благодарности.

Продавщица — как о давно наболевшем:

— Господи! Почему так много говна?

Нет ответа.

Другим тоном:

— Я так и буду стоять? — закрывает зонт. — Ты как хочешь, а мне пора.

Человек-статуя неподвижен.

Затемнение — время проходит.

Двое стоят под зонтом (держит она) — у обоих отрешенные лица (каждый думает о своем, если о чем-нибудь думает): некрасивая женщина и человек-статуя с раскрашенными губами.

Мимо проходит бомж, не обращая на них внимания. Поднимает монетку. Удаляется прочь.

Это ночь.

Двое неподвижных под одним зонтом: некрасивая женщина и человек-статуя.

Дождь моросит.

ОН ПОТРЕБОВАЛ КЛЯТВЫ

Утром я тогда стала с подарками разбираться, — Виталий Сергеевич, Виталёк мой, еще изволили в постельке нежиться, или мучиться было бы правильней, потому что головушке буйной бо-бо, хоть и не буйствовал он вчера в обычном понимании буйства, а держал себя чинно вполне — босс боссом. Не в упрек ему будет, он свое под конец сумел наверстать, да и мне сейчас аскорбиночка после теплого душа весьма подошла. А подарки ему сплошь прикольные, бесполезные для хозяйства и какой-либо практики, — но ведь это любому известно, какой он противник условностей, и тот из вас промахнется, кто на полном серьезе одарить его ценным предметом захочет. Часть даров Лёня-шофер еще ночью в офис отвез — памятные кирпичи, гирь набор, бронзовую кувалду, настоящий штурвал — под метр диаметром, табуретку — ровесницу виновника торжества... Ну а то, что было полегче, доставили к нам домой на Зеленую улицу — мелочь всякую вроде стреляющего будильника или кожаной плетки ковбоя, или тапочек с фонариком, зажигающимся при ходьбе, или вечного двигателя с неугомонной вертушкой. И цветы, много цветов — это мне, я не скрою, я рабыня условностей.

Виталий Сергеевич мой ценит репутацию оригинала. В сферах, отвечающих его интересам, среди управленцев данного уровня такое редкость большая. Был один известный чудила — теперь на волю малявы пишет. Тут, кроме прочего, чувство меры должно быть. Чувство меры и такт. А иначе тебя не поймут. Не пойдут за тобой в твоем направлении.

Ну так стала я, значит, подарки разбирать поутру — что себе, что в подшефные ясли отдать, что в подшефный дом престарелых, — и вдруг замечаю среди этих прикольностей вещь одну, о которой не знаю, что и подумать. Так и оцепенела, увидев. А тут выходит из спальни Виталий Сергеевич в новом элитном далеко не прикольном халате цвета «слоновая кость» (это ему от меня — и ничто не подвигнет меня на глупые бесполезности, — я ж сама, посмотреть на меня, уникальный подарок, дорогой и не бесполезный отнюдь), весь выходит красавчик такой, несмотря на здоровье — весь такой он весь из себя у меня весь герой — весь взбодренный, молодец молодцом, сорок пять и не дашь, да и я, посмотреть на меня, ничего, хороша, вовлекательна, потому что уже марафет наведен и невозможны претензии к моей боеготовности. Но, надо честною быть до конца, освятить это утро актом любви, признаюсь, нам бы было обоим не очень-то в радость, если бы мы оба на это сумели данным утром решиться, — вот я тут ему и скажи:

«Виталёк! Посмотри, что тебе подарили!»

«Что такое, Дудуня?» (он Дудуней меня называет).

«Да ты сам посмотри!»

«Это что?» — произносит, уставясь на это.

«Книга!» — я говорю.

Он глядит и, я вижу, сам не верит глазам:

«Книга? Мне?»

А то действительно книга.

Муж, подумав, тогда говорит:

«Это, наверное, кто-то вчера в ресторане оставил, мало ли зачем взял в ресторан, может, и не из наших кто-нибудь, а привезли вместе с подарками — угораздило же ее затесаться в подарки!..»

«Виталёк, не поверишь, но она в пакете была, в этом, в подарочном...» — и ведь верно, сказала как есть: вот пакет, а на нем самолетики — одним словом, для мальчиков.

Он стакан воды в себя опрокинул и спрашивает:

«Уж не хочешь ли ты сказать, мне ее подарили?»

«Дорогой, именно так!» — ему отвечаю.

«Странно, кто мог мне подарить книгу? Ты посмотрела, в пакете нет открытки?»

«Нет», — говорю.

«А между этих, как их... между страниц?»

«Нет ничего. Да ты сам посмотри».

Но он не стал ее брать в руки. Он на нее глядел, как на бомбу, которую ему втихаря подсунули.

Понимаете, в прошлом году у нас ограбили виллу. То ли охрана спала, то ли что. История мутная, непонятная. Никого не нашли. Я давала показания первый раз и, хотелось бы думать, последний в жизни. Унесли кое-что из мелких вещей, рисковать ради которых было странно, по-моему, — электронику кое-какую, пару картин, мои безделушки, между прочим — купальник, в котором Виталий Сергеевич впервые увидел меня на «Мисс Федерации», но что всего замечательней — эти идиоты зачем-то спионерили кактус: рос у нас кактус на втором этаже в субтропической оранжерее. Мы не хотели огласки. Но шило в мешке, да еще при информационном голоде, сами знаете, не утаишь. В новостях сообщили. Виталий Сергеевич мой вынужден был, раз на то пошло, продемонстрировать в своей оригинальной манере как бы легкость отношения к жизни, ну как бы то обстоятельство, что мы выше с ним любых житейских невзгод, — Виталёк представил обществу дело таким веселым образом, что ради кактуса к нам и приходили грабители. В социальных сетях дело и вовсе к шутке свелось, и нам сочувствие выражали исключительно в связи с потерей кактуса. А тут как раз день рождения надвигался (это значит, сорок четыре — в прошлом году). Гриша Голубицын, зам Виталия Сергеевича моего по оргвопросам, непосредственно отвечал за проведение мероприятия. Шеф ему дал установки, и он уже сам позаботился, чтобы гость нес в подарок мужу моему кактусы. Весь ресторан был заставлен кактусами. Было весело — правда. Виталий Сергеевич оценил флешмоб. Потом об этом долго еще говорили.

Я к тому, что, если бы кто-нибудь подарил в этом году кактус, было бы уже не смешно, даже глупо, но все-таки объяснимо. Туго у человека с чувством юмора — заклинило, бывает такое. Но это можно понять. Кактус — можно понять.

Но — книгу!..

Я с ним пять лет живу. Я не видела ни разу, чтобы он держал в руках книгу. У нас даже положить ее некуда, чтобы не резала глаза никому.

Кактус, к слову, один у себя мы оставили, он в гостиной у нас. И еще один уехал на дачу.

Или вот традиционное что-нибудь — подарил бы кто-нибудь галстук, допустим — это было бы совершенно не в тренде, скучно, банально, однако же — объяснимо.

Мой подарок, элитный халат — другое совсем — я вне трендов: я и галстук могу, и трусы, или просто — любовь (беспредметно)... Я — другое. Но посмотрела бы я, как бы он на меня посмотрел, если б я ему книгу...

Книгу я полистала: как говорится, художественная, с разговорами. У нее автор есть, который все и придумал.

Видите ли, дело ведь не в самом предмете, а в человеческих взаимоотношениях.

Если человеку мысль приходит подарить Виталию Сергеевичу книгу, значит, он совершенно не понимает, что такое Виталий Сергеевич. Это тоже самое, что Виталия Сергеевича Степаном Юрьевичем назвать, да так и остаться при убеждении, что Степан Юрьевич он, а не Виталий Сергеевич.

И при этом даритель с Виталием Сергеевичем в каких-то отношениях состоит — может быть, у них общие дела, может быть, они вместе в совете директоров заседают, и кем же тогда даритель Виталия Сергеевича представляет?

А может быть, он как раз все представляет как надо? Ведь не будут книгу дарить просто так? Книгу дарят не иначе как с умыслом. На что-то ведь был расчет? Не на то ли, что Виталёк мой, в самом деле, прочтет книгу? А для чего? Не для того ли, чтобы образ мысли подвергнуть коррекции? Чтобы что-то узнал он из этой книги такое, чего он без этой книги не знает? Чтобы в нем изменилось что-нибудь, хотя бы на грамм, а иначе как прикажете думать?

Есть в этом подарке элемент принуждения — садись и читай. А почему он должен читать? А он не будет!

Откуда эта нахальная самоуверенность — что непременно будут читать? Да сказала же я — он ее не откроет!

Непонятный подарок.

Более непонятный, чем ненужный. От ненужного легко избавиться. Не хочешь в мусорное ведро, выйди во двор, положи рядом с баками — бомжи оценят. Это с ненужным. А с непонятным иначе. Непонятное надо понять. Иначе станет непонятное мучить. Пока непонятное не понято, рука не поднимается утилизировать вещь.

Он сказал:

«Убери».

Я положила в ящик буфета на кухне — под набор льняных салфеток, но потом мне показалось, что было бы лучше убрать на антресоли ее.

Потом мы несколько раз в течение дня возвращались к этой теме: кто мог из гостей подарить книгу? Обычно дарители сопровождали дарение коротким спичем, иногда — тостом, так вечный двигатель был Виталию Сергеевичу, например, вручен под соусом того, что Виталий Сергеевич трудоголик. А бронзовая кувалда ему была подарена с намеком на стиль руководства строительством многофункционального объекта в Старом городе и на твердость характера — как-то так, подробности не помню, но спич был. А с книгой никаких спичей не было. Скорее всего, даритель просто преподнес Виталию Сергеевичу со словами дежурного поздравления праздничный пакет-мешочек, а мой не догадался внутрь заглянуть или не успел по причине многолюдства. Ничего такого, связанного с особенностями дарения, в памяти у нас не запечатлелось.

Был Виталёк рассеян весь день, чувствовалось, что подарок выбил его из колеи. Вечером он спросил меня, не хочу ли я прочитать эту книгу. Я, конечно, сказала, что нет, конечно.

«А надо?»

«Надо не надо, а мне надо знать, про что там. Чтобы кто-нибудь рассказал, хотя бы в общих чертах».

«Солнышко, можно я не буду — что-то не хочется мне читать».

Он ничего не ответил.

Утром, когда его увезли в градостроительный совет, меня совесть терзала: зря я так не по-человечески как-то. Даже позвонить хотела, что согласна, и только потому не позвонила, что знала, что в этот час по понедельникам у них совещание.

А он сам позвонил — чтобы я приготовила книгу: Лёня заедет за ней и увезет. Голубицын прочесть согласился.

Голубицын читал книгу больше недели, и, хотя книги не было в нашем доме, Виталий Сергеевич мой заметно нервничал. Аппетит у него явно испортился, накричал на домработницу, чего не по-

зволял себе раньше, и по отношению к себе стала
я ощущать с его стороны заметную холодность. Как-
то раз он вернулся со службы, и я по лицу его поняла, что случилось: Голубицын книгу прочел. Я не
спрашивала ни о чем. Он мне сам пересказал содержание — со слов Голубицына.

Это был не то роман, не то сборник рассказов —
что-то современное такое. В одном школьник напугал педофила зачем-то, в другом старая дева разво-
дила дрожжи, а у нее под окнами собаки гадили. Там
еще Достоевский, тот самый, кого-то грохнуть хотел. Голубицын честно сказал, что один рассказ он
не стал читать — там автор-мужчина от лица жен-
щины повествовал. Голубицыну не понравилось
очень.

«Может быть, он не все понял?» — предположи-
ла я, потому что Голубицыну ни в чем не доверяю
(только поэтому).

«Да что тут понимать? Ясно же — бред!».

Кажется, я догадалась:

«А я знаю, зачем тебе подарили! Затем, что кто-
то решил, что тебе это понравится!»

Он пронзил меня убийственным взглядом:

«Ты сказала «я знаю»? Позволь поинтересовать-
ся, на чем зиждется твое твердое знание?»

Я хотела сказать о женской интуиции, но не нашла нужных слов и запнулась, — он вдруг закричал:

«Это ты, это ты мне подарила книгу!»

Я так испугалась, что у меня похолодели ноги.

Я пыталась ему объяснить, что он заблуждается,
но напрасно, напрасно я пыталась ему объяснить,
что он заблуждается: он решительно требовал, чтобы я призналась в содеянном.

Но подумайте сами, мне-то какой интерес дарить ему книгу? Я попыталась призвать его к логике, но какой в этом прок, когда, по их убеждениям, наша логика — женская?

Он кричал:

«Я тебе верил всегда! Почему ты идешь теперь на обман?»

Мне было очень обидно, я его никогда не обманывала — ну почти никогда, да и то, что было, если было, никогда обманом не было. Я заплакала. Он теперь и слезам не хотел моим верить.

«Ну почему же ты не признаешься? Ну, скажи, ну только признайся, я все пойму!»

Я лишь могла лепетать, что это не я.

Он не верил.

Он потребовал клятвы.

Никогда не клялась. Но тут — поклялась. Нашей любовью. И даже взяла щепоть земли из горшка с кактусом — и съела у него на глазах.

По поводу земли он сказал:

«Это лишнее было».

Поверил.

Мы обнялись и в итоге друг друга утешили.

С тех пор у нас все хорошо.

А книга осталась у Голубицына. Позже я узнала, что он снес ее в тот ресторан и положил на подоконник в банкетном зале.

ДВЕ ТАБЛИЧКИ НА ГАЗОНЕ

Нет, Лёпа не даст соврать, против собак Тамара Михайловна ничего не имеет, правда, Лёпа? Дело не в собаках, а в людях. Вот пожалуйста: подошел к трансформаторной будке и закурил, отпустив поводок, а собака, боксер, уже хозяйничает на газоне как дома.

— Видишь, Лёпа, — говорит Тамара Михайловна, — сейчас гадить начнут.

Лёпа все видит, но смотреть на это Лёпе противно, потому он и шевелит своим пушистым хвостом. Лёпа встает на лапы, медленно обходит горшок с фикусом Бенджамина (шесть лет растению) и, негромко мяукнув, начинает ласкаться к хозяйке. Мол, не обращай, Тамара, внимания. Не затрачивайся.

А как же тут не затрачиваться, когда он стоит и курит и ждет, когда собака его сделает это? А она по газону ходит под окнами и к чему-то принюхивается, и только время тянет. Нет, Тамара Михайловна не против собак и даже того, что оправляются у нее под окнами, но ведь не убирают, сволочи, вот что гадко. И ведь этот не уберет.

Она нарочно одернула занавеску и стоит, нависнув над подоконником, едва не касаясь лбом стекла, — вдруг тот снизу увидит, что за ними из окна наблюдают, может, постесняется хотя бы. Тамара Михайловна открыла бы окно и подала бы голос, но, чтобы открыть окно, надо с подоконника убрать горшки с цветами — столетник, щучий хвост и фикус Бенджамин, который не любит, когда его переставляют с места на место. Делать нечего — надо убрать цветы с подоконника. Тамара Михайловна переставляет цветы, а Лёпа прыг на пол и, подойдя к пустому блюдечку перед раковиной, требовательно мяукает, призывая Тамару Михайловну не тратить нервы на бесполезное и думать о близком.

— Подожди, Лёпочка, подожди, дорогой.

Боксер в характерной позиции самозабвенно тужится.

Тамара Михайловна наконец открыла окно:

— Надеюсь, вы не забудете убрать за собакой?

Тот, внизу, делает вид, что не понимает, откуда голос, — оборачивается и смотрит в глубь двора, в противоположную от Тамары Михайловны сторону.

— Вы забыли убрать за собакой!

Увидел ее и нагло так отвечает:

— Здесь не запрещается.

— Это что не запрещается? — захлебывается от возмущения Тамара Михайловна. — Убирать за собой не запрещается?

Но они уже оба уходят, не обращая на нее внимания: скрываются в арке, что под ее окном.

— Вот сволочи. Хоть письмо пиши.

Опять. Это мамино выражение. Имела ли мама в виду что-нибудь, когда говорила «хоть письмо пиши»? Куда, зачем писать и о чем? Когда-то это мамино «хоть письмо пиши» сильно резало слух Тамаре Михайловне, а в молодости просто злило ужасно, и вот она теперь сама уже нет-нет и скажет: «Хоть письмо пиши». С этим надо бороться.

Но о чем она думает, когда думает «с этим надо бороться», сразу ей не ответить. Да и зачем отвечать, если никто не спрашивает? А вот зачем. А затем отвечать, что нельзя расслабляться. Ясен пень, тут и думать не надо, с чем надо бороться: с «хоть письмо пиши». Остальное, включая собак, — наносное и внешнее, и, надеяться можно, еще поправимое. Без самодисциплины и дисциплины не будет.

Она стала ловить себя на том, что часто с собой разговаривает. Ее бы это больше тревожило, если бы не было Лёпы. Когда рядом Лёпа, разговаривать с Лёпой это нормально. Лёпа все понимает. Но она и с мамой иногда разговаривает, точнее, ей иногда что-нибудь говорит — всегда есть, что сказать из того, что не было сказано раньше.

Иногда она обращается к Машке, но это когда нет под рукой телефона. Племяннице, слава богу, можно всегда позвонить. Но Тамара Михайловна не злоупотребляет звонками.

Лёпа ест нежирный творог — если пренебречь разницей между тем, что считается «творогом» у нас в магазинах, и тем, вкус чего еще не забыла Тамара Михайловна. Ему повезло с Тамарой Михайловной. Она ему не дает кошачьего корма с искусственными добавками и усилителем вкуса. Если рыбку, то рыбку. Лёпа такой. Очень любит почки телячьи, печень, сердце — и вообще субпродукты. Рацион Лёпы и Тамары Михайловны в значительной степени совпадает, причем Тамара Михайловна подстроилась к Лёпиному рациону.

Это если не считать вкусненького.

Под вкусненьким Тамара Михайловна понимает (Лёпе этого не понять) меда ложечку на печенине. Другую размешивает в чашке чая, а потом идет в комнату смотреть телевизор.

Сегодня не просто телевизор, а с ее участием.

Ток-шоу «Так ли плохо?» своим названием обыгрывает фамилию Леонида Нехорошева, будет первая передача. У Маши есть приятельница Лика, она работает администратором в «Так ли плохо?», Маша как-то ей рассказала про Тамару Михайловну и про то, что она ни разу в жизни в рот сигареты не взяла, Лика тут же позвонила Тамаре Михайловне и пригласила ее записаться в передаче «Так ли плохо не курить?» Разумеется, не курить хорошо, это Тамара Михайловна хорошо знает. К выступлению она очень основательно подготовилась, в ночь перед записью почти не спала. Ее посадили в четвертый ряд, там человек сорок было таких, как она. Внизу на подиуме стояли два дивана, и вокруг них суетился Леонид Нехорошев, а на диванах сидели представители разных мнений, включая с одной стороны священника, а с другой — художника по макияжу, очень худого и почему-то в черных очках. Вот эти на диванах и спорили друг с другом под управлением Нехорошева, а Тамаре Михайловне никто слова не дал. Зато ей полагалось вместе с другими такими же зрителями время от времени хлопать в ладоши.

Она была очень обескуражена. И сказала себе, что больше на такое ни за что не подпишется. И Лике она по телефону сказала, что зря только потеряла время. Но время прошло, и Тамара Михайловна успокоилась. Ей стало интересно посмотреть, что там у них получилось.

Понимает, что поспешила: села перед телевизором за двадцать минут до передачи. Значит, вкусненькое вместе с горячим чаем кончится еще до начала «Так ли плохо?». Тамара Михайловна не любит, когда на вкусненькое выпадают блоки рекламы, но ничего не поделаешь — не ждать же, когда чай остынет.

Началось. Только, к удивлению Тамары Михайловны, передача «Так ли плохо?» совсем не та — не «Так ли плохо не курить?», а «Так ли плохо не воровать?», о которой она даже ничего не слышала. Те же два дивана, те же ряды со зрителями, тот же суетный Леонид Нехорошев, но только все не про то, не про курение. И на диванах, кроме всё того же священника, совсем другие люди о чем-то спорят. А о чем спорят, сразу и не понять, потому что и те, и другие вроде бы согласны, что чужое брать нехорошо, но есть все же детали, в которых расходятся. Передача Тамаре Николаевне совершенно не нравится. И Леонид Нехорошев ей на экране не нравится, и что хлопают зрители, отзываясь на пустые высказывания, ужасно ее раздражает. Публика глуповато выглядит. И хорошо, думает Тамара Михайловна, что я в этом не участвую. Она уже выключить телевизор хочет, как вдруг — что такое?! — видит себя. Вот она, крупным планом, и лицо у нее сердито-сосредоточенное. Тамара Михайловна пугается даже, и, когда вслед за этим Нехорошева и прочих снова показывают, нет у нее уверенности, что не померещилось ей.

Потом ее, под конец, еще раз показали, и сидела она, как тогда, в четвертом ряду, и было у нее выражение на лице очень сосредоточенное.

Тамара Михайловна номер Лики набрала.

— Что это значит, Лика, объясните, пожалуйста, только что «Так ли плохо?» показывали...

— Да, да, вы видели? Вам понравилось?

— Почему-то не про курение, а...

— Про курение через четверг, — перебивает Лика, — а это первая передача, ее раньше записывали, без вас. Не волнуйтесь, вы в сетке. Через две недели себя увидите.

— Так в том-то и дело, что я себя увидела!

— Отлично! Мои поздравления!

— С чем поздравления? Меня вставили, где меня не было! Как это, по-вашему?..

— Это потому, — объясняет Лика, — что обе передачи монтировались одновременно. Не надо удивляться. Или вам что-то не нравится?

— Да ведь меня показывают там, где меня не было! Я там была в другой день, в другой раз! Это ж другое событие!

— Ну и что? Есть возражения по существу?

— Да ведь это ж неправда!

— У вас лицо выразительное. Вы режиссеру понравились.

— Мало ли кому я понравилась! Это же фальсификация!

— Ну, не знаю... То есть вы не хотите, чтобы вас еще приглашали?

— Быть статистом? Конечно, не хочу! Мало того, что я время убила... истуканом сидела, словно мне сказать нечего было... так меня еще всунули, где меня не было!..

— Послушайте, — говорит Лика, — некурящих и курящих очень много, а вот скоро новая запись будет, на одну очень интересную тему, и уж там-то вам точно дадут поговорить... Вы правда специалист по дрожжам?

— Какая разница, по чему я специалист! — восклицает Тамара Михайловна. — Знайте, Лика... Это обман! Вы меня очень сильно разочаровали.

На этом разговор заканчивается.

Тамара Михайловна стоит во дворе и смотрит на газон: лежат собачьи говешки в пожухлой траве, и число их несметно. Когда лето, они скрыты высокой травой, когда зима — большей частью под снегом, а весной и осенью — всегда на виду. Газон пролег полосой вдоль высокой кирпичной стены от окон Тамары Михайловны до трансформаторной будки. Таким образом, этот газон — собачий газон, как его тут все именуют — с трех сторон посетителям недоступен, а четвертой своей стороной он обращен к пространству двора — здесь чуть выше колена оградка. Перед ней и стоит Тамара Михайловна, пытаясь оградку понять: почему не дотянулась она до трансформаторной будки и для чего оставлен метровый зазор? Эстетически оградка Тамаре Михайловне не очень по вкусу, потому что напоминает кладбищенскую — вроде той, что этой весной установила Тамара Михайловна маме. Но оградка, безусловно, нужна, а зазор совершенно не нужен Тама-

ре Михайловне. Сэкономить ли решили на зазоре
оградку, предусмотрен ли он для прохода смотрите-
лей будки, каких-нибудь ее контролеров, монтеров,
не важно — главное, он в реальности есть, и это
плохо. Через оградку собаки не перелезают, но всегда
к их услугам зазор, — лишь появятся они во дворе,
сразу же, увлекая за собою хозяев, спешат к зазору,
беспрепятственно проникают через него за оградку,
отпускаемые на удлиняющемся поводке, и свободно
овладевают всей площадью газона, а потом охотно
гадят под окнами Тамары Михайловны.

Вся беда в этом зазоре.

Тамара Михайловна убеждена: была бы со стороны зазора воткнута табличка «Собак не водить»,
и никто бы за нее собак не стал запускать, это просто технически сложно, поскольку табличка бы на-
турально перегородила вход для любой собаки крупнее таксы, но и кроме того — есть пределы цинизму,
не так ли?

Сказать честно, Тамара Михайловна понимает
двусмысленность расположения газона у себя под
окнами: вроде двор, но уже и не совсем двор, а так,
закуток. Есть же в этом дворе детская площадка
и еще четыре вполне очевидных газона, с тополями
и кустами даже сирени (двор большой), — туда не
водят собак, а сюда в закуток — это милости просим.

А была бы табличка, и тогда бы собак мимо этого, уже не собачьего места повели в подворотню, на
улицу (двор проходной) — им открылись бы там
другие возможности.

Тамара Михайловна убеждена: проблему выгула
легко разрешить. Вот вам, пожалуйста, позитивный
пример — газон во дворе дома номер восемь. Пло-

щадью он уступает собачьему месту под окнами Тамары Михайловны, но это нисколько ему не мешает быть пунктом наличия сразу двух антивыгульных табличек.

Не удивительно, что жильцы дома восемь, кто имеет собак, их на выгул ведут под окна к Тамаре Михайловне. Что же тогда говорить о своих?

Тамара Михайловна не понимает, почему Управляющая Организация не установит в их дворе табличку. Всего-то и нужна лишь одна «Собак не водить» или типа того.

Она переходит улицу и отправляется, это близко, в офис территориально исполнительного органа жилищно-коммунального хозяйства, теперешнее название которого (когда-то, кажется, оно называлось ЖЭК) Тамара Михайловна не только не знает, но и не хочет знать, — зато ее знают здесь — по теме двух банальных протечек и по всё этой же теме собачьего места.

— Я к вам пятый раз уже прихожу, а вы так и не установили табличку. Я же там цветы весной сажаю, да и двор все-таки, люди гуляют. Сколько же мне к вам обращаться?

Бронзовым загаром обладает диспетчер. Еще у нее из уха тянется проводок, — разговаривая с Тамарой Михайловной, диспетчер из уха, что бы там ни было в ухе, этого не вынимает:

— Мы все помним, но и Москва не сразу строилась, а вы хотите.

— Причем тут Москва? Вон в доме восемь, там целых две таблички во дворе, а у нас ни одной. Неужели это такое сложное дело? Не взятку же мне вам предлагать?

— Вы забываетесь! Здесь так не шутят!

— Но ведь можно как-то ускорить?..

— Соберите подписи жильцов. Это поможет.

— Так может деньги собрать? Я бы и на свои купила. Я только не знаю, где их продают.

— Вы меня троллите.

— Что?

— Ничего. У нас карниз обвалился, а вы с табличкой. Это действительно потребность первой необходимости? Имейте совесть. Имейте терпение. А то, получается, вы нас имеете. Посмотрите, что в государстве творится. Как будто не в одной лодке сидим.

Усовещенная, Тамара Михайловна выходит из офиса территориального исполнительного органа жилищно-коммунального хозяйства и замечает у входа, что, входя, не заметила: сигнальную ленту, огораживающую, стало быть, область падения карниза. Не глядя наверх, быстро-быстро идет, чтобы скорее свернуть за угол.

Все легковые для Тамары Михайловны — «иномарки». Почему же она должна разбираться в экзотических видах искусства? Нательная живопись это боди-арт (о нем Тамара Михайловна читала большую статью в гостях у племянницы), а как называется то же на автомобиле, она не знает. С этим самым, с русалкой на кузове — большегрудой и длинноволосой, — он и окатил их грязью на перекрестке. Тамара Михайловна еще успела отпрянуть назад, а женщине рядом не повезло. Слова, которые ныне запрещены законом к употреблению в средствах массовой информации, никогда не радовали слух Тамары Михайловны. — Зачем же так грубо? — обратилась она к женщине, отряхивающей пальто. —

Сказали бы просто: козёл! — Она эту машину часто встречает — вероятно, водитель рядом живет...

Рыба, молоко, хлеб... — повторяет Тамара Михайловна, что купить собралась.

Обычно треска — тушки, а тут филе. Взяла сразу три. С костями размораживать надо, а тут кинула в воду... Он и с костями будет рад, слопает за обе щеки, только Тамара Михайловна без костей любит.

Встала в кассу и захотела прочитать, что на этикетке написано, вынимает из корзины, а оно неожиданно скользкое раз — и на пол. Уже рот открыла «Да ну что вы!» крикнуть наклоняющемуся впереди, смотрит, а это Борис Юрьевич.

— Борис Юрьевич, какими судьбами?

— Тамара Михайловна, что вы тут делаете?

— Песни пою. Что еще делают в магазинах?

— А! Так вы рядом живете... Рад вас видеть, честное слово. А я проездом — случайно...

— Глазам не верю: баночное пиво? Вы ли это? Мировоззренческий переворот?

— У тещи ремонт. Строительный мусор вывозят. Купил ребятам в конце рабочего дня. А как вы поживаете?

— Спасибо, вполне. Ну а вы-то как без меня?

Борис Юрьевич отворачивается и гасит кашель кулаком, а потом добавляет сиплым голосом:

— Мы без вас... как-то так... Но помним.

— Еще бы, — говорит Тамара Михайловна.

На это Борис Юрьевич отвечает:

— Выращиваем, выращиваем потихонечку. Озаботились ферментами. Вот разводим аспергиллус ваш любимый...

— Для этого большого ума не надо, — отвечает Тамара Михайловна.

— Есть нюансики кое-какие, — загадочно говорит Борис Юрьевич. — Очередной термостат до утра заряжен.

— Знаем мы ваши термостаты... Вы там глядите, поосторожней, с грибками-то плесневыми. А то кашляете нехорошо.

— Это сезонное. Осень, — вяло отвечает Борис Юрьевич, выставляя банки с пивом на ленту транспортера. — Мы теперь на ржаной барде экспериментируем, и результаты весьма любопытные... И не только по части осахаривания.

— Грубый фильтрат? Декантант?

— Во-во. По фракциям.

Тамара Михайловна тоже выставляет продукты на транспортер.

— А как с космосом?

— А что с космосом?

— Вы в программу хотели вписаться.

— Мечты, мечты, — грустно улыбается Борис Юрьевич. — На любимую мозоль наступаете. Некому нас продвигать, Тамара Михайловна. Терминология опять же. Напишешь в заявке «фильтрат картофельной барды», и всё, прощай, космос... Вашего кота Кузя зовут?

— Лёпа.

— Он кастрированный?

— Почему вы спрашиваете, Борис Юрьевич?

— Жена кота привела. Я думал, у вас не кастрированный, посоветоваться хотел. И пакетик, пожалуйста, — обращается он к кассирше.

— Нет, Лёпа кастрированный. А в чем сомнения?

— Да так. — Борис Юрьевич опускает банки в пакет. — Частного порядка сомнения. Мужская солидарность во мне просыпается.

Удаляется к столику у окна и ждет Тамару Михайловну.

Заплатив за рыбу, молоко и хлеб, Тамара Михайловна подходит к столику и приступает к рациональному распределению покупок по двум полиэтиленовым пакетам, принесенным из дома.

— Борис Юрьевич, — говорит Тамара Михайловна, опустив чек в пакет с рыбой. — А мне ведь иногда дрожжи снятся. Во всей их необычной красоте и разнообразии. Когда работала, никогда не снились, а сейчас... вот.

— Без людей?

— В микроскопическом масштабе. На клеточном уровне. Какие уж тут люди!

— Я вас понимаю, Тамара Михайловна. Я очень сожалею, что с вами так обошлись. Правда. Вы не поверите, но лично я — очень.

— Кстати, — вспомнила Тамара Михайловна, — я тут своего Бенджамина подкармливать стала...

— Кто такой?

— Фикус. Раньше на бездрожжевой диете был. Но нет. Ничего.

А когда вышли из магазина, Борис Юрьевич говорит:

— Хорошо, что встретил вас. Не всё у нас получается. Есть кой-какие штаммы, вполне перспективные. А мозгов не хватает. Не согласитесь ли, Тамара Михайловна, дать нам консультацию, если мы вас пригласим в официальном порядке — через дирекцию, а?

У Тамары Михайловны перехватывает дыхание на секунду, ей бы сейчас и произнести один из тех монологов, которые она много раз в уме проговаривала ночами, но вместо того она говорит, почти весело:

— Почему же, — говорит, — не соглашусь? Возьму и соглашусь.

— Отлично. Будем на связи. Вас подвезти?

— Что вы, я рядом.

Идет по улице с двумя полиэтиленовыми пакетами и чувствует, как ей все лучше и лучше становится. Вот уже почти хорошо стало. Мысль об утраченной работе еще недавно была горька Тамаре Михайловне, только теперь, когда ее нужность-востребованность устами Бориса Юрьевича так четко артикулировалась, пресловутому «осадку» нет больше места в душе. А еще ей нравится осознавать себя незлопамятной.

Продуктовая ноша имеет свой вес, но Тамара Михайловна не идет кратчайшим путем, а сворачивает к дому восемь, чтобы пройти через проходной двор и получше, потщательнее, пока не стемнело, ознакомиться с опытом установки табличек.

Двор ничуть не больше, чем двор Тамары Михайловны, а газон посреди двора мало того что меньше, чем у нее под окнами, он еще и единственный. Между тем табличек две, по обеим сторонам опять же единственного дерева, и обе обращены в одну сторону.

На газоне буро-желтые листья лежат, ходит по ним ворона, и не замечает Тамара Михайловна, сколько ни глядит на газон, никаких экскрементов.

Вот это порядок.

Подошла поближе к одной из табличек и глядит на нее, какая она.

Табличка на колышке — кажется, пластиковая, но, возможно, это оцинкованный металл (Тамара Михайловна не хочет перешагивать через оградку). Черными буквами на желтом фоне — лапидарно и ёмко:

ВЫГУЛ
СОБАК
ЗАПРЕЩЕН!

Единственное, что не нравится Тамаре Михайловне, — восклицательный знак. Можно было бы обойтись без него. Табличка должна сообщать или, лучше, напоминать о необходимости поступиться свободой ради порядка, но никак не приказывать. На вкус Тамары Михайловны лучшая надпись: «Выгул собак неуместен», — во-первых, здесь удачно обыгрывалось бы слово «место», а во-вторых, любой бы здравомыслящий человек, оценив корректность интонации, воспринял содержание не как приказ, а как обращение к его совести. Тамара Михайловна против любых форм давления.

Направляясь к дому, она думает о силе слов убеждения, притом вполне отдает себе отчет в собственном прекраснодушии. Был бы мир таким, каким она его готова вообразить, не было бы и проблемы с хозяевами собак. Все-таки таблички изготавливают профессионалы, а они лучше знают, что надо писать, к кому и как обращаться.

Тамара Михайловна ценит во всем профессиональный подход.

При подъеме по лестнице ощущает, как всегда, тяжесть в ногах, а тут звонит телефон, ввергая в легкую панику. Тамаре Михайловне в конечном итоге удается им овладеть, но пакет с рыбой все же упал на ступеньку.

— Алло!

— Тамара Михайловна, вы правы (это Лика звонит), вас больше не будут вставлять. Я говорила с начальством. Будете только там, где действительно будете принимать участие. Это мы вам обещаем.

— Да не надо мне ничего обещать. Я больше нигде не буду.

— А мы хотим вас как раз пригласить...

— Куда еще? Мы же договорились, кажется.

— Очень интересная передача будет. Как раз на вас.

— Нет, без меня. Мне некогда.

— Тот случай, когда без вас не получится.

— Не говорите глупости, Лика. Как это без меня не получится?

— Тамара Михайловна, все будет по-другому, нам очень интересно именно ваше мнение. С вами хочет переговорить сценарист. И лично Нехорошев просил передать, что он очень на вас рассчитывает...

— Стоп. Откуда меня знает Нехорошев? Ему до меня дела нет.

— Неправда. Я с ним о вас разговаривала. Вы его очень интересуете.

— Лика, я на лестнице стою. Можно потом?

— Конечно, обязательно, Тамара Михайловна.

Тамара Михайловна входит в квартиру.

Всем хорош, один недостаток — неблагодарный. Когда хочет есть — подлиза подлизой, а налопается и даже не поглядит на тебя.

Но если пузо ему чесать, он будет доволен. А так нет — будто нет тебя, будто не существуешь.

— Ну, скажи, что я не права. Даже очень права! Стыдно? Куда пошел?

Но Лёпа на сытый желудок общаться не любит, оставляет хозяйку одну на кухне.

Тамара Михайловна размещает на сушилке с поддоном только что вымытую посуду — тарелку, чашку, блюдце, вилку, ложку и нож. Каждому предмету свое место. А Лёпину миску моет отдельно — место ее у стиральной машины. Теперь Тамара Михайловна готова заняться холодильником, именно морозильной камерой. Морозилка у Тамары Михайловны забита мятой газетой — холодильнику это надо для экономии его энергии. Если в морозилке лежат продукты, они, замерзнув, долго держат холод, значит, когда после отключения холодильник снова включается, ему требуется меньше энергии дозаморозить то, что уже отморозилось. А если в морозилке пусто, он и будет работать на воздух — чаще включаться и выключаться. Поэтому, чтобы морозилка не была пустой, умные люди ее набивают мятой газетой. Газета замерзает и держит мороз. Тут все дело, по-видимому, во взаимосвязи массы продуктов и их теплоемкости. Тамара Михайловна специалист в иной области. Может, она и не все понимает в этой физике заморозок, но с практической точки зрения она совершенно права в том, что набивает морозилку газетами.

Она решила их заменить. Просто у нее накопились газеты. С практической точки зрения менять уже замороженные газеты на свежие, в смысле теплые, пользы для холодильника нет никакой, и Тамара Михайловна это сама понимает. Но почему бы и нет? Просто ей захотелось небольшой перемены. Ведь надо что-то с холодильником делать.

Вечер проходит в заботах по дому.

Телевизор у нее работает в комнате, а про телевизионщиков она совершенно забыла. А тут звонок. (В этот момент Тамара Михайловна подгибает занавески снизу, они по полу волочатся, а он дергает их.) Оставив иголку в занавеске, берет мобильник.

— Здравствуйте, Тамара Михайловна, меня Марина зовут, мне Лика дала ваш телефон, я работаю у Леонида Нехорошева над сценарием. Вы можете говорить?

— В принципе, да, — неуверенно произносит Тамара Михайловна, вспоминая, на чем они с Ликой расстались (разве она не сказала ей «нет»?).

— Мы бы могли встретиться, где вам удобно, или вы хотите по телефону?

— Да я, собственно, ничего не хочу, это вам что-то надо.

— Тамара Михайловна, вам будет предоставлено место на диване у Нехорошева, и мы ждем от вас прямых высказываний по теме передачи. Вы будете одним из главных гостей. Что нас интересует?.. Ваш взгляд. Как вы сами, вот именно вы, вы — лично, Тамара Михайловна, относитесь к этому. Можно ли об этом сказать «судьба», стечение ли это жизненных обстоятельств, или это исключительно сознательный выбор? Вот что-нибудь в таком плане. Да? Нам хочется, чтобы вы активно участвовали в дискуссии.

— Простите, я не совсем понимаю. О чем передача?

— А вам разве Лика не сказала? Передача называется «Плохо ли быть старой девой?». Ну, название, вы сами понимаете, провокативное... Мы очень рассчитываем на вашу помощь.

Тамара Михайловна ничего не нашла ответить, кроме как произнести что-то краткозвучное, не передаваемое на письме.

— Судя по вашей внешности, — продолжает Марина, — при всем ее своеобразии, вы же в молодости были привлекательной женщиной, с шармом, я правильно говорю? Наверняка за вами кто-нибудь приударял. Может быть, вы сами в кого-нибудь влюблялись. Нет? Ни в кого не влюблялись? Вот есть определенная часть женщин данной категории, которая в силу завышенной самооценки в молодые годы отвергает мужчин как недостойных, ждут принца и все такое, а потом получают то, что получают, я имею в виду тех, кто ничего не получает. Вы относитесь к этим женщинам? Или вы все же другая? И в целом, как вы к этим женщинам относитесь, хотелось бы нам узнать. Как вы вообще к этой проблеме относитесь...

— Вы меня не знаете... — глухо отзывается Тамара Михайловна.

— Конечно, не знаю. Поэтому и задаю вопросы. Нам нужен взгляд изнутри феномена, понимаете? И еще хотелось бы узнать... но это уже деликатный вопрос... как...

Тамара Михайловна прерывает связь. Более того — торопливо отключает мобильник. О, как хочется выкинуть его сейчас же в окно! — только Тамара Михайловна себя в руках умеет держать и поэтому бросает мобильник на кресло, а сверху подушку кладет. И отходит прочь от кресла. К дверям. И в дверь — в прихожую. И на кухню.

Машка, дура, про нее рассказала, это она, она. Предательница. Позвонить племяннице — но тут же решает не звонить: сама мысль о телефоне ей отвратительна.

Тамара Михайловна стоит у холодильника, и ей кажется, что кухонная утварь за ней соглядатайствует, а всего бесстыднее чайник с плиты — обратив в ее сторону носик.

Тамара Михайловна выключает свет.

И сразу о себе напоминает будильник — хриплым, словно он наглотался пыли, не тик-таком, а тик-тиком, тик-тиком.

Чем-нибудь заняться надо — определенно решительным.

Свет от окна падает на буфет.

Внезапно Тамара Михайловна догадывается, что сейчас за окном, и, стремительно подойдя к окну, видит, конечно, на газоне собаку. Светильник на кирпичной стене освещает неравномерно газон, собака предпочла самое светлое место. Это доберман из дома восемь, Тамара Михайловна знает. На нем стеганая курточка. Расставив задние лапы и вытянув шею, он устремляет свой взгляд прямо на Тамару Михайловну. Поводок от собаки ведет к женщине в длинном пальто. Не уберет, думает Тамара Михайловна.

Ошибки не будет: бросив окурок на газон, хозяйка уводит собаку.

— Так нельзя жить, Лёпа. Надо что-то делать. Так нельзя.

Лёпа молчит, но Тамара Михайловна и без него знает, как ей быть. Свет зажигает в прихожей и достает из-под вешалки с инструментами ящик.

Там их три, инструмента, — двух названия ей не известны, а третий есть молоток.

Одевшись, Тамара Михайловна покидает квартиру с молотком и полиэтиленовым мешком для мусора.

Двор дома номер восемь в темное время суток освещается главным образом за счет света в окнах, то есть почти никак. Еще только начало двенадцатого, и автомобили, которыми тут все заставлено, отражают отблесками с кузовов едва ли не половину окон двора, а прямоугольный газон, однако же, зияет, как большая дыра, провал в пропасть, и никого нет во дворе, кроме Тамары Михайловны.

Это потому что нет скамеек, думает Тамара Михайловна, прислушиваясь. В одной из квартир заплакал ребенок, откуда-то донесся характерно кухонный звяк. Нет, не поэтому, — возражает сама себе Тамара Михайловна: у нее во дворе четыре скамейки, но алкоголики только летом сидят по ночам, а в октябре уже холодно, не посидишь.

Обычно после десяти она не выходит на улицу. А тут одна во дворе, в темноте…

Странно стоять ей одной во дворе, да еще и в чужом — стоять и прислушиваться. Понимает, что здесь бы жить не хотела. Всего одно дерево и гораздо больше машин, чем у нее, и нет окон на дальней стене, а что она есть, эта стена, этот брандмауэр, надо еще в темноте присмотреться. Всё-всё тут чужое. Всё-всё не свое.

Перешагнув оградку, она быстро подходит к той табличке, которую решила для себя считать второй, а не первой.

Ей даже не приходится поддевать молотком — потянула рукой за колышек и вытащила из земли. Опустила табличку вниз табличкой в пакет для мусора.

Никем не замеченная, быстро идет в подворотню — чужой двор уже за спиной.

Из черного пакета для мусора только колышек выглядывает, — Тамара Михайловна пересекла улицу, и вот она уже у себя во дворе.

Больше ее газон не будет собачьим. Бьет по колышку молотком раза четыре, пять от силы, не больше.

Колышек входит в землю прекрасно.

Тамара Михайловна довольна работой. Табличка не только табличка с нужными и убедительными словами — в этом ей не откажешь, но она еще и помимо слов перегородила зазор между оградкой и трансформаторной будкой: теперь и безграмотный, и иностранец, и полуслепой — никто на свете не сможет впустить собаку.

Тамаре Михайловне дома опять хорошо. Чайник повеселел и задирает носик приветливо.

Тамара Михайловна глядит в окно и видит табличку. Так бы всё и стояла, так бы всё и ждала, когда приведут.

Очень правильное решение. А вы все дураки.

Тамара Михайловна довольна поступком. Жалко только, никто уже не выводит, не приводит собак, а то бы она посмотрела. Не хочется отходить от окна. Решает полить своего Бенджамина. По графику надобно завтра (полив через день), но что-то земля как будто сухая. Опрыскала листья, увлажнила почву. Сказала: «Пей, пей!»

Маша поздно ложится, — захотелось ей рассказать, но, вспомнив про старую деву, передумывает звонить племяннице. Лучше Лёпе расскажет.

Вспомнила, как доктор Стругач однажды ей говорила, что среди своих пациентов она их вычисляет мгновенно — по умному живому взгляду, по рациональности высказываний и трезвому отношению к себе. Даже в старости их тела крепче и моложе, чем у тех, кто рожал и отдавал себя мужу.

Постановила наградить себя маленькой рюмочкой кагора. У нее в буфете уже полгода открытый кагор стоит, и ведь пробует иногда, а он так и не убывает.

На стеллажах у Тамары Михайловны содержатся книги. Сочинений собрания (Пушкин, Флобер, Конан Дойл, Эренбург, Двоеглазов...) и просто литература, а также много книг по работе (по бывшей) — по микробиологии в целом, и в частности пищевых производств. Труды конференций. Книги про дрожжи. Книги про плесневые грибы. Что до грибов плесневых, они висят на стене — под стеклом: в рамочке снимок представителя одного из родов аспергилла (ударенье на и) — макрофото. Не картинка, а просто симфония. Невероятно красиво.

Это дар Тамаре Михайловне на ее юбилей от сослуживцев еще.

Тамара Михайловна когда смотрит на снимок, у нее отдыхают глаза.

Но сейчас она смотрит опять про коррупцию (очень много про это теперь), хотя и не о коррулции думает, а о чем-то неопределенно своем, о чемто неизъяснимо личном.

Смотрит Тамара Михайловна, ест вкусненькое и ощущает внутри себя необычность. Сначала ей кажется, что все очень просто — просто все хорошо, хотя и не совсем обычно, а потом ей кажется, что все хорошо, но не просто, и необычность именно в этом. А теперь у нее ощущение, что прежние ощущения были обманчивые, и не так все хорошо, и даже нехорошо вовсе.

Вероятно, причина все-таки не в ней, а вовне все-таки — в телевизоре. Грустные вещи, тяжелые вещи, а главное — непонятные вещи сообщает ей телевизор. Можно ли ощущать «хорошо», когда на экране говорят о предметах и действиях непостижимых?

Украсть полтора миллиарда.

Документальный фильм о нечестных чиновниках, умыкнувших из бюджета полтора миллиарда. Что-то там про офшор. Что-то там про преступные схемы хищений.

Тамара Михайловна даже вникнуть боится в преступные схемы хищений, объяснить ей которые помышляют авторы фильма, — не хочет вникать, словно знание этих чудовищных схем что-то светлое внутри нее самой опоганит.

Но смотрит.

— Лёпа!.. Миллиард — это девять нулей!

Лёпе где уж понять.

— Не шесть ведь, а девять!

А когда переключилась на другое, на комедийное что-то, нехорошее что-то все равно остается где-то в груди, чуть ниже гортани, и мешает смешное смотреть. Тамара Михайловна дисгармонию эту объясняет себе послевкусием разоблачений.

И она занимает себя решеньем текущих задач здорового быта и сангигиены.

Вот она стоит после душа в махровом халате перед книжными полками (никогда и ни за что она не выбросит книги!) и, прислушиваясь к своим ощущениям, с тревогой догадывается, что муторность эта соприродна ее существу, ее персональности, но никак не обстоятельствам внешнего мира.

Этому верить не очень приятно. На глаза попадаются белые корешки Маршака. Нет последнего, четвертого тома. Четвертый том лет тридцать назад у нее кто-то взял и не вернул, а ведь там переводы с английского, Роберт Бернс и Шекспира сонеты. Она даже знает, кто взял. Незлопамятная, а ведь помнит об этом. И хотела б забыть, а ведь помнит. И ведь книги теперь никому не нужны, а все помнит, не может забыть. Так что вот. А вы говорите, полтора миллиарда.

— Лёпа, как так люди живут!

Наведенное настроение пришло в соответствие с исходной муторностью, и Тамара Михайловна ощутила, что найдено муторности оправдание.

И как будто не так уже стало тревожно.

Потому что понятно ей стало, что это такое: это вроде стыда — за других, за тех, кто чужое берет (хорошо ей знакомое чувство).

Под одеялом на правом боку Тамара Михайловна все о том же думает. Пытается представить полтора миллиарда чем-нибудь зримым и осязаемым. Вспоминает передачу, в которой ее сегодня днем показали — «Так ли плохо воровать?» Дурацкий вопрос. Разве можно ли так спрашивать? Потому и воруют. Потому и воруют, что никто не спрашивает как надо. Если спрашивают, то не то и не так. А вам бы только названия провокативные изобретать... Лишь бы с вывертом да не по-человечески... Чему же теперь удивляться? Тамара Михайловна одному удивляется: когда маленькими были те вороватые чиновники, мама разве им не говорила, что нельзя брать чужое? Тамара Михайловна, засыпая, вспоминает маму и себя маленькую. Она хочет вспомнить, как мама ей говорила, что нельзя брать чужое, но вспоминается, как в лодке плывут и собирают кувшинки. Никогда, никогда в жизни не брала чужого. И тут вдруг щёлк:

— Брала!

Тамара Михайловна глаза открыла. Почувствовала, как похолодела спина. Как стали ноги неметь. Испугалась даже.

Тут же мобилизовался внутренний адвокат: брось, Томка, ты это чего? — это же совсем другой случай.

Да как же другой, когда именно тот?

И никакой не «именно тот». Все ты правильно сделала. Ведь должно все по справедливости быть. А разве справедливо, что к ним никто не ходит во двор, а все собаки исключительно к нам?

Но, простите, так ведь нельзя. Это же последнее дело — за счет других свои проблемы решать. Разве так поступают интеллигентные люди?

И совсем не «за счет». Им от этого хуже не стало. У них целых две было таблички, на одном практически месте. Просто, Томочка, ты устранила нелепость.

Отговорочки. Нет!

Одеяло роняя на пол, села на край кровати, а в висках у нее кровью стучит:

— Нет! Нет! Нет!

И понимает она, что муторность, которой хотела найти мотивацию, только тем и мотивирована, что это ее личная муторность. И что стыд, он не за других у нее, а за себя саму.

Хотя бы раз в жизни взяла бы она чужое что-нибудь — какой-нибудь карандаш, какую-нибудь стирательную резинку, — тогда бы и это присвоение можно было проще перенести. Но Тамара Михайловна даже совочка в песочнице без спросу не брала ни разу, не было такого! И вдруг!.. Это же морок на нее нашел какой-то...

Надев кофту на ночную рубашку, Тамара Михайловна идет на кухню пить валерьянку.

Зябко. Нехорошо.

Внутренний адвокат еще пытается вякать. В том духе, что не сами же две таблички себе установили парочкой, это просто ошибка каких-то высших распорядительных инстанций, а Тамара Михайловна ошибку исправила, и не переживать ей надо сейчас, но гордиться собой. Только:

— Нет! Нет! Нет! — стучит кровью в висках.

Маша поздно ложится — надо ей позвонить.

— Машенька, как у тебя, все ли у тебя хорошо?

— Тетя Тома, что-то случилось?

— Ничего не случилось. Просто ты не звонишь, и я беспокоюсь.

— В три часа ночи?

— Как в три? Не может быть, три... Двенадцать!

— Тетя Тома, у тебя что с голосом?

— Действительно три. Извини. Что-то нашло на меня... Да, кстати. Зачем ты им сказала, что я старая дева? Кому какое дело, у кого какая частная жизнь? Что это за манера вмешиваться в чужие дела?..

— Подожди, я выйду в коридор...

— Ты не дома?

— Почему я не дома?

— Ты никогда не называешь прихожую коридором.

— Я дома. И я ничего плохого о тебе не сказала. Им нужен был определенный типаж. Образованная женщина, владеющая языком. Они этим и заинтересовались, что ты микробиолог, специалист по дрожжам, а уже только потом, что ты... как ты говоришь, старая дева. Ну, да. А что? Мы все разные. И это нормально.

— Ты меня подставила, Маша.

— Тетя Тома, извини, если так. Мне всегда казалось, что ты сама над этим посмеивалась. И потом что в этом такого? Посмотри на гомосексуалистов, они сейчас каминаут объявляют один за другим. Ты знаешь, что такое каминаут?

— Маша, ты куришь.

— Не курю.

— Мне показалось, ты щелкнула зажигалкой.

— А если бы и курила, то что?

— Это ужасно. Она со мной разговаривала возмутительным тоном.

— Лика?

— Нет... как ее... Марина. Сценарист.

— Ну так и послала бы на три буквы.

— Я так и сделала.

— Молодец.

— Семнадцатого октября был день памяти твоей мамы. Ты ведь забыла.

— Я не забыла. Я ее помянула. Одна.

— А почему мне не позвонила?

— А почему *ты* мне не позвонила? Она тебе сестра, точно так же, как мне мама.

— Не вижу логики. Ну, ладно. Но на кладбище ты не была.

— Откуда знаешь?

— Знаю. Я и на бабушкину могилку сходила. Ты, наверное, забыла, где бабушкина могила?

— И поэтому ты мне звонишь в три часа ночи?

— Подожди… Один вопрос… Послушай, Машенька, я тут хотела спросить… скажи, пожалуйста, ты когда-нибудь брала чужое?..

— Тетя Тома, ты пьяная?

— Нет, я знаю, что нет, но хотя бы мысль появлялась… взять… ну и взять?

— В смысле украсть?

— Ну, грубо говоря, да. Хотя я знаю, что ты — нет.

— Да почему же нет? Я вот однажды черные очки украла. Дешевые, правда, копеечные, но украла.

— Врешь.

— На рынке. Там у торговца сотни очков висели, подделки всякие. Мне и не нужны были. Просто так украла. Потом выбросила.

— Ты хочешь сказать, что ты клептоманка?

— Нет. Просто украла.

— Не верю. Не верю, Маша.

— А у тебя в детстве мелочь из кармана таскала.

— Зачем ты на себя наговариваешь? Это ж неправда!

— А почему неправда? Все дети мелочь у взрослых таскают.

— Неправда! Никто не таскает. Только те таскают, кто потом миллиарды таскает, из таких и получаются потом... а нормальные дети не будут таскать!.. И ты не таскала!

— В классе четвертом... в пятом... Было дело — таскала.

— Да ты девочка с бантом была! Ты в четвертом классе Блока наизусть читала! Думаешь, я совсем из ума вышла?

— Тетя Тома, ты спросила — я ответила.

— Ладно. Спи. Спокойной ночи.

Ну что за дрянная девчонка! Решила над теткой поиздеваться... Тамара Михайловна прекрасно помнит, какие акварели рисовала Машенька в четвертом классе, выставляли на выставке в школе и даже отправляли в другой город на выставку. И это она, тетя Тома, заставила сестру перевести дочку в школу с испанским. А теперь будет Машенька ей говорить, что воришкой была!

Тамара Михайловна садится за семейный альбом. Вот сестрица в ситцевом платье и как Машка сегодня. Одно лицо, фигура одна — это за год до замужества ее, за три года до Машкиного рожденья. А вот маленькая Томочка вместе со своей сестренкой в лодке сидит, обе в панамках — мама на веслах, и собирают кувшинки. Отец с берега снимал на пленочный аппарат «Зоркий».

Тамара Михайловна вспомнила за собой грех. Как все-таки однажды взяла чужое. У дедушки в круглой коробке лежали пять селекционных фасолин, привезенных с другого конца света, — он ужасно дорожил ими и называл каким-то научным словом. Однажды она с сестрицей, маленькие были, утащили из коробочки по одной фасолине. И решили в саду за сараем эти фасолины съесть. Но фасолины были жесткие и невкусные, и пришлось их выплюнуть прямо в крапиву.

А потом с грехом пополам (один на двоих) старались послушными быть, обе ждали, когда их накажут. Но все обошлось. Почему-то.

Тамара Михайловна потому и забыла об этом, что обошлось — почему-то. А теперь вспомнила.

Вспомнила, что ее не ругали. Ее вообще редко ругали.

Окно приоткрыла — что-то трудно дышать.

По крыше трансформаторной будки голуби ходят. Светает.

Получается, ночью был дождь, потому что мокрый асфальт, но Тамара Михайловна это событие пропустила. И земля на газонах, и листья, и воздух — все сырое, но ей не сыро — свежо. Кожей лица ощущается свежесть. И дышится, как только утром и может дышаться.

Во двор дома восемь она вошла, не таясь. В левой руке держит табличку: «Выгул собак запрещен!» С каждым шагом ей лучше, свободней.

Широкий брандмауэр убедительно целостен, труба котельной убедительно высока. Дерево как веник большой, поставленный вверх потрепанным помелом: листья опали — убедительна осень. Много машин во дворе, в одной у газона греют мотор, но не волнует Тамару Михайловну людское присутствие. Чем ближе газон, тем свободнее шаг, тем чище и чаще дыханье.

На мокрые листья, перешагнув оградку, ступает Тамара Михайловна и скоро находит исходное место — вставляет табличку туда, где табличка была. С первым же — и единственным — ударом молотка ее молнией пронзает почти что восторг — острое ощущение счастья: свободна, свободна!

— Эй! Вы чего делаете?.. Я вам!..

Тамара Михайловна оборачивается: метр с кепкой, с усами. Лицо неприветливое. Он нарочно вылез из заведенной машины, чтобы это сказать.

— Здесь уже есть одна! Глаза протрите. Не видите?

— Не надо нервничать, — говорит ему, как можно спокойнее, Тамара Михайловна. — Эта табличка отсюда.

— Откуда отсюда? Вон же — рядом. Сколько надо еще?

— Вы, наверное, живете не в этом дворе. Иначе бы вы знали, что еще вчера здесь было две таблички.

— Да я тут десять лет живу! Всегда одна была!

— Вы лжете!

— Я лгу? Вы что — идиотка? Зачем вы вбиваете сюда вторую табличку? Перестаньте придуриваться! И одной много!

— Кто вам дал право разговаривать со мной таким тоном? Вы думаете, я не умею за себя постоять? Эта табличка не вам принадлежит, а двору в целом! И не нам с вами решать, сколько должно здесь быть табличек!..

И — чтобы знал — твердо ему:

— Две! И только две! Таков здешний порядок!

Метр с кепкой взревел:

— Нет, я так не могу! У меня уже сил моих нет! Достали!..

И подбегает к табличке.

— Только попробуй выдернуть!.. Не ты ее воткнул, и не тебе выдергивать!

Послушался — отступил на два шага, уставился на Тамару Михайловну. А Тамара Михайловна торжествующе произносит громкое, непререкаемое, победное:

— Вот!

И поворачивается спиной к субъекту, чтобы приступить к уверенному уходу, но перед глазами ее образуется с большими персями длинноволосая русалка, без вкуса и меры нанесенная на кузов иномарки. Тамара Михайловна замирает на месте, узнавая машину. Так вот это кто! Будто грязью опять обдало. Обернулась — бросить в лицо ему, врагу пешеходов, приверженцу гонок по лужам, как презирает его за его же презрение к людям, — обернулась, а этот уже не здесь. А этот подлец — видит она — к помойке шагает — с противособачьей табличкой в руке.

— Стоять! Не сметь!

Но табличка летит в мусорный бак.

— Ах ты кобель! — кричит Тамара Михайловна и что было силы бьет молотком (у нее же в правой руке молоток) по фаре автомобиля.

Ярость ее и вид летящих осколков стекла сейчас для нее неразличимы, словно осколки летят в ее голове, и в эту бесконечную долю секунды она успевает и ужаснуться, и изумиться, и восхититься собой.

Мат-перемат. У, как она этого не любит!.. Он бежит, размахивая кулаками, — Тамара Михайловна обращается к нему лицом, и пусть он не таращит глаза — она его не боится.

Она даже не бьет молотком, она просто тыркает молотком вперед, а он сам ударяет кулаком по молотку и, взвизгнув, отпрыгивает. Не ожидал.

Тамара Михайловна крепко держит в руке молоток — у нее не выбьешь из руки молоток. А этот сейчас особо опасен — у него от злобы понижен болевой порог. Вот он разжал кулаки и растопырил пальцы — в надежде, может быть, придушить Тамару Михайловну или хотя бы обезоружить. Только она сама наступает. Он не настолько ловок, чтобы, когда она промахивается, схватить ее руку, и получает, попятившись, в свой черед по запястью. И тогда он обращается в бегство, но в странное бегство. Он оббегает сзади машину, и, открыв с той стороны переднюю дверцу, прячется от Тамары Михайловны у себя в салоне — ему словно не руку ушибло, а отшибло мозги. А Тамара Михайловна бьет и бьет молотком по капоту.

А потом по русалке — получай по русалке, кобель!.. А потом опять по капоту!

Сейчас что есть мочи — таков замах — ударит по лобовому стеклу, — и, подняв руку, она видит гримасу ужаса на лице ушибленного врага и бьет, но промахивается: молоток скользит по крыше автомобиля, рука, следуя за ним, разворачивает Тамару Михайловну лицом к подворотне, и Тамара Михайловна, оставив все как есть, бесповоротно уходит.

Кровь стучит в висках:

— Да. Да. Да.

Тамара Михайловна — сама не своя. Своя — только когда сознание отрывает от реальности клоки. Как переходит улицу отчетливо на красный свет, как минует бомжа с бородой, и еще запомнится зонтик, резко уступивший дорогу. Сильно дрожащий, не способный попасть, ригельный ключ. Лёпа глядит на нее непомерно огромными глазами.

Покачиваясь, Тамара Михайловна сидит на краю кровати и прижимает к сердцу зеленого цыпленка, с которым когда-то играла Машенька. Дождь стучит по карнизу. Кричит дворник на чужом языке.

Невероятная усталость накатывает на нее волной. Она падает на бок и сразу же засыпает.

Ей снятся дрожжи. Много, много дрожжей.

БЕЗ ВОРОТНИКА

— Браво! Браво! — кричат из публики.

Елена Владимировна очень довольна собой: она дочитала стихотворение до конца — по памяти, без единой запинки — не забыв ни одной строки. А стихотворение большое и сложное — про весну, цветы и любовь.

Аккордеонист вопросительно глядит на директора дома — Бориса Борисовича: не пора ли вспомнить о музыке? Борис Борисович стоит у дверей под полинявшим от солнечного света *«Пожилым везде у нас почет»* и показательно аплодирует вместе со всеми.

Публика не хочет отпускать Елену Владимировну.

— Еленочка, расскажите нам, как у вас с Константином Петровичем было! — просят из зала.

— Елена Владимировна, про рубашку, пожалуйста!

— Про кофточку!

— Да нет же, это рубашка была! Правда рубашка, Елена Владимировна?

— Про то, как с Константином Петровичем, про это.

Елена Владимировна чуть-чуть кокетливо говорит в микрофон:

— Да ну вас! Вы все уже знаете!

На губах у нее яркая помада, на ней бежевое платье с блесками, бирюзовый кулон на широкой ленте.

— Еще расскажи, Леночка! И пусть Константин Петрович тоже рассказывает!

— Сколько можно! Всем надоело уже, — говорит Елена Владимировна, однако не торопится отходить от микрофона.

— Не надоело! — кричат. — Неправда!

— А ты не нам рассказывай! Ты ему — музыканту! Он не слышал еще!

Елена Владимировна глядит на аккордеониста такими глазами, словно его до сих пор на сцене не видела:

— Да он молодой, ему не интересно.

— Ему как раз интересно!

— А вот Борис Борисович, может, не разрешит...

— Разрешит, разрешит!

— Борис Борисович, вы разрешаете?

Борис Борисович ничего не отвечает, но всем своим видом показывает, что это все его не касается.

— Как вас зовут, молодой человек? — спрашивает Елена Владимировна аккордеониста.

— Алексей.

— Простите, как?

— Алексей! Алексей! — кричат из зала.

— Алексей, посмотрите, — говорит Елена Владимировна, — видите того мужчину… седого? Вон, у окна. Это Константин Петрович — моя первая любовь. Ну, может, не совсем первая, я и в третьем классе влюблялась, но первая — по-настоящему.

Оказавшись в центре внимания, Константин Петрович, поощряемый аплодисментами, поднимается с места.

У него дрожит подбородок, но это не мешает ему широко улыбаться.

— Она тогда не говорила… — голос у него сиплый, — что по-настоящему…

— Говорила, говорила, он просто забыл, — весело произносит в микрофон Елена Владимировна. — Увы, Алексей, тогда у нас ничего с Константином Петровичем не получилось. И мы расстались почти на шестьдесят лет.

— Они снова только здесь встретились, — обращается к Алексею полная дама в кресле-каталке.

— Сядь, Костя, сядь, — просит Елена Владимировна. — Я сама расскажу. Был сорок восьмой год…

— Сорок девятый, — отзывается с места Константин Петрович.

— Был сорок восьмой год, мне в сорок восьмом исполнилось восемнадцать.

— Сорок девятый…

— Не сбивайте ее, Константин Петрович! Какая разница сорок восьмой или сорок девятый?

— Как это «какая разница»? — протестует Елена Владимировна. — Мне восемнадцать лет исполнилось, я-то лучше, наверное, знаю…. Костя меня старше на год был…

— Почему был? Он и сейчас…

— Ну, сейчас уже не считается... А тогда он мне цветы дарил. Помнишь, Костя, мы на речку ходили? Алексей, вы даже представить не можете, какой Константин Петрович красавец был.

— Да он и сейчас красавец, — кричат из зала.

— Стеснительный только был, — уточняет Елена Владимировна.

— Да он и сейчас стеснительный.

— Ну, теперь уже не так. У него и внуки красивые. Взрослые и красивые. И все у него хорошо. А я ведь тоже красавица была. Правда, Константин Петрович?

— Да вы и сейчас! — кричат из публики Елене Владимировне.

— У меня поклонников хоть отбавляй было! — гордо заявляет Елена Владимировна. — Я дочь архитектора. На меня родители не жалели ни денег, ни сил, ни времени. И друзья у меня были... интеллигентные. В университете учились... Юра Невельский, Паша Марчук... А Константин был из простой семьи. Но мое сердце принадлежало ему... А какие он мне письма писал, если б вы только знали!.. И вот, Алексей, пригласила я его на свой день рождения, на восемнадцатилетие. А я ведь не знала, что он такой чокнутый. В общем, он устроил драку и убежал. И мы с ним шестьдесят лет больше не виделись...

— Нет, нет, — закричали из зала. — Так не годится! С подробностями!

— А какие подробности? Время, Алексей, было тяжелое. Недавно война кончилась. Пусть Константин Петрович сам расскажет. Константин, встань, пожалуйста.

Константин Петрович снова поднимается, широко улыбаясь. Алексей видит, что дрожат у Константина Петровича еще и руки. Константин Петрович смотрит куда-то в сторону, а с места ему подсказывают:

— Про рубашку, Константин Петрович!

Константин Петрович начинает:

— Пиджак...

— Да нет, про рубашку!..

— Пиджак мне сосед одолжил, а рубашки не было у меня, чтобы в гости пойти... Та, что была, в ней нельзя было, слишком плохая... Сестра моя Зина мне это... свою дала. У нее была такая... довоенная, старая... на меня кое-как влезла... но только спереди вся молью съеденная... а сзади на спине даже вполне...

— Без воротника, — комментирует кто-то из публики.

— Не совсем без воротника — со стоечкой! — поправляет Елена Владимировна.

— Зина и посоветовала: надень ее задом наперед под пиджак, будет это... — он забыл слово.

— Элегантно! — объявляет в микрофон Елена Владимировна.

Константин Петрович согласен.

Елена Владимировна подбадривает его:

— Я еще тогда подумала, такой пришел элегантный!.. Рубашка со стоечкой, надо же...

Константин Петрович рассеянно молчит, глядя теперь в окно.

Мадам в кресле-каталке не дает потухнуть рассказу:

— А дальше, Алексей, было вот что. Было жарко очень. Молодые люди поскидывали пиджаки и остались в рубашках. Только молодой Константин Петрович не снимал пиджак...

— Боже, он мне подарил такие цветы! — перебивает Елена Владимировна.

— Розы, — вспоминает Константин Петрович.

— Никакие не розы! Георгины! Такой букет! Вы не видели таких букетов!

— Ну так вот, — продолжает дама в кресле-каталке, — все сняли пиджаки и стали Константина Петровича уговаривать: снимите пиджак, Костя, вы же вспотели уже. А он ни в какую! И тогда стали дурачиться, я верно рассказываю? Елена Владимировна говорит: снимите с него, в самом деле, пиджак... А то ведь умрет от жары...

— Да нет же, все не так было, это не я сказала, но неважно кто. — Елена Владимировна не хочет, чтобы ее историю излагали другие. — Нет, правда! Мы сначала его по-хорошему уговаривали. А потом думаем, надо же, упрямый какой!.. Ребята на него навалились — давайте с Кости пиджак снимем! Поможем человеку, раз сам не может... А он руками отпихивается. Одного отпихивает, другого отпихивает... Так и не снял пиджак. Дело до драки дошло. А что это, как не драка, если в глаз дал? Дал Юрке Невельскому в глаз... И убежал! А Юрка: «За что? Что я сделал ему?» Мы еще в окно смотрели: бежит по двору! Чокнутый! Ну не псих ли? Мы ведь не знали, что с ним. Что у него рубашка задом наперед и дырявая. Это он мне только здесь рассказал, когда встретились!.. Про рубашку... А ведь я на самом деле только и любила чокнутых. У меня и первый, и третий муж были чокнутые. А второго я плохо помню. А Костю помню, хотя он и не муж никакой. Первая любовь. Ну, не совсем первая... Но по-настоящему — первая!

— Я не знал, что ты чокнутых любишь. Я повеситься хотел, — бормочет Константин Петрович, улыбаясь.

— Хорошо не повесился! — кричит Елена Владимировна в микрофон, и ее слова встречаются одобрительным шумом публики.

А дама в коляске-каталке провозглашает:

— Это ведь чудо! Чудо! Расстались, и через шестьдесят лет снова встретились! Здесь! Это же чудо!

Тут уже все начинают хлопать в ладоши.

Борис Борисович, директор дома престарелых, подает аккордеонисту знак, и тот, склонив голову, начинает играть вальс «Амурские волны».

— Танцы! — бодро объявляет Борис Борисович и выходит за дверь.

Дам приглашают кавалеры, а также другие дамы, потому что кавалеров меньше, чем дам, и придется некоторым дамам танцевать друг с дружкой. Константин Петрович сегодня снова герой и будет сегодня танцевать со многими, но первый вальс, конечно, — Елене Владимировне.

У него получается. Елена Владимировна правой рукой, слегка отставленной в сторону, крепко держит его левую руку, и рука Константина Петровича почти не дрожит.

ВТОРАЯ СТОРОНА
(ПАРАЛЛЕЛЬНАЯ ПЕРВОЙ)

ПОСЕЩЕНИЕ

1

— Старик не так уж и плох. Сколько ему? Неужели восемьдесят?

— Во всяком случае, не меньше.

— А какая быстрая речь! Какая живость и бодрость!.. Сразу видно, великий ум!

— Ум, несомненно, великий, но иногда за разум заходит.

— Я этого не заметил.

— А как ты мог это заметить, если ты не знаешь немецкого языка?

— Разве я виноват, что он говорил по-немецки?

— А разве тебя кто-то винит? Я и сам не ожидал, что он будет говорить по-немецки.

— Ты первый заговорил. Ты приветствовал его на немецком. Он решил, что мы оба владеем немецким.

— А на каком языке я должен был его приветствовать?

— Однако согласись, твое знание немецкого тоже далеко от совершенства.

— Тоже?

— В меньшей степени, чем мое, но... нет, право, ты должен со мной согласиться... тоже весьма и весьма далеко от совершенства... Не будем об этом. Сколько же мы были там — час, полтора?

— Не более получаса.

— Всего? Мне показалось, что дольше.

— Ты не участвовал в разговоре, вот тебе и показалось. А для меня время промелькнуло стрелой.

— Я участвовал выражением лица, игрой настроений. Или ты не заметил, что он часто обращался ко мне? Словно искал поддержки.

— О да, он ее находил!

— Признайся, ты тоже не был многословен.

— Вежливость не позволяла мне быть многословным.

— Ты очень старался. Ты как будто хотел произнести речь, но забыл слова. В самом начале.

— Пару вопросов я все-таки сумел задать. Этого от меня не отнимешь.

— Кстати, о чем?

— Какая разница? Он ни на один не ответил.

— Мне послышалось или ты в самом деле назвал имя Коцебу?..

— Верно, назвал. Я спросил его мнение о комедиях Коцебу. Надо же с чего-то начать разговор.

— Помилуй, но зачем тебе Коцебу? А ему-то какого лысого нужен твой Коцебу?.. Лучше бы ты спросил о Шиллере.

— Дело не в Шиллере и не в Коцебу. Слава небесная им обоим!.. Дело в другом. Мы приехали из

России, не так ли? Ты же не будешь отрицать, что из всех немецких авторов у нас больше всего любят Коцебу. Вот об этом я и хотел ему доложить. И добавить, что мы оба, и ты, и я, не ставим высоко комедии Августа Коцебу. Я хотел сделать ему приятное.

— Немцы считают Коцебу едва ли не русским шпионом.

— Послушай, мне нет горя до Коцебу. Просто я хотел через Коцебу перейти к общеевропейским темам. Взять, к примеру, короля Франции Карла Десятого...

— Надо было спросить о Шиллере. Как-то неловко ты поступил. На худой конец, о Шеллинге.

— Ладно. Как поступил, так и поступил, уже не воротишь. Одним словом, он пробормотал что-то невразумительное, когда я спросил его о комедиях Коцебу, и тогда я немедленно спросил его о поэзии Байрона.

— Байрона он должен любить. Но... почему Байрон?

— Говорю тебе, я хотел перейти к общеевропейским темам. Поговорить о восстании в Греции. Но для этого надо было сказать пару слов о смерти Байрона.

— И ты их сказал?

— С ним невозможно разговаривать. Он не слышит собеседника. Или просто не понимает, о чем его спрашивают. Я его про Грецию, а он мне про Индию.

— Про Индию? А Индия-то откуда?

— Вот и я про то же: откуда Индия? Откуда же мне знать, почему у него все мысли об Индии!..

— Байрон — англичанин, а где англичане, там и Индия.

— И поэтому надо так долго говорить об Индии, когда тебя хотят спросить о Греции?

— Не нужно было вспоминать Коцебу.

— Полагаешь, он принял нас за русских шпионов?

— Только этого не хватало... Но ты сам его смутил своим Коцебу. Когда ты сказал «Коцебу», он растерялся, я видел.

— Слушай, я, кажется, догадался. Он решил, что мы англичане.

— Мы — англичане?

— Да, он так решил.

— Разве мы не представлялись русскими?

— У старика неприятности с головой. Он плохо соображает.

— Тогда понятно, откуда взялась Индия... Но кроме Индии... он говорил о чем-то еще?

— Я понимал далеко не каждое слово, но все, что он говорил, определенно касалось исключительно Индии. Он что-то нес о взаимной вражде индийских племен. Но ведь я его не спрашивал об индусах.

— Да, ты сразу как-то сник... У тебя потух взгляд, я заметил. Стоило ему заговорить.

— Я слушал. А что мне оставалось делать? Я вежливо молчал. Подобно тебе.

— Может быть, в Индии происходят большие события, а мы того не знаем?

— Если бы... Нет, он просто читал нам лекцию. Уверяю тебя. Про индийскую географию, про индийское вероисповедование. Про флору и фауну Индии. В частности про бизонов.

— Неужели ты знаешь, как по-немецки «бизон»?

— Так же, как по-русски.

— Но разве в Индии водятся бизоны?

— Они водятся в его голове. А ты говоришь, великий ум.

— Он все время улыбался.

— Закономерно.

— Жаль, жаль старика.

— Но речь действительно беглая. И бодрости у него не отнять, ты прав.

— Меня другое утешает: ему было приятно наше присутствие. Он был нам искренне рад.

— Другие гости тянут жилы из него и высасывают кровь. А мы нет.

— С нами он мог позволить себе быть ребенком.

— Это мы ему позволили. Слава богу, я сразу понял, с кем имеем дело. Заметь, я ни разу, ни единого раза не перебил его!..

— Ты не поверишь, но я это заметил. И я рад, что так получилось. Все-таки мы поступили верно, когда зашли к нему.

— А ты опасался.

— Будет, о чем рассказать.

— Жаль, что Веневитинов не дожил...

— Нам не поверят, боюсь.

— А кто поверит, умрет от зависти.

— Все-таки мы одни из последних.

— Имеешь в виду посетителей? Не говори так. Долгих лет ему... Но ты, боюсь, прав.

2

Жуайе...
Покатывая мизинцем медный футляр для пера, Эккерман вспоминал. Неужели действительно Жуайе? А почему бы и нет? Фамилии у русских бывают странные. Иные даже более чем... Две тетради лежали перед ним на столе; одна была раскрыта на чистой странице, это его собственная, другая — на записи от 19 апреля 1830 года, — господин Сорэ, чьим дневниковым свидетельствам он доверял, излагал памятный Эккерману случай с важным уточнением: оказывается, фамилия одного из тех русских гостей была *Joyeux*. Так ли это, правда ли Жуайе — Эккерман уже вспомнить не мог.

Часы пробили одиннадцать. А спать не хотелось. Конец многолетним трудам уже не казался недостижимым. Он вновь перечитывал чужую запись, непроизвольно переводя ее на немецкий с французского — с того замечательного языка, который сам Гёте называл обиходным. Кстати, на каком языке состоялась... или почти состоялась как бы беседа? Судя по всему, на немецком? О, да! Он был благодарен Сорэ: если бы не эта тетрадь, полная ценнейших напоминаний, неизвестно еще, решился ли бы Эккерман взяться за третью часть «Разговоров с Гёте». Сподвижник великого Гёте на поприще естествознания Фредерик Сорэ любезно предоставил Эккерману свои дневники с тем, чтобы память секретаря автора «Фауста» могла поверяться еще одним честным источником. Итак, Жуайе?

Эккерман отвел глаза от тетради и посмотрел на портрет. Света газовой лампы, достаточного для стола, не хватало стене: Гёте словно отстранялся лицом в темноту, но это не помешало их взглядам встретиться. Странное дело, двадцатью минутами раньше Эккерман еще находил то давнее событие совершенно пустячным, он даже склонялся к мысли пренебречь эпизодом с русскими посетителями. Но сейчас происшествие того далекого понедельника показалось ему таинственным и по-своему важным. Он вспомнил, что в обеих, уже опубликованных частях «Разговоров с Гёте» сам Гёте о русских как таковых почти ничего не сказал. О русских как таковых он высказывается лишь однажды у Эккермана — в связи с турецкой кампанией.

Может быть, Эккерман что-нибудь пропустил?

Не слишком ли он расточителен в отборе исторических фактов?

Эккерман окунул в чернила перо.

3

«Понедельник, 19 апреля 1830.
Гёте поведал мне о визите двух русских, побывавших у него сегодня. "Вообще-то они были пристойные люди, — говорил он, — только один из них, мне показалось, был не вполне учтив, он так и не проронил ни одного слова. Вошел с безмолвным поклоном, за все время даже не раскрыл рта и ушел через полчаса с таким же немым благоговением. Надо полагать, он приходил для того только, чтобы потаращиться на меня. Пока я сидел перед ним, он просто пожирал меня взглядом. Мне это наскучило, и я стал пороть вздор, какой только приходил в голову. Насколько

помню, темой я выбрал Соединенные Штаты Северной Америки и в самом легкомысленном духе, чтобы не молчать, стал распространяться о разных вещах, имел ли я о них представление или нет. Однако обоим моим визитерам это, кажется, пришлось по душе, ибо, уходя, оба они выглядели очень довольными"».

Плохо это или хорошо, но Эккерман все же пренебрег свидетельством Сорэ, относящимся к фамилии посетителя Гёте.

Переводить русскую фамилию с французского на немецкий язык он решиться не смог.

Что до нас, то мы насчет *Joyeux* не знаем сомнений. Кто такой Жуайе?

Разумеется, Журавлев.

Фамилию второго гостя История не сохранила.

ПРОБА

Лестница была и темной, и узкой, но могла бы и потемнее, и поуже быть для такого особого случая; окна выходили во двор, сравнительно светлый, он знал, что освещенностью двор был обязан высоте дома — всего-то три этажа, и, бросив взгляд на лестничное окно, решил, что преобразует дом в огромный, высокий, перенаселенный мастеровым людом. Он бывал здесь не раз и хорошо знал эту лестницу, но сейчас, медленно поднимаясь по ней, он рассматривал эти перила, стены и двери, словно никогда не видел ничего подобного. Он почувствовал, что волнение с каждым шагом растет, и, прислушиваясь к ударам сердца, подумал, что так и должно быть, что это и есть самое верное, настоящее. Он не стал торопиться звонить в квартиру — несколько секунд стоял перед дверью, сосредотачиваясь, а когда покрутил ручку звонка, с радостью отметил ту его особенность, что не зазвенело вовсе и даже не забренчало, а точным будет сказать, забрякало, словно не медным был звонок, а стальным. Он вздрогнул.

Точнее, он представил, что вздрогнул. Раньше он не обращал на этот звонок никакого внимания, а сейчас подумал, что бряканье это — совершенно особенный звон, обязанный что-то ему напомнить. Боясь испортить впечатление, не стал повторять, хотя времени уже прошло больше минуты. Стоя перед дверью, несколько раз переступил с ноги на ногу, прикидывая, как бы он стоял с топором и, если бы топор был, как бы лучше его было припрятать под верхней одеждой — под пальто, — когда бы на нем было пальто, а не пропитанный балтийской влагой плед, одолженный ему в Копенгагене.

Дверь чуть-чуть приотворилась, и он увидел в узкую щель недоверчивые глазки жильца. Нарочно не стал называться, чтобы жилец рассмотрел его сам. И сам со своей стороны продолжал внимательно следить, как его пытаются рассматривать. Дверь наконец отворилась.

— Федор Михайлович, вы ли это?

— Здравствуйте, Александр Карлович.

Он переступил порог.

— Давно ли вернулись, Федор Михайлович?

— Только что. Час назад еще на пристани был.

— И сразу ко мне?

— И сразу к вам.

Он оглядел прихожую.

— Смотрю, перегородку сняли.

— Помилуйте, Федор Михайлович, не было перегородок.

— Разве? — а сам подумал: «Не помешала бы перегородка».

Ему понравилось, что Готфридт глядит на него вопросительно. Не понравилось, что так легко оказался узнанным. Решил прикинуться, будто думает, что его не за того принимают: за какого-то другого Федора Михайловича. Захотелось посмотреть, как будет.

— Да я к вам приходил как-то... по одному дельцу, может быть, не забыли...

— Как же можно? — изумился Александр Карлович. — Как забыть можно, Федор Михайлович? И не раз приходили. Да что же вы такое говорите...

От неподдельного изумления Александр Карлович будто даже выпрямил спину, так что неисправимая сутулость его чуть ли не сгладилась до неузнаваемости, но тут он порывисто вздохнул, подчиненный силам неведомого натяжения, не дающим сутулому телу потерять прежнюю форму, и вновь стал похож на себя. По этой сутулости, наводящей на мысли о горбе, и особенно по тусклому, подслеповатому взгляду иной кто-нибудь мог бы предположить в нем часовщика — и не сильно ошибся бы, но Достоевский сейчас хмуро глядел определенно на лысину, как-то уж слишком откровенно себя предоставляющую — как-то глупо, дурашливо — под вероятный удар. Не то, не то. Совершенно не то.

Александр Карлович отступил в сторону, пропуская Федора Михайловича в комнату, ярко освещенную заходящим солнцем. «И тогда, стало быть, так же будет солнце светить!..» — как бы невзначай мелькнуло в уме Достоевского, и эта нечаянная мысль ему определенно понравилась. Он быстрым взглядом окинул все в комнате, чтобы по возможности изучить и запомнить расположение. Мебель его устраивала не вполне — дубовая, резная, точно с претензией, он хотел бы попроще — и шкаф, и диван, и овальный стол, и стулья вдоль стены, и чтобы все на солнце сверкало желтизной, как эти рамки на стенах. Картинки в них были по-своему хороши: какие-то девушки с голубями — вот это дело.

Его бы устроил грубый вопрос «что угодно?», но Александр Карлович деликатно молчал.

— Заклад принес, вот-с! — и он вынул из кармана золотые часы.

Вероятно, Александра Карловича что-то смутило в интонации Федора Михайловича, потому что, прежде чем взять в руки часы, он недоверчиво покосился на бороду Достоевского.

— А вы про булавку золотую, — обратился он к бороде, — не забыли свою? Она с апреля лежит.

Смысла в напоминании не было — срок булавке в феврале только. Александр Карлович этими ни к чему не обязывающими словами, вероятнее всего, выказывал гостю благорасположение, но Достоевский счел нужным в них услышать упрек.

— Я вам проценты внесу, потерпите.

И быстро подумал за ростовщика сам, как если бы это тот хотел так сказать:

«А терпеть мне или вещь вашу по сроку продать, это уже моя, батюшка, воля».

Фраза удалась — безжалостная, жесткая; чтобы не забыть ее, Федор Михайлович про себя повторил теми же, не меняя их последовательности, словами. Из уст Александра Карловича он, между тем, услышал другие слова:

— Не извольте беспокоиться. Еще сроку полгода. Будет срок, тогда и поговорим.

Взяв часы тремя пальцами за цепочку, Готфридт продолжал их держать на весу с кислым выражением на лице, словно сомневался, надо ли связываться с этим закладом. От внимания Федора Михайловича не ускользнула чернота на кончиках пальцев Александра Карловича, — наверное, у всех ювелиров так въедается пыль в кожу. Деталь, надо признать, не дурная. Только не для этой истории. Для этой истории ювелир на роль ростовщика не подходит никак. Сколько же можно убивать ювелиров и их кухарок?

— Много ль за часы-то, Александр Карлович?

Поскольку Александр Карлович не спешил с ответом, Федор Михайлович осторожно попытался ему подсказать — навести на желанную мысль:

— С пустяком ведь пришел, не правда ли? Или вы не так думаете, Александр Карлович? Почитай, ничего не стоят, да? Так ведь думаете, да? Сознайтесь, что так.

— Почему ж ничего...

Готфридт открыл часы.

— Были бы серебряные, вы бы и двух рублей не дали...

— Только они не серебряные.

— А пришел бы другой кто-нибудь, принес бы серебряные... студент какой-нибудь... серебряные, отцовские...

— Только они золотые.

— Полтора бы дали рубля... За серебряные.

— Тридцать восемь рублей, — произнес Александр Карлович; похоже, разговор ему не нравился.

— Тридцать восемь рублей! — воскликнул Федор Михайлович с такой поспешностью, словно только и ждал этого. — Вот! Вот и я про то же!.. В Висбадене мне за них втрое больше давали...

— Вы из Висбадена? — оживился Готфридт, он был рад сменить тему. — Как вам Висбаден?

— Не спрашивайте, — сказал Достоевский. — Омерзителен ваш Висбаден.

— Висбаден, Висбаден, — покачал головой Готфридт.

Достоевского передернуло:

— Да — и что? Да — Висбаден, да — я проиграл, да — в рулетку!

Слышал, как сам прислушивается к себе: все одно к одному — быть припадку. Но не сейчас.

Выражение сочувствия, было появившееся на лице Александра Карловича, сменилось выражением недоверия.

— Часы-то выкупили, впрочем.

— Люди хорошие везде помогут, — быстро проговорил Достоевский.

Он бы не стал продолжать, но Готфридт молчал, выжидательно склонив голову набок, словно знал, что рассказ воспоследует непременно.

— Меня бы тут иначе не было, — Федор Михайлович неожиданно хлопнул в ладоши. — А я еще в Копенгаген сплавал, у старого друга гостил. Да что деньги? Знали бы вы, какой я роман пишу!.. Неделю на корабле только тем и занимался, что романом своим!.. У меня только он в голове, даже сплю когда!.. Даже когда с вами разговариваю!..

Федор Михайлович засмеялся, да так, что Александр Карлович зримо поежился.

— Мне Катков аванс выписал, триста рублей!.. Их в Висбаден послали, только я уже в Копенгаген уплыл, переслали обратно, сюда... в Петербург. Вам не представить, Александр Карлович, я домой возвращаюсь, а меня триста рублей дожидаются...

— Зачем же вы тогда ко мне пришли с часами-то золотыми?

— Да вот пришел, — ответил Федор Михайлович. — Мало ли зачем. Затем и пришел, что пришел. На пробу пришел.

— На что? — не понял Готфридт.

— На пробу. Неважно на что. На вас посмотреть.

Александр Карлович почтительно кивнул, словно намекнул на поклон.

— Между прочим, насчет вашей фамилии... Готфридт, это ж по-русски «богобоязненная» будет, или не так?

— Почему ж «богобоязненная»? Я ведь не женщина.

— Разумеется. Но были бы женщиной, были бы «богобоязненной» само собой. А так, понятно, мужчина.

«Да, да, и чтобы деньги на упокой души копила — пожертвовать в монастырь», — обрадовался Достоевский.

— Достоевский фамилия тоже интересная, — произнес Александр Карлович с таким видом, словно отвечал на любезность любезностью. — Так про что же ваш новый роман?

Но охота о себе рассказывать у Федора Михайловича пропала уже.

— Да так, — нехотя произнес Достоевский, — молодой человек становится пленником своей же идеи. Вам, думаю, не интересно. Тридцать восемь, ну что ж! На четыре месяца, хорошо?

Готфридт достал из кармана кольцо с ключами и пошел в другую комнату, — дверь за собой он оставил открытой. Вместо двери Федор Михайлович представил колышущуюся занавеску. Он услышал, как Готфридт открывает комод; вообразил: верхний ящик. Ему захотелось увидеть собственными глазами, он подошел к двери. «Вот, — сказал себе Федор Михайлович. — Самое главное». Взгляду его предстала неподвижная спина, сейчас она казалась особенно узкой, потому что в виду большого комода притязала заслонить от глаз Достоевского сразу все. Готфридт, приоткрыв ящик, ждал, не шевелясь. Достоевский стоял и смотрел. Комод был заставлен статуэтками весь. Федор Михайлович отчетливо видел, что голову Александр Карлович вбирает в плечи, будто опасается нападения сзади. Вдруг он резко обернулся и посмотрел на стоящего в дверях Достоевского. В его глазах отразился испуг. «Статуэтки — лишнее», — решил Федор Михайлович, отступив назад в комнату — поближе к двери в переднюю, и замер на месте. Оба молчали, не шевелились, не издавали ни звука.

Так минута прошла, другая.

— Триста рублей это только аванс, — произнес Достоевский как можно небрежнее.

Скрипнул ящик комода, и снова воцарилась тишина. Достоевский услышал, как Готфридт идет по паркету. «А сейчас он укладку достает», — подумал Федор Михайлович, вспомнив ключ с зубчатой бородкой, превосходящий размером другие ключи.

Он весь обратился в слух, Готфридт явно опасался шумных движений. С улицы донесся выкрик извозчика. Достоевский поглядел под ноги: пол поблескивал, так был натерт. Однако, кто ему натирает? Вряд ли сам.

То ли вспомнилось, то ли тут же придумалось — про чистоту: чем серьезнее относишься к чистоте, тем больше ты скупердяй. Усмехнулся. Поглядел на дощатый пол в передней. Темная охра.

Готфридт возвратился в комнату к Достоевскому, он держал деньги в руке и сердито смотрел на Федора Михайловича, ожидая от него каких-то слов. Достоевский молчал и ждал, что скажет Готфридт.

— Вы любите Шиллера? — спросил Готфридт.

— Да, — поморщился Достоевский. — «Разбойники» — из любимых. — И чтобы покончить с литературой, спросил: — А вы не боитесь?

Готфридт вскинул брови.

— После того случая, — сказал Достоевский.

— После которого?

— Молодой человек убил ювелира и его кухарку. Ювелир тоже закладчиком был. Вы же читали в «Голосе»?

— А вы где читали? На корабле?

— У вас есть кухарка? — спросил Достоевский.

— Я выпишу квитанцию, — Александр Карлович подошел к столу. — Условия вам известны — пять процентов. Другие десять копеек с рубля берут. А я — пять. Почему вы спросили о моей кухарке?

— А сестра? — спросил Достоевский. — У вас должна быть сестра.

— Почему вы спрашиваете о моей сестре?

— Вы ведь тоже ювелир?

— Вы прекрасно знаете, что я ювелир. Зачем этот вопрос, Федор Михайлович?

— Вот я и спрашиваю: вы не боитесь?

— Разве я сумасшедший, чтобы вас бояться, Федор Михайлович?

— Почему же меня?

— А кого?

— Того, кто мог бы быть вместо меня.

— Вот расписка. Я вас плохо понимаю сегодня.

Достоевский ушел.

Предчувствия не обманули: ближе к ночи у себя на Столярном подвергся припадку — одному из самых тяжелых. Смог встать из-за стола — и упал в бесконечность. Потом, когда тело налилось утроенной тяжестью и когда понял, что все позади, шарил рукою по полу, зачем-то ища половик, и не знал, сумеет ли подняться на ноги. Тетрадь рядом лежала. Мысль была о луне. Была ли полной луна.

Эта ночь и другим показалась тяжелой.

Ограбили лавку в Апраксином. К дровяной пристани на Фонтанке течением прибило труп.

Зато не было ни одного пожара.

Луны полной не было тоже.

Что до пожаров, это чудо, что свечи потухли, когда подсвечник упал, — он, должно быть, бил ногой этажерку. Достоевский искал опору подняться. Руки тряслись.

Был сон Готфридту. Длинный тягостный сон, который и забылся уже во сне — весь, кроме финала.

В какой-то момент он как будто проснулся во сне, пробудился от прежнего тяжелого, невнятного, гиблого сна и очутился в зримом, предельно выразительном — в новом. Что-то случилось ужасное, необъяснимое, резкое — и вот вроде бы он у себя дома, но не совсем у себя, да и кто бы верно ответил:

у себя ли во сне? Все как-то так, но не так. Он догадывается, что лежит на полу, он не может пошеве-
литься, члены не слушаются его, и все же он видит,
что происходит в комнате. Готфридт видит комод
с выдвинутыми ящиками, видит незнакомого человека лет двадцати — в расстегнутом пальто: он стоит
на коленях и роется в продолговатом сундучке. Готфридт знает, что сундучок этот выдвинут из-под
кровати, у Готфридта не такая кровать, и он не укла-
дывает подушки башенкой, и сундучок не его, нет
у него такого, но он узнает свои мелкие ключи на
металлическом кольце, вдетом в ухо большого ключа, торчащего из замка на откинутой выпуклой
крышке. Он понимает, что вещи, которые тот человек яростно перебирает, это его вещи. «Это мои», —
пытается сказать Готфридт, но язык не подчиняется
ему. И тогда слышится уверенный голос: «Это
мои», — отчего Готфридт цепенеет еще сильнее.
У окна стоит Федор Михайлович, не по сезону в лет-
нем костюме (потому что осень сейчас), и глядит
мимо куда-то. Готфридту кажется, что молодой человек сейчас убьет Достоевского, и он собирается
Достоевского предупредить, с трудом разжимая
зубы, но тот молодой человек не замечает ничего
ровным счетом — только роется в сундучке. Вот достал заячью шубку. «Это моя, — говорит Достоевский, глядя в сторону. — Заложил через Прасковью
Петровну». «Позвольте, — хочет возразить Готфридт, — то ж пальто было, если через Прасковью
Петровну, ватное». Вместо слов своих он слышит
мычание, не более того. «Было ватное пальто, — отвечает Достоевский с неприятной ухмылкой, — стала заячья шубка». Он как будто мысли читает

и по-прежнему глядит в сторону, в никуда. В руках человека появились часы на цепочке. «Мои, золотые», — говорит Достоевский. Готфридт хочет снова ему возразить: раз не выкупленные, значит все-таки его не совсем, а если прямо сказать: совсем не его. А тот человек извлекает булавку. «Моя. Золотая, с брильянтом. Десять рублей серебром», — произносит торжественно Федор Михайлович. Готфридт хочет поправить: «В феврале все будут пятнадцать». А молодой человек торопливо набивает карманы цепочками, лентами и браслетами, и Готфридт понимает, что они с Федором Михайловичем заодно и оба против него, лежащего на полу почему-то. И видит он, что на шубке на заячьей кровь, и простынка, отчего-то лежащая на полу, вся в крови, и кровь на руках того человека. «Это моя», — думает Готфридт, понимая, что думает вслух наконец, и чувствует, как в мозгу его болью глухой разбухает какая-то невыразимая тоска. «Это моя», — отзывается Федор Михайлович хриплым эхом и подходит к нему и, приблизив лицо, едва не касаясь его бородой, произносит вприщурку: «Успокойся, голубушка. Мертвая, а как будто живешь. Без тебя разберутся. Прощай». Готфридт проваливается в темноту, чтобы тут же проснуться в холодном поту. Ему нечем дышать. Боль в голове, словно ее раскололи. Силы нет закричать. Сердце бешено бьется, а мысль только одна: живая, живая. Живой.

АПОЛОГИЯ ГОГОЛЯ
КАК СЛИВОЧНОЙ КАРАМЕЛИ

Последнею в клепсидре будет капля.
Медовой сладости.

Борхес

КАРАМЕЛЬ СЛИВОЧНАЯ «ГОГОЛЬ» 46,8 г.
Штрих-код: 46017567
Производитель: «ARCOR» S.A.I.C.
Адрес: 2434 Arroyito Cordoba Argentina.
Дистрибьютор: «Сладкая сказка»
Россия, г. Москва.
Интернет-каталог товаров

I

Глеб Аркадиевич, дорогой, приветствую!

Давайте определимся наконец, как поступать с «Апологией» — будем ли мы включать эту сомнительную работу в посмертную книгу Николая Львовича или ну ее подальше куда? Я бы, по правде сказать, игнорировал. Стиль, проблематика, специфика подхода, маргинальная тема (разумею не Гоголя, но эти нелепые леденцы) — да Вы и сами все понимаете. Уж слишком выбивается из общего корпуса книги.

Честное слово, я бы не включал.

С другой стороны, ходят на кафедре слухи, что будто бы Ольга Михайловна, вдова, каким-то боком связывает ужасную гибель Николая Львовича именно с этим странным текстом. Вы единственный, кто общается с Ольгой Михайловной, пожалуйста, внесите ясность — какая тут может быть связь?

И еще обращаю Ваше внимание на обстоятельство, впрочем, хорошо Вам и без меня известное. Текст уже успел засветиться. Мы с Вами раструбили на весь белый свет, что в архиве Н.Л. обнаружена неизвестная работа о Гоголе, а между тем покойник, как теперь выясняется, давным-давно предъявил ее в интернете, причем на сайте, как понимаю, связанном с оптовой продажей всяких сластей, — правда, под псевдонимом и без названия, но это нисколько не меняет дела — мы все равно в дураках. Кстати, название, придуманное нами для посмертной публикации, тоже дурацкое.

Одни расстройства, коллега. Одни расстройства, недоумения и вопросы.

Вот кто бы мне объяснил, какого лешего уважаемый литературовед ввязался в дела кондитерские. Мало ли какие конфеты существуют на свете? Откуда вообще образовалась эта карамель и почему нам должно быть до нее какое-то дело?

И при чем тут Президент Российской Федерации?

С уважением и недоумением,
и пожеланием крепкого здоровья (надеюсь, Вы оклемались уже?),
      всегда Ваш
           Александр Морщин

II

Дорогой Александр Никифорович!
Простите, что не ответил сразу. Окаянное давление продолжает пошаливать. Ничего, будем живы — не помрем.

Прошу Вас, не наезжайте на «Апологию». Она, конечно, сильно отличается от других гоголеведческих работ Николая Львовича, но, если весь корпус книги уподобить праздничному торту, поверьте мне, она будет той самой заключительной вишенкой, — видите, и меня потянуло на кондитерские ассоциации.

Глубоко ошибаетесь, если полагаете, что «Апология» появилась на ровном месте (с бухты-барахты).

Я задал студентам провести разыскания. Вот и Ольга Михайловна кое-что рассказала. Тут много любопытного, неожиданного. Слушайте, любезный Александр Никифорович. Начну, как обычно, с начала.

В начале был действительно Президент. Вы спрашивали, при чем тут Президент Российской Федерации. При том! Он всему начало начал.

Наш Президент проводил встречу с журналистами — экономика, политика и все на свете. А случилось это в начале нового тысячелетия, и по линии как бы культуры был задан вопрос о предстоящем юбилее Гоголя. Примерно в такой форме. На российских прилавках, дескать, появилась карамель «Гоголь», изготовленная специально для нас в Южной Америке, а собираемся ли мы сами отмечать приближающийся юбилей Гоголя? Чувствуете, как проявляется контекст выступления Николая Львовича с его «Апологией»? Тут вопрос важнее ответа. Президент, положим, выразился в том духе, что он равнодушен к сладкому, но юбилей великого Гоголя мы непременно отметим, Гоголь — это наша национальная гордость и все такое, точным текстом пока не располагаю, да и не так важно, что ответил в данном случае Президент. Но признайтесь, Александр Никифорович, Вы ведь тоже ничего подобного не помните, да? А ведь это наша история.

Итак, продолжаю докладывать, эпизод этот спровоцировал кратковременный интерес к упомянутой карамели. Оказалось, что на прилавках наших магазинов действительно лежала карамель «Гоголь», а мы с Вами и не знали того. Изображение фантика можно найти в интернете. Мне же довелось не далее как в прошлый четверг рассмотреть фантик в натуре — Ольга Михайловна хранит его в шкатулке для ценных бумаг. Все верно: «Сделано в Аргентине». И еще: «Гоголь. Поэма в сливочном вкусе. Сливочная карамель» — с длинным списком ингредиентов. Не знаю, где тут рекламный слоган, а где название, это не суть важно, достаточно и того, что благодаря Президенту на карамель обратили тогда пытливый взгляд средства нашей массовой информации, а также отдельные блогеры, следящие за событиями. Словесное сочетание «Гоголь. Поэма в сливочном вкусе», подверглось дружному осмеянию, равно как и вся концепция сбыта этой сливочной карамели. А где же мы были с Вами, Александр Никифорович? Почему ничего мы не знаем? Жизнь удивительна и причудлива, а мы все пропускаем, как нелюбознательные.

Иное дело Николай Львович. Он, не в пример нам, не только ничего не пропустил, но и счел необходимым вмешаться в ход этих событий. Тогда как общественное мнение в несчастном названии карамели различало четкую и вместе с тем почти кощунственную аллюзию на поэму Гоголя «Мертвые души», Николай Львович прочитал надпись на фантике совершенно иначе, ну Вы прекрасно знаете как. Я только одно хочу сказать: его «Апология» есть высказывание полемическое; рассматривать это оригинальное выступление необходимо в определенном историческом контексте и непременно с учетом бытовых реалий конкретного времени.

Боюсь, побудительные мотивы данного высказывания нам уже не раскроются. Стремление ли к справедливости, любовь ли к истине — бог весть, что там было мотивационного. Могу допустить, что был заказ. Не знаю чей. Чей-нибудь. Возможно, коммерческий. Вправе ли мы порицать нашего покойного товарища за подчинение своего недюжинного ума чужим интересам, если что-то подобное действительно было? Не думаю.

Примечательно, что Ольга Михайловна по этому вопросу тоже не имеет определенного мнения. В чем она убеждена твердо, так это в роковом значении «Апологии». Публикация текста, утверждает она, непосредственно привела к трагической развязке. Мне кажется, Ольга Михайловна — немножечко фаталист. Связь есть, но скорее косвенная, не прямая, и все же таки то, что до Вас доходит в виде слуха, я подтверждаю: определенная связь, несомненно, присутствует.

Как Вы знаете, Николай Львович в своей «Апологии» коснулся некоторых моментов аргентинской истории; был, в частности, упомянут первый президент Аргентины Бернардино Ривадавия. И это не прошло бесследно. Несмотря на то что Николай Львович скрывался под псевдонимом, его разыскали по аргентинским дипломатическим каналам и пригласили в посольство на прием в честь Дня независимости Аргентины.

Данные сведения, как Вы догадываетесь, непосредственно от Ольги Михайловны. Вот так мы и узнаем семейные тайны. У нее были слезы на глазах, когда она рассказывала, в каком восторженном возбуждении вернулся в тот вечер Николай Львович из посольства. «Лучше бы он туда не ходил!»

А спустя какое-то время Николая Львовича пригласили в Аргентину прочесть восемь лекций о Гоголе.

Понимаете? Приглашением в Аргентину Николай Львович обязан не чему-нибудь, а публикации на кондитерском сайте. А мы и не знали всей этой подноготной, ведь мы же не посещали кондитерские сайты, а если бы и посетили, то что?.. Вспомните, сильно ли Вы удивились, когда Николай Львович получил персональное приглашение в Аргентину? Лично я, как помнится, удивился, но не буду сейчас утверждать, что очень сильно. Это уже потом, после аргентинских роковых событий, не было предела моему удивлению.

Лекций он прочел, Вы, должно быть, знаете, шесть. Пред седьмой был зарублен кухонным тесаком (а вовсе не старинным мачете, как нам объявили на заседании кафедры).

Помните все эти нелепые кривотолки? А гражданскую панихиду в актовом зале? Помните, что говорил аспирант Румелин? Бестактные сравнения с Троцким? Мне стыдно вспомнить, каким я сам предавался фантазиям.

Считается, что зарубил психопат.

Так-то оно так, да не совсем. Ольга Михайловна знает правду. А теперь и я тоже, хотя и в общих чертах. И правда эта, дорогой мой коллега, выражается одним только словом. Сказать? Скажу, не буду Вас мучить. Это слово — ревность.

Удивлены? Я понимаю. Думаете, бред убитой горем вдовы? А вот и нет. Уверяю Вас, у нее есть кое-какие свидетельства...

Но Николай-то Львович каков!.. Низенький, с животиком, 58 лет — не юноша. И — аргентинка! И притом — молодая! А?

Я так думаю, что все-таки молодая. Возможно, даже креолка. Чем он взял ее — интеллектом? Сравнительным литературоведением? Неужели биографией Гоголя?..

А его привычка поглаживать лысину? Это тоже в плюс?

Тема деликатная — я, разумеется, Ольгу Михайловну не расспрашивал. Знаю лишь то, что она мне сама поведала, а точнее сказать — на что намекнула. Имеющий уши да слышит.

Постоянно размышляю о Николае Львовиче; он не выходит у меня из головы. Заработал бессонницу, плохо ем. Что-то мы в нем не разглядели, мне кажется. Иногда я ловлю себя на мысли, что при всей ужасности его дикой гибели я ему, знаете ли, немного завидую... Да-с. Немного. Чуть-чуть... Но довольно признаний. Предлагаю поместить «Апологию» в раздел «Приложения» и снабдить небольшим комментарием, объясняющим жанровые особенности текста. Вы правы, придуманное нами название для публикации не годится. Пусть пока остается рабочим — в угловых скобках: <Апология Гоголя как сливочной карамели>. Надо заменить на более нейтральное, простое. Ну, придумайте же сами, Вы это хорошо умеете. Что-то сейчас голова моя плохо соображает. Пора принимать лекарство.

Да пребудет с Вами удача,
Ваш

Г. А. Р.

III
<Апология Гоголя как сливочной карамели>

Больно и обидно смотреть, как все потешаются над продуктом «Гоголь. Карамель сливочная». Особенно всех смешит надпись, украшающая обертку:

ГОГОЛЬ
Поэма в сливочном вкусе

Еще бы! Какая связь между Гоголем и карамелью? Чем тут повинны «Мертвые души»? Что еще за сливочный вкус? И почему «сделано в Аргентине»?

Я и сам смеялся, когда купил. Смеялся над отсутствием логики, как мне казалось, над чужой, как мне казалось, недалекостью и невежеством. А надо было смеяться над собой.

Но однажды теплым июньским вечером охваченный томительным ароматом жасмина я шел по сумрачной аллее парка одного южного городка, и вдруг меня осенило: я понял, что означают слова на обертке! Мне открылся их бесподобный секрет!

Это нас, самодовольных умников, надо было бы спросить про «Мертвые души». С чего мы взяли эти «Мертвые души»? Протрем глаза и убедимся: аргентинские производители карамели «Гоголь» надписью «поэма в сливочном вкусе» недвусмысленно отсылают нас, поверхностно мыслящих, не к «Мертвым душам», а к другой гоголевской поэме — «Ганцу Кюхельгартену».

Я готов доказать это.

§ 1

«Ганс Кюхельгартен» — по сути, поэма, а по авторскому определению жанра — «идиллия в картинах». Трудно представить другой литературный жанр, который бы соответствовал природе сливочной карамели больше, чем идиллия.

§ 2

В шестой картине этой «идиллии» Вильгельм в кругу семьи, собравшейся во дворе под каштанами, отмечает день рожденья супруги.

> Под тенью тех деревьев вечно милых
> Стоял с утра дубовый стол, весь чистой
> Покрытый скатертью и весь уставлен
> Душистой яствой: желтый вкусный сыр,
> Редис и масло в фарфоровой утке,
> И пиво, и вино, и сладкий бишеф,
> И сахар, и коричневые вафли;
> В корзине спелые, блестящие плоды:
> Прозрачный грозд, душистая малина,
> И, как янтарь, желтеющие груши,
> И сливы синие, и яркий персик,
> В затейливом виднелось все порядке.

Нет ли ощущения, что среди этих яств (преимущественно сладких на вкус) чего-то все-таки не хватает?

Не сливочной ли карамели?

Она бы не испортила этот праздничный стол. Могла бы виднеться «в затейливом порядке» рядом с вафлями, например. Несомненно, Гоголь перечислил далеко не все, что было на столе. Но даже если карамели на столе не было, мы смело можем говорить об ее потенциальном присутствии. Карамель вообще, и в частности «Гоголь. Карамель сливочная», представлена здесь исходными продуктами, необходимыми для изготовления какой бы то ни было модификации карамели. Прежде всего, это сахар, а также масло — оба числятся в списке ингредиентов карамельного «Гоголя». Что же до сиропа глюкозы, занимающего в этом списке вторую позицию после сахара, то он, думается, может быть заменен при изготовлении карамели наличествующим на столе Вильгельма «сладким бишефом» (бишофом).

Таким образом, натюрморт, изображенный Гоголем, помимо прочих идей выражает идею карамели, причем не только идею фруктовой карамели, но и, что для нас особенно ценно, идею сливочной карамели. Действительно, в состав «Гоголя. Карамели сливочной», согласно списку ингредиентов, напечатанному на обертке, должны входить «цельное молоко» и, собственно, сливки. Не будем гадать, есть ли эти продукты на столе, достаточно и того, что

...гуляют тут же две
Ручные козы и, резвяся, щиплют
Душистую траву.

Стало быть, и с молочными ингредиентами карамели проблем нет. Карамель как идея воплощена Гоголем в этом литературном натюрморте с помощью образов исходных продуктов и обусловлена логикой художественного повествования.

§3

Вот еще одно удивительное соответствие — столь же выразительное, сколь и скрытое. Без ключа тут не обойтись.

Ключ есть. Это псевдоним «В.Алов», под которым Гоголь издал свою юношескую поэму.

Касательно «Ганса Кюхельгартена» имена «Алов» и «Гоголь» взаимозаменяемы.

Выбирая псевдоним, молодой Гоголь позаботился о том, чтобы он был колористическим и чтобы он, помимо того, был окрашен в сочный цвет вечерней зари и распустившейся розы.

Сливочная карамель «Гоголь» содержит два искусственных красителя — Е110 и Е150.

Нас интересует Е110, этот краситель имеет оранжево-красный цвет.

Полное называние красителя звучит поэтично: *желтый «солнечный закат» Е110.*

Специалистам по пищевым добавкам он известен также под именами: *желтый солнечно-закатный, солнечно-закатный* и *желтый сансет.*

Знатоки Гоголя наверняка напрягают память: неужели есть описание заката в «Ганце Кюхельгартене»?

Есть!

Склоняется на запад день,
Вечерняя длиннеет тень.
И облаков блестящих, белых
Ярчее алые края;
На листьях темных, пожелтелых
Сверкает золота струя.

Вот оно! В.Алов, псевдоним автора «Ганса Кюхельгартена», оказывается, семантически отвечает, по тексту поэмы, цвету края облаков на закате. Но и сливочная карамель «Гоголь» содержит краситель, так и называющийся: *солнечно-закатный*!

А теперь обратим внимание не на «облака», а на «листья». Может ли образному названию красителя *желтый «солнечный закат» E110* подобрать более точный эквивалент, чем образ «золота струи» на «пожелтелых» в лучах заходящего солнца листьев деревьев?

Таким образом, между произведением В.Алова «Ганц Кюхельгартен» и продуктом «Гоголь. Сливочная карамель» очевидна глубинная связь на уровне смыслообразующих понятий и образов.

§4

Как известно, после первых печатных откликов Гоголь изъял тираж из продажи и уничтожил.

Ни одно произведение Гоголя не принесло ему столько горечи, как «Ганс Кюхельгартен».

Что касается продукта «Гоголь», предлагаемого потребителю в качестве съедобной «поэмы», то это, заметим, не перец и не горчица, а сливочная карамель. Налицо символическая реабилитация поэмы. Соответствие по противоположности: пищевой аналог тому, который когда-то принес Гоголю как автору *горечь*, обязан сегодня доставлять наслаждение, услаждать.

§5

«Ганс Кюхельгартен» — юношеский литературный опыт Гоголя-гимназиста.

Закономерно продукт «Гоголь» как «поэма в сливочном вкусе» адресован, в основном, молодым потребителям — современным школьникам и гимназистам.

§6

Осталось истолковать надпись «Сделано в Аргентине». «Сделано в Аргентине» — простая констатация факта, в той же мере естественного, что и факт производства пищевого красителя Е 110 в Индии. Однако надпись находится на обертке не чего-нибудь, а продукта, именуемого «Гоголь. Сливочная карамель», и это придает утверждению «сделано в Аргентине» дополнительные смысловые оттенки. Надпись, фатально отвечая общегоголевскому контексту, являет себя сильным утверждением и в то же время как бы ставит самою себя под сомнение, — типа того: а вы знаете, что это сделано в Аргентине, а у алжирского дея под самым носом шишка?

В этом смысле «Сделано в Аргентине» на обертке «Гоголя» не только необходимо — по законам РФ, но и — в гоголевском духе — уместно.

Вернемся к «Ганцу Кюхельгартену».

Если отнестись с доверием к авторской помете «Писано в 1827», нельзя будет не отметить, что именно тогда имел место военный конфликт между Аргентиной и Бразилией из-за провинции Уругвай.

В шестой картине поэмы Гоголя дан список тем застольной беседы Вильгельма с пастором:

...про новости газет,
Про злой неурожай, про греков и про турок,
Про Мисолунги, про дела войны,

Про славного вождя Колокотрони,
Про Канинга, про парламент,
Про бедствия и мятежи в Мадрите.

Не хватает только событий в Аргентине, не правда
ли? — они из того же ряда. Сладко обедающие герои гоголевской поэмы могли бы наряду с Федором
Колокотрони, предводителем греков в борьбе против турок, столь же увлеченно вспоминать и другого своего современника — тогдашнего (и первого,
кстати сказать) президента Аргентины Бернардино
Ривадавия, известного борца против испанского го-
сподства (тем более что испанская тема — «бедствия
и мятежи в Мадрите» — была затронута). Читатели
гоголевской поэмы не почувствовали бы в этом случае сбоя — ни стилистического, ни смыслового.

И последнее. С чем у современного образован-
ного россиянина прежде всего ассоциируется Ар-
гентина? С аргентинским мясом и Борхесом.

Уведомляя «Сделано в Аргентине», производители продукта «Гоголь. Сливочная карамель» отсылают нас непосредственно к Борхесу, вооружают,
так сказать, борхесианскими методами расследова-
ний, побуждают себя вести в этом смысле *по-арген-
тински*.

IV

Ольга,
я Мариана.
Я люблю русский язык, мне нравятся Путин, Ленин
и Петр Великий. Моя мечта бывать в Кремле. Моя

будущая диссертация посвящается снегу и холоду в русской литературе.

Я не знала, как тебе написать.

Я во всем виновата.

Тебе надо знать, что Николас говорил про тебя хорошо и никогда плохо.

Печаль на моей душе и сильное горько в сердце.

Я плачу, плачу и плачу.

Прости меня, Ольга.

Прости и прощай.

АУТЕНТИЧНОСТЬ

«Надо думать по-русски», — подумал Стив определенно по-русски. Заодно подумал по-русски, что здесь, на кладбище, русскими словами думается легко, без принуждения. Это потому, наверное, что на чтение про себя — в уме то есть — бессмертных ее стихов он настроился загодя — *in advance*.

Русским, по мнению многих, он владел превосходно.

Где-то далеко затихала электричка, поглощаемая тишиной. Все замерло и застыло, и, если бы не листья, падавшие один за другим, замерло бы и застыло действительно все.

Никого не было, ни одного человека; он знал, что в иные дни к этой могиле идут толпами, и благодарил провидение, что сейчас он один. Менее всего хотелось думать о себе, но он не мог не вспомнить вчерашний день: как друзья друзей показывали ему Царское Село и он страдал из-за отсутствия одиночества.

Царскосельские первыми пришли на память — двадцать первого года, со сложным ритмом: «Пятым действием драмы / Веет воздух осенний, / Каждая клумба в парке / Кажется свежей могилой...» — и далее — до конца, как читают молитву, шевеля губами, — прочитал про себя Стив. Этот «воздух осенний»!.. Он дышал им так же сейчас, как она им дышала тогда!.. По крайней мере, он сейчас этому верил.

Он помнил наизусть множество стихотворений Ахматовой. Он мог их декламировать часами. Но что-то случилось тут, он не ожидал этого — случилось нашествие: вслед за первым стали вспоминаться все сразу, без очередности, одномоментно, друг друга тесня, давя и калеча. Стив испугался. Он испугался за свою голову и Ахматову в своей голове. Словно были стихи не стихами сейчас, и уж тем более не стихами Ахматовой, а какими-то мозгоклюйными ментальными бесами, посторонними оборотнями, овладевшими формами не принадлежавшего им совершенства. Такого с ним никогда не было. И с ней (у него) — тоже. Его едва не трясло. И все-таки он взял себя в руки — он приказал себе громко: «Молчать!», нет: *Shut up!* — и все прекратилось.

Воздух осенний. Воздух сосновый. Перенасыщенный здесь кислородом.

Нет, не мигрень.

Вечернее солнце касалось вершин деревьев.

Сердцебиение и частота дыхания приходили в норму.

Спасибо вороне на ветке за то, что молчит.

Просто побыть.

И хорошо, что побыть.

И хорошо.

Хорошо.

Хорошо.

Просто побыть — это очень по-русски. Это быть и не быть, но с кучей нюансов. Побыть — это где-то побыть. Когда-то побыть. С кем-то побыть. Но про «побыть» врут словари. Побыть — это еще молчать ни о чем. Молчать ни о чем, думать (себе) ни о чем. Русский дзен, постигаемый лишь через опыт. К своим двадцати девяти Стив твердо усвоил: между «думать ни о чем» и «ни о чем не думать» — бездна несказанного смысла — *great difference*, но постичь глубину эту только русские могут. Тайну глагола «побыть» Стиву в годы его кройдонского отрочества поведала бабушка Лора, уроженка города Куйбышева, она же научила способного внука не бояться двойных отрицаний.

Урной с прахом бабушки Лоры заведует дядя Энди в Аккрингтоне. Стив никогда этой урны не видел.

Повернулся на шорох: по опавшим листьям, не боясь ничего, шустрил мимо могилы еж.

Господи, как хорошо!

Едучи сюда в электричке, Стив питал в себе дерзость прочесть на могиле Ахматовой — и обязательно вслух — свои переводы: два-три на английский. Сейчас эта идея казалась ему дикой.

Он коснулся рукой чугунного креста и негромко сказал:

— Простите.

В поселок Стив шел вдоль канавы по левой стороне шоссе. Ему хотелось, чтобы это называлось лесом, — дорожки тут не было: под ногами мох, кочки, корни сосен, черничник. С черникой он в сентябре опоздал, хотя отдельные ягоды еще попадались. Ягоды черники не столько черные, сколько синие, и называть черничник «синичником» было бы намного вернее. К черному тут пристрастны. Черная речка, черные лестницы в Петербурге, черный человек, напугавший Есенина. Однако нет черничного цвета, тогда как брусничный имеется. Стив знал: брусничного цвета был фрак Чичикова. Стиву покамест не встречалась брусника.

Он поступил по совести, по-человечески, верно, как нужно, правильно, что приехал и побыл тут по-людски. Было легко на душе, свободно.

Надо было обойти муравейник.

Стив перепрыгнул канаву и вышел один на дорогу.

Одна машина проехала. Стив до сих пор не переставал удивляться, что каждый раз еще отмечает, что ездят не по той стороне.

Почему-то ни в Европе, ни в Америке ему так не казалось, и только в России почему-то казалось именно так.

Возвращаются со Щучьего, подумал Стив... *shchautsya-so-shchuchevo*... со Щучьего озера.

Он и скороговорки подчинял языку, мог изловчиться: «Стоит копна с подприкопеночком, а под копной перепелка с перепеленочком».

Другая резко затормозила и остановилась шагах в десяти.

— Стив!

Это была Арина. Она вышла из машины и махала ему рукой. Стив ее сразу узнал, но что Арина, вспомнил не сразу.

— Ничего себе! Еду и глазам не верю: Стив!.. Ты куда? В город?

— Угу, — отвечал Стив в разговорной манере. — На железнодорожную станцию.

Поцеловались три раза.

— Садись. Мы тоже в город.

Молодой человек лет четырнадцати освобождал рядом с собой от курток и сумок место для Стива, внимая указаниям сидящего на переднем сиденье владельца рыжей бородки. Стив поместился. Арина, сев за руль и повернувшись к Стиву, знакомила: тот, кто с бородкой, был Влад, а это Коля, их сын. О себе Стив услышал, что он «английский поэт и большой знаток русской поэзии» и что Арина с ним познакомилась в Доме писателя на вечере его переводов. И что он тут на месяц всего и скоро назад.

Они же всей семьей ездили за грибами.

Пожав руки Владу и Коле, Стив поинтересовался:

— На Щучье?

— Не совсем на Щучье, — сказала Арина, пытаясь отогнать от лобового стекла существо, похожее на осу. — На Черное.

— На Черное?

В том, как Стив отозвался на «черное», было что-то такое, что побудило Колю весомо добавить:

— На Черное озеро, за Черный ручей.

— Интересно, в Черном озере можно купаться? — зачем-то спросил Стив.

— Осень, — сказал Влад, приоткрыв дверь. — Последние часы доживает. — Он проводил взглядом осоподобную муху, наконец изгнанную из машины. — Всё уже, откупались.

— Короче, это в лесу, — сказала Арина, поднимая стекло. — А машину, да, у Щучьего оставили, перед шлагбаумом. Ну а ты, значит, к Ахматовой? Молодец. Что же не позвонил? Мы бы тебя за грибами взяли.

Тронулись.

Стив открыл рот сказать: «Поехали!», а произнеслось невольно: «Повезло!» — что, впрочем, тоже оказалось кстати.

Арина охотно ответила:

— Конечно, повезло. Трясся бы в электричке.

— Много ли грибов собрали в лесу? — спросил Стив.

На это Коля сказал:

— Три корзины в багажнике.

— Подсосновники? Или больше груздей?

Коля хихикнул.

Арина стрельнула глазами в зеркальце заднего вида:

— Преимущественно лисички. Будку ты, конечно, уже посмотрел? Ну и как — постоял на крыльце?

Муж Влад счел нужным пояснить:

— Будка — это дача Анны Ахматовой, писательская, она ее сама называла будкой.

— Слушай, он лучше тебя знает про будку. Он Ахматову на английский переводит. Он про нее все знает.

Они въезжали в поселок.

— Там живут, — сказал Стив. — Я думал, музей. А там забор. Плохо видно.

— Блин! Ты испугался забора? — воскликнула Арина, всплеснув руками и снова схватившись за руль. — Приехал в Комарово и не подошел к будке Ахматовой? Ну я на вас англичан поражаюсь!

Про англичан Стива задело. Он хотел сказать о надписи, которую прочитал на калитке: «Территория Литфонда. Посторонним вход запрещен», но промолчал. Влад что-то буркнул невнятное, Арина ему отрывисто ответила, и они стали спорить о чем-то своем — с какой стороны лучше куда-то заехать, с улицы Осипенко или Кудринского переулка. Стив молча глядел в окно. Здешние поэтессы, вероятно, думают, что Стив остерегается их, потому что они будто бы ждут от него перевода на английский их нетленных творений. Так они, вероятно, думают о Стиве. Стив догадывался, что они о нем так, вероятно, думают, но он сам не знал, правы они или нет. Со своей стороны, он не хотел давать им повода так думать о себе и сам понимал, что дает повод так думать (хотя бы некоторым). Арина повернула в Кудринский переулок.

Честно признаться, Стив не помнил ее фамилии, но у него была книжка ее стихов, с автографом.

У него уже книг двадцать с автографами, а ведь он здесь всего две недели.

Слева потянулась безукоризненно ровная стена.

— Дача Медведева, говорят, — сказала Арина с наигранной гордостью, но, о каком Медведеве говорят, Стив не сообразил.

Повернули направо, к покосившемуся забору, остановились. Этот убогий штакетник с облезлой краской составлял контраст величественной стене «дачи Медведева», оставшейся теперь позади. Влад выскочил из машины, подбежал к забору и снял с него кольцо из проволоки — забор немного раздвинулся, и Стиву стало понятно, что здесь не столько забор, сколько ворота. Влад поочередно развел створки забора, а иначе ворот, одну он зафиксировал на месте с помощью булыжника, а другую придерживал сам. Арина въехала на территорию. И только сейчас, когда уже въехали, Стив сообразил, куда его привезли — на территорию Литфонда. У него замерло сердце.

Он узнавал эти утлые дачи. Прежде он видел их с другой стороны — с улицы Осипенко. Проехали одну, другую, проехали колодец и остановились прямо перед ахматовской будкой.

— Ну вот, любуйся, — сказала Арина.

Вышли из машины.

— Спасибо, — выдохнул Стив.

Когда часа три назад по пути на кладбище он рассматривал дом из-за ветхого того забора (то бишь со стороны улицы Осипенко), обращала на себя внимание просторная веранда, дом оттуда не казался «будкой». Он и отсюда не казался «будкой», но не потому, что здесь тоже была веранда — она была небольшая, гораздо меньше, чем та, — а потому, что под «будкой» Стив понимал нечто другое — скорее вытянутое в высоту, чем распространенное по ширине и долготе поверхности. Если дом внешне и напоминал будку, то будку, положенную набок. Будку, положенную набок, с пристройками.

Перед окнами рос куст шиповника. На крыльце лежали желтые листья. Между двух сосен была натянута веревка с бельевыми прищепками. Устройство для умывания, именуемое рукомойником, было приделано к третьей сосне, ближайшей к дому. Под кривоватым дачным столиком, накрытым клеенкой,

Стив заметил ржавый, покореженный мангал — наверное, очень старый, но вряд ли когда-нибудь принадлежавший Анне Андреевне. Все говорило о том, что дом и сейчас обитаем.

Арина подошла к столику и стала стряхивать рукой сосновые иголки с клеенки. Коля, глядя себе под ноги, поплелся к забору в траву — он хотел найти еще один гриб. Приближался Влад, закрывший ворота:

— А ведь нет никого! Конец сезона!

— Не кричи, — сказала ему Арина. — Зачем кричать?

— Смотрите, — сказал Влад, понизив голос. — Все дачи пустые. Литфонд, а не могут сторожа нанять. И сколько же она тут жила?

— Достаточно долго, — сказала Арина.

Стив знал точно:

— Десять лет. С пятьдесят шестого по шестьдесят пятый. Последние десять лет жизни.

И тут же поспешно уточнил:

— Десять лет, но не зим.

— Разумеется, — пробормотал Влад. — Это летние дачи.

Сопровождаемый Владом и Ариной, Стив обходил дом посолонь — *posolon*, по часовой стрелке — *clockwise*. Он пожирал глазами все, что видел, любую деталь: окно на чердак, две обитые железом трубы, кривые березки и стройные сосны, окружавшие дачу, а также редкие пни — *stumps*.

— Третье крыльцо, — удивился Стив.

— Запасное, — сказала Арина. — Сейчас в этих домиках по два писателя живут. Каждому по крыльцу, и одно общее. Так у всех.

— Двенадцать писателей на шесть будок, — сосчитал Влад.

— Будка только у Ахматовой, — сказал Стив.

— Да они тут все одинаковые.

— Нет, — настаивал Стив на своем, — только Ахматова называла свой дом будкой. Теперь это историческое название.

Подошел Коля, он держал гриб:

— А как по-английски «будка»?

— Если говорить *kennel* или *sentry-box*, в данном случае будет неточно. Это все-таки не собачья будка и не караульная будка… Поэтому я перевожу так: *budka*.

— А правда по-английски дача так и будет дача?

— *Cottage*. Но и *dacha* тоже есть. Это после Чехова, — сказал Стив.

— Значит, мы обменялись: вы нам коттедж, а мы вам дачу, — заключил Коля.

— Нет, нет. Это не обмен. В Англии не отказались от коттеджей, в России не отказались от дач. Правильно будет: мы поделились.

— *Is it a dacha?* — обращался Коля в пространство. — *No, it is a budka.*

Гриб у него был подберезовиком. Коля сказал:

— Подсосновник.

Помолчали.

— Вообще-то, — сказала Арина, — можем и внутрь зайти, если так уж вам хочется.

Стив не понял:

— Куда?

— Туда. Он ключи рядом с крыльцом прячет. Я знаю.

— Кто прячет ключи?

— Ну, тот, кто арендует эту часть дома.

Стив снова не понял:

— Простите?

Арина наклонила чурбан перед столиком — посмотреть, нет ли ключей под ним. Подвинула дощечку, зачем-то прислоненную к фундаменту.

— По-моему, — сказал Влад, — эта идея не очень хорошая.

— А по-моему, очень хорошая, — и просунула ладонь в щель под крыльцом, к ужасу Стива. — Посмотрим и на место положим.

— Нет, — воскликнул Стив. — Ни в коем случае! Это неправильно! Нельзя!

— Без паники, — сказала Арина, достав мобильник из кармана куртки. — Сергей Анатольевич, наши приветствия! Не сильно отрываю?.. Слушай, мы тут в Комарово рядом с тобой. С нами англичанин, ты, наверное, знаешь... Стив Роут, помнишь, на вечере... Да нет, он Ахматову переводит... Короче, я хочу ему показать... Под окном?.. А где под окном?.. Слева, справа?..

Она протиснулась между столиком и шиповником к стене дома и приподняла с земли край железяки, засыпанной мелкими веточками и сосновыми шишками, — там лежал полиэтиленовый пакетик с ключом.

— Ага! Спасибо! Нашла. Чао!

Сердце Стива сильно забилось. Он и представить себе не мог, что побывает в будке Ахматовой.

— Делов-то, — сказала Арина, открыв дверь. — Милости просим.

Вошли на веранду все четверо. Стив увидел старое дачное кресло, журнальный столик на трех тонких ножках. У стены стояло в собранном виде то, что называлось, как он знал хорошо, раскладушкой. На кухонной тумбе, похожей на ящик, располагались электрические плитка и чайник. Тщательно вытирая ноги о пупырчатый половичок из жесткого пластика, Стив разглядел веник, топор и резиновые сапоги, надо полагать, Сергея Анатольевича.

Как видно, веранда одновременно служила кладовкой и кухней.

Направо вела застекленная дверь — Арина открыла ее и посторонилась, приглашая Стива переступить первым порог.

Стив сделал шаг и оказался в комнате.

В комнате Ахматовой.

— Ну, проходи же, Стив, мы тоже хотим.

Но он оцепенел. Очнулся, когда его отодвинули в сторону.

Перед ним была печка-голландка, когда-то она грела Ахматову — Стив сожрал ее глазами немедленно; у противоположной стены стояли бок о бок два старых шкафа — Стив сожрал их глазами немедленно; стол у окна — Стив его сожрал, и еще раз сожрал, и еще раз глазами сожрал. Странно, что предметы не исчезли, — столь ненасытен и всепоглощающ был взгляд Стива. Арина с опаской следила за гостем.

— Тю-тю, — коснулась его плеча.

— Можно? — спросил Стив сдавленным голосом.

— Можно — что?

— Сесть на стул.

— Да кто ж не дает?

— За стол.

— Да садись на здоровье.

Стив сел.

Стул был старый, неустойчивый, аутентичный.

Стол был старый, письменный, аутентичный. С выдвижными ящиками. И перед окном.

Стив сидел за столом и смотрел в окно, как смотрела когда-то Ахматова.

За второй дверью — там, по-видимому, коридор (Стив помнил описание этого дома, богатого какими-то чуланчиками и закутками), за второй дверью отец и сын обсуждали рычажки электрораспределительного щита. «Мам, щелкни выключателем!» Стив слышал, как Арина щелкала выключателем за его спиной, но свет не зажигался. «Мам, а теперь?» — «Слушайте, оставьте в покое электричество! Еще светло».

— Какой ты впечатлительный, Стив.

Он сказал:

— Не представляю.

— Чего же ты не представляешь?

— Они здесь живут и работают.

— А, ты про этих. Так они на разных половинах дома. У Валерия Георгиевича большая веранда, но там печки нет. А у этого веранда маленькая, зато комната с печкой.

— Что же они пишут?

— Прозу пишут. Прозу обыденной жизни. — У нее защебетал телефон птичьими голосами. — Вот, легок на помине.

Стив перевел взгляд с раздернутой занавески на деревянный стакан, из которого торчали шариковые ручки — колпачки у них были явно обгрызены.

— Да, вошли, без проблем, спасибо, — говорила Арина. — Чай зеленый? В пакетиках?.. Так ты же электричество отключил... Ладно, разберемся... По-моему, да... По-моему, очень... На грани потрясения... Сидит за столом, кайф ловит... Туалет — это не главное, не переживай... А может, ему переночевать здесь, как думаешь?.. Очень остроумно. — Она вышла на веранду. — Нет, не со мной... Ты дурак?.. У меня, между прочим, муж здесь... И нам еще грибы дома чистить... Да, спрошу. — Появилась в дверях. — Стив, ты хочешь переночевать здесь?

Стив спросил:

— По-настоящему?

— По-игрушечному. — И в телефон: — Да, хочет. — И Стиву: — Только чистого белья нет. Есть одеяло и подушка.

— Я не буду спать, я буду бодрствовать.

— Он будет бодр... бодрст-во-вать... Зараза, не выговорить!..

— Мам, щелкни еще!

Арина протянула свободную руку к выключателю, и свет на сей раз в самом деле включился — прямо над Стивом зажглась подвешенная к потолку лампочка.

Стив боялся поверить в происходящее — *to believe in what's happening*. Все это походило на жестокий розыгрыш. Разговор телефонный, между тем, продолжался, но теперь Арина ограничивалась короткими ответными репликами, а в основном слушала. По ее «ну да», «о'кей», «само собой разумеется» Стив догадывался, что даются ей наставления. Отец и сын перемещались по комнате, трогая что-то и передвигая. Они то входили, то неведомо зачем выходили, то в одну дверь, то в другую. Наконец

Влад бесцеремонно сел на кровать, покрытую шерстяным одеялом, — на старую деревянную кровать как бы с аутентично лакированными и обшарпанными спинками... — у Стива на душе защемило. Но он вспомнил, что кровати у Ахматовой не было здесь, а был здесь, он читал когда-то, матрац на кирпичах, и сразу как-то отлегло.

— Слушай, повтори ему сам, — сказала Арина и передала телефон Стиву.

— Здравствуйте, Стив. Никаких особых правил нет. Пожалуйста, не забудьте завтра перед отъездом положить ключ на место. Не знаю, открыта ли со стороны коридора дверь к соседу, туда заходить нельзя: это чужое. Ночью будет холодно, вы умеете топить печь? Дрова лежат за плитой на общей кухне, вход со стороны коридора. Надеюсь, плиту вы разжигать не будете (Стив тут вспомнил о второй трубе на крыше), ее сто лет никто не топил. Что касается печки, Стив, тяга отличная! Будьте осторожны, задвижку уберете, когда прогорят угли, иначе вы угорите. Вы знаете, что такое задвижка? Вода в колодце отличная, питьевая, но рекомендуется кипятить. Не отпускайте ручку, пока не взяли ведро, иначе ведро полетит вниз и вас ручкой ударит. Сообразите. И что касается еды. Ну там только чай зеленый в шкафчике, и, кажется, всё. Рекомендую сходить в магазин на станцию. Сковородка, кружки там, вилки, ложки и тому подобное — всё на веранде. И да — перед уходом отдерните занавески, пожалуйста. Это для того, чтобы наркоманы видели, что в комнате нет ничего ценного. На ночь занавески я лично задергиваю. Но это как вам нравится. Вы же за впечатлениями приехали, не так ли?

— Так! — ответил Стив живо. — Я буду всю ночь работать с Ахматовой!

Магазин закрывался через полчаса.

Стива подкинули. («Мы тебя подкинем», — сказала Арина, и Стив подумал, что этот глагол очень правильный: состояние легкой подкинутости уже давно располагало Стивом.)

Все торговые точки в Комарово рядом с платформой — здесь попрощались. От грибов к ужину Стив категорически отказался и не захотел слушать, как надо готовить грибы. Уже потемнело порядком. Семья грибников в самом что ни на есть приподнятом настроении отправилась в город, а Стив, слегка обалдевший, смотрел им вслед — как они поворачивают на Привокзальную улицу и уезжают по ней в сторону железнодорожного переезда. Через минуту Стив обнаружил себя у дверей одноэтажного домика с белыми стенами и красной крышей — это был магазин «Продукты».

Подкинутый Стив тут вспомнил слово «подкидыш». Как раз про него. Большой комаровский подкидыш. Откроется дверь магазина «Продукты», выйдет хозяин и крикнет жену, они оглядят Стива-подкидыша, возьмут его под руки и заботливо введут в магазин.

Этого не случилось.

Он смело вошел в торговый зал магазина «Продукты», но тут же остановился, чтобы сосредоточиться и понять, чего же он хочет.

Стив был голоден, он с утра ничего не ел, и всё же, несмотря на аппетит, он строго определил себе иметь умеренный ужин. Кроме того, он решил ограничить себя выбором аутентичной еды, отвечающей исключительности обстоятельств.

— Эти огурцы соленые? — спросил Стив, показывая на банку на полке.

— Маринованные, — ответила продавщица.

— А есть ли соленые огурцы?

— Есть квашеная капуста.

— Очень хорошо, — сказал Стив.

Продавщица поставила на прилавок небольшой контейнер с квашеной капустой, круглый и, если быть точным, четырехсотпятидесятиграммовый. *Too much*, — подумал Стив, но тут же отогнал эту внезапную мысль.

На витрине он разглядел плавленые сырки, один из них назывался «Дружба». О «Дружбе» Стиву доводилось читать у Довлатова и других авторов, но он никогда не пробовал «Дружбу». От одного лишь вида плавленого сырка потекли слюнки — *it made his mouth water*. Попросил «Дружбы» две штуки.

«Черный хлеб», — вспомнил Стив, без чего нельзя. (Именно черный. Или иначе — ржаной.) Ему дали полхлеба, минимальную расфасовку.

Тогда Стив спросил:

— Есть ли баранки?

— Баранок нет, бублики есть. Последний остался.

— Могу ли я на него посмотреть?

Продавщица надела на правую руку прозрачный полиэтиленовый мешочек, словно это была варежка или перчатка, взяла из коробки бублик и молча показала Стиву.

— Это бублик?

— А что же еще?

— Это мак?

— Берете или не берете?

— Конечно, беру.

Еще он взял бутылку простой питьевой воды, потому что, вспомнив об электрочайнике, передумал кипятить колодезную воду для остужения и помышлял ее кипятить только для зеленого чая. Он также положил себе обойтись без электроплитки — отчасти этим определялся выбор продуктов. Он был очень доволен тем, что отказался от грибов, которые ему предлагала Арина: никогда прежде грибов не жарил и не хотел теперь осквернять дачу Ахматовой неумелой поварской колобродицей.

Продукты ему сложили в полиэтиленовый мешок без картинки, с ним он и вышел из магазина.

Вздохнул полной грудью.

Стив не то чтобы оттягивал предбудущие ощущения — …*ushchie-oshchushche…* — но Стив был отчаянным кофеманом, а тут за невысоким заборчиком столики под зонтами и вагончик круглосуточного кафе возникли перед глазами Стива. Требовалось окончательно собраться с мыслями, а для этого очень хорош интернет за чашечкой кофе.

Стив сам не знал, дорого ли ему сейчас это ощущение нереальности — возможно, нет, и тогда он нуждался в простых подтверждениях наличия под подошвами тверди, в предметах — весомости, в пище — вкуса и в частности в кофе — аромата и крепости, но никак не горьковатости, ценимой российскими потребителями; а может быть, да, и тогда эта зыбкость, тревожащая душу… тут он терял мысль. Мимо проходил товарный поезд, он был одновременно реален и нереален — что может быть очевиднее грохочущих вагонов-цистерн? — но поезд был бесконечным, дей-

ствительно бесконечным, вагоны все шли и шли, шли
и шли, шли и шли, и в какой-то момент Стив сказал
себе: «Не может быть» — в тот же миг состав прекра-
тился.

Самым фантастическим было то, что он сидел за
столиком в этом придорожном монрепо с чашечкой
эспрессо перед собой и ключом от дачи Ахматовой
в кармане.

Он набрал заветное: «будка Ахматовой», — по-
сыпалась лавина ссылок. «Ахматовская "будка" не может стать музеем…» «Петербургские писатели опаса-
ются за сохранность дачи…» Стив узнал, что несколько лет назад домик Ахматовой ограбили — унесли
старый сундук, хранившийся на чердаке. А кроме
того, на этот мемориальный объект регулярно поку-
шаются некие коммерческие структуры. Стив не вда-
вался в подробности местных склок, его больше за-
интересовало сообщение Светланы Крючковой.

Актриса Светлана Крючкова рассказывала: «Мы
снимали в "будке" фильм об Ахматовой. И знаете —
я все время чувствовала ее присутствие».

Стив не видел этого фильма и не знал, как выглядит актриса Крючкова, но Крючкова играла Ахматову, а Стив Ахматову хорошо представлял. Он
и Крючкову теперь представлял похожей на Анну
Андреевну. Для пущей убедительности Стив простым движением пальцев увеличил размер шрифта
на экране. Во время съемок актрисе казалось, что
кто-то подсказывает ей текст роли. А вот еще: двое
из съемочной группы — «двое наших мужчин», как
назвала их Крючкова, — захотели переночевать
в будке — обоих донимали таинственные шорохи,
а одного подбросило на кровати.

Так и сказано: «...подбросило на кровати».

Стив поднял глаза: к нему подходил человек в тюбетейке. В одной руке он держал бутылку, в другой — башенку взаимовставленных одноразовых стаканчиков.

— Хвост поверху. Не унывай. Уныние — грех.

— Это не так, — ответил Стив.

— Не грех? — удивился Тюбетейка. Он улыбался, его глаза выражали заботу.

— Я не унываю. И не пью, — поспешил добавить Стив, потому что он увидел, как Тюбетейка отделяет пластмассовый стаканчик от прочих, вложенных друг в друга. Получился даже не один, а целых три неразлепленных стаканчика — был бы один, ветерок мог бы сдуть его со стола, а утяжеленную комбинацию из трех он лишь опрокинул. Строенный стаканчик совершил полукруг по столу и уткнулся в блюдце с чашечкой кофе. Не надо было поднимать, а Стив поднял и поставил и, хуже того, придержал рукой на столе, чтобы не опрокинуло снова.

Тюбетейка плеснул ему водки.

Стив отдернул от стаканчика руку, словно отклонив угощение, но было поздно уже — стаканчик, наполненный на треть, больше не боялся ветерка.

— Будем живы, — сказал Тюбетейка.

— Я много не пью, — принужденно чокнулся Стив и сделал маленький глоток.

— А я неделю уже. Скоро конец. Ты где живешь? Я — на проспекте Ветеранов. Недалеко от торгового центра. А ты?

— На улице Рубинштейна.

— Ты знаешь, кто такой Рубинштейн? Ты слышал оперу «Демон»?

— Я слышал оперу «Демон».

— Где ты мог слышать оперу «Демон»?

— В записи семьдесят четвертого года.

— Ты из какой страны?

— Акцент? — спросил Стив.

— Видно же.

— Из Англии.

— Бекингем, — сказал Тюбетейка. — Только не говори мне, что Нельсон великий адмирал. Британский флот — это миф. Вспомни Нахимова. Испанский — тоже миф. Потерять Великую армаду... Голландский — ничего не скажу. Но все в прошлом.

— Я пойду, — сказал Стив.

— Подожди. Можно тебя попросить? У меня в лесу машина стоит. Мне не выехать. Видишь какой. Ты сможешь. Отвези меня в город, на проспект Ветеранов, пожалуйста. Я покажу дорогу.

— Я без прав, — сказал Стив.

— Я тоже без прав.

— Я не вожу.

— Совсем?

— В России — совсем.

— Почему?

— Много сумасшедших на дорогах.

— Это да. Но мы с тобой тихо.

— И потом, я уже выпил.

— Это не считается.

— Считается. — Приподняв стаканчик, Стив провозгласил: — На здоровье.

— За здоровье, — поправил Тюбетейка. — Почему вы все говорите «на здоровье»? За здоровье!

Выпили, причем Стив теперь уже до конца — он теперь точно не сядет за руль.

Он знает, как надо. Он просто оговорился.

— В остальном отличный русский язык, — сказал Тюбетейка.

— Моя бабушка русская.

— Я сам наполовину еврей, — сказал Тюбетейка. — Жаль, что мы не встретились раньше. Значит, не повезешь?

— Нет, — сказал Стив.

— Пойдем тогда к Веронике.

— Нет, — сказал Стив.

— Ты знаком с Вероникой?

— Нет, — сказал Стив.

— Ее знают все. Вероника Репинская. Идем. Ты ей понравишься. Увидит — упадет.

— Нет. У меня другие планы.

— Не шути, — сказал Тюбетейка, он достал телефон, стал, путаясь, набирать.

— Я не пойду.

— Пойдешь. — Набрал. — Здравствуй, красавица. Узнаешь? Как дела? Все мысли только о тебе. Тут рядом сидит, нет, увидишь — упадешь. Англичанин. В очках. Нет, без очков. Он хочет тебе сказать кое-что. Я трубку даю, — дал трубку Стиву.

Стив встал: он говорил с женщиной.

— Здравствуйте, Вероника. Это недоразумение. Мне нечего вам сказать...

— Во-первых, я не Вероника, — сказала трубка усталым женским голосом, — во-вторых, вы пьете с Игорем, скажите мне, долго ли он собирается быть в Белоруссии. Он обещал приехать в понедельник. Сегодня четверг.

— Секунду, — сказал Стив. — Он сам ответит.

Стив протянул телефон Тюбетейке:

— Спрашивает, когда ты вернешься из Белоруссии.

— Это кто?

— Вероятно, жена.

— Чья?

— Вероятно, твоя.

— Мы же договаривались, ты мне сюда не будешь звонить. Это дорого, ты забыла?

Стив взял пакет с продуктами и пошел прочь. Он слышал еще:

— Я тебе сам позвоню, мы же договорились... В понедельник не смог... А сегодня вторник еще...

А может быть, действительно вторник, и Комарово находится где-нибудь в Белоруссии?.. Магазин уже был закрыт, лампа на столбе освещала каменную стену, за которой пряталось что-то архитектурно-строительное — не то вилла, не то терем. Стив шел медленно, не совсем уверенный в правильности направления. Проход вдоль стены вывел на Морскую улицу — ее пустынный вид оживляла фигура единственного пешехода. Пожилой мужчина в длинном плаще ковылял в направлении станции и тянул за собой сумку на колесиках. Под его ногами суетилась короткая тень, сначала она от него отставала, а теперь захотела его перегнать — здесь, под уличным светильником. Стив разглядел лицо человека и сразу расхотел спрашивать, как отсюда попасть в Кудринский переулок. Что-то подсказывало ему: торопиться не надо. Он как будто боялся загубить поспешным движением зыбкую логику невозможных обстоятельств — вот он придет, а ключ откажется проникать в замочную скважину, или еще лучше — будки Ахматовой не будет на месте. Из двух возможностей — «будки Ахматовой не будет на месте» и «в будке Ахматовой ночует Стив» — ему самому менее фантастической казалась первая.

Или, например, он заблудится среди этих дач, а спросить не у кого: поселок вымер как будто.

Перспектива заплутать в Комарово была реальной вполне: днем Стив этим путем не ходил.

Он и ста метров не прошел по Морской улице, как на обе ее стороны простерлась зеленая зона — эту часть Комарово не застроили дачами, сосны тут росли свободно и в безопасности. Похоже, здесь была автобусная остановка, лампа на столбе хорошо освещала площадку, и слева от себя Стив разглядел щит с картой поселка. О лучшем он и мечтать не мог. Просто бонус какой-то. Стив подошел — света хватало, чтобы разобраться в этих улицах и переулках. Словно нарочно для Стива, на карте была особо обозначена главная достопримечательность — дача Ахматовой. Все это оказалось настолько к месту и вовремя, что Стив готов был поверить в чудесное явление карты персонально ему. Кто сказал, что она здесь каждодневно наличествует для общей пользы? На какое-то мгновение Стив ощутил себя героем рассказа, которому помогает незримый повествователь. Несколько портил историю дурацкий эпизод в кафе, явно проникший сюда из другой эпопеи. Стив решил как можно быстрее забыть нелепую встречу, он бы уже и забыл, если бы что-то внутри головы не напоминало ему, что немножечко выпил.

Карта советовала воспользоваться пешеходной дорожкой. Стив по ней и пошел — наискось через зеленую зону к Озерной улице. Здесь было темно.

Дорожка была выложена плиткой, а по бокам чернели кусты. Что-то замаячило впереди. Стив посторонился. Мимо проехал велосипедист — уж не с прибором ли ночного видения? Стив посмотрел на звезды. Не так давно он перевел на русский свое старое стихотворение, посвященное самоубийству Владимира Маяковского, там есть строки: «...никогда / не корми с ладони / демонов суеты...» Помчись он сломя голову к заветной цели, это будет уже не Стив.

Ключ подошел, замок не обманул, дверь легко поддалась, но Стив ее тут же, тихо ликуя, снова закрыл и повернул ключ в обратную сторону. Дом впускал Стива, но Стив не торопился проникнуть внутрь, он хотел еще немного побыть снаружи.

Про «побыть» он так подумал еще: вот он не курит, но «побыть» это было бы, как если бы он выкурил сигарету.

Словно дом тоже нуждался во времени, чтобы привыкнуть к персоне Стива.

Осмотрелся. Владения Литфонда покоились в темноте — кое-что в виде тусклых полосок и пятен им доставалось от уличного освещения. Эти редкие просветы разрежались тенями от сосен. Окна домов были еще темнее, чем сами дома. В одном что-то поблескивало, будто кто-то развлекался с мобильником. Стив, не отводя взгляда от мерцающего огонька, сделал несколько шагов в сторону и убедился, что это отсвет дальнего фонаря. В другом доме из окна веранды выглядывала странная загогулина, днем Стив не приметил ее. Подойдя ближе, он разглядел жестяную трубу — вероятно, арендатор веранды пользовался печкой-буржуйкой: каменная печь, надо думать, была на половине соседа.

Стив прогуливался по участку, стараясь не отходить далеко от ахматовской будки. Когда он останавливался, воцарялась тишина, и он вдоволь наслаждался ею, но, стоило ему сделать шаг-другой, тишину нарушал треск сосновой шишки, оказавшейся под подошвой ботинка.

Стив заметил, что он старательно обходит островки света, словно прячется от чьих-то глаз.

Рассмотрев контуры будки с разных сторон, Стив вернулся к исходной точке.

Теперь он вошел в дом уверенно и столь же уверенно зажег свет на веранде и в комнате.

Странная вещь: снаружи нехолодно, а в комнате зябко. Гораздо зябче, чем вечером было. Обязательно протоплю, решил Стив.

Но сначала надо было поесть.

Ужин Стива, к счастью, не нуждался в готовке.

Тут же на веранде Стив нарезал дольками плавленый сырок «Дружба» и, смастерив сэндвич с двумя кусками черного хлеба, поглотил это кушанье с превеликим удовольствием. Затем он пощипал квашеную капусту прямо из контейнера. И выпил полбутылки воды. Бублик он решил оставить на потом, к чаю.

Далее Стив зажег свет в коридоре и принялся рассматривать печь. Стена между комнатой и коридором делила печь надвое, так что голландка обогревала сразу оба помещения, причем топилась она со стороны коридора. Доставалось ли тепло Валерию Георгиевичу, соседу Сергея Анатольевича, Стив не знал: дверь к соседу была в торце коридора сразу за печкой. Стив ее не касался.

Ему очень не хотелось пожара. Убедился, что пол покрыт металлическим листом, потрогал кочергу и пошевелил задвижку. Дрова, как и было ему обещано, обнаружились в общей кухне за плитой (там еще стоял древний советский холодильник, отключенный от сети, дверца его была настежь открыта, и в нем ничего не было). Кроме поленьев, за плитой валялись различных размеров лучины и свитки бересты, приготовленной на растопку. В печь влезло четыре полена. Стив, хоть и пошевелил до того задвижку дымохода, выдвинуть ее забыл — дым поначалу пошел в коридор, а в печи береста только тлела. Стив вспомнил о задвижке, выдвинул ее — теперь у него получилось. Тяга была отменной — *the draught was excellent*. Закрыв на защелку чугунную дверцу, Стив еще постоял и послушал, как шумит за нею огонь.

Затем Стив без особых приключений сходил за водой. Правда, рабочее ведро на цепи долго не хотело окунаться и все норовило поплавать, но и с этой проблемой Стив справился. Стоя у колодца, он любовался тем, как ожил дом, освещенный изнутри электричеством. Еще Стив наблюдал дым из трубы — впрочем, не столько непосредственно дым, сколько погашение звезд почти невидимым дымом.

Колодезной водой Стив наполнил электрический чайник. Включил.

Он постоянно прислушивался к ощущениям. Что-то было такое, растворенное в здешнем воздухе, распространенное по доступной взгляду поверхности предметов и таящееся за их оболочкой, что надо было ему уловить и непременно прочувствовать. Он хотел прочувствовать *это*, чтобы почувствовать *то* же.

То же, что и она.

Стив решил подмести пол 1) в комнате, где, как ему казалось, он наследил, и 2) в коридоре, где на полу лежала трухлявая береста. Он поработал веником, собрал сор на совок и вынес на веранду — высыпать в полиэтиленовый мешок, который уготовил для бытового мусора, — да так и замер с совком в руке. Он глядел в совок и видел в нем то, из чего — при счастливейших обстоятельствах ниспослания свыше — «растут стихи, не ведая стыда». Это был самый натуральный — ахматовский — сор, прославленный словом. Аутентичный, без дураков. Стив глядел на труху, на комочки пыли и грязи, как на что-то священное. Сиротством, немотой, недовоплощенностью веяло от этого сора — из него уже ничему не суждено было вырасти.

В конце концов он этот сор, конечно, высыпал в мусорный мешок, но прежде все-таки умудрился усмотреть на совке кое-что совершенно особенное. И он это особенное отделил от прочего мусора. Безопасную булавку, вот что. Вряд ли она имела отношение к Ахматовой, но она имела отношение к Стиву, потому что по-здешнему булавка была — английской. Только в России такую булавку называют английской, и Стив знал это.

Вошел в комнату, положил булавку на стол, сел рядом, задумался. Шутки шутками, но с булавки все и началось, по крайней мере если верить ее биографам. Пятилетним ребенком будто бы она нашла на прогулке булавку — с изображением лиры. «Станешь поэтом», — будто бы сказала ей няня. Стив не помнил, чтобы тема острых предметов получила развитие в творчестве Ахматовой. И в отличие от

найденной Стивом булавки та, ахматовская, не была
английской. Но ведь и сама Ахматова никогда не
была гражданкой Великобритании... Стив сидел не-
подвижно. Что-то тут относилось к чему-то странным образом как-то. Той заветной булавке из ее детства как-то странно в сознании Стива отвечала английская, эта, только что найденная непосредственно
здесь, в гостях у Ахматовой — хоть и не был он зван
Ахматовой в гости. Где-то читал, что девочка Аня,
найдя булавку с изображением лиры, думала, что эту
булавку потерял Пушкин, — Стив был бы и сам рад
вообразить, что он обнаружил булавку Ахматовой,
но только понимал, что это не так. И все же, и все
же...

Он заходил по комнате. Раза три он приближался к печке и трогал ее. Печь не была горячей.
Она и теплой-то была на уровне головы и выше.
Он подбросил еще два полена: прежние почти прогорели.

Стив заварил чай. Пил чай, ел бублик. Вспомнил про совет задернуть окно. Между стеклами лежали мертвые мухи. Задернул окно. Пил чай, ел
бублик напротив окна, задернутого занавеской.

Тревога, в которой он до сих пор не хотел себе
признаваться, овладевала им все больше и больше.
Он понял, что ждет чего-то, но не понимал, чего.

В Англии много примет, связанных с булавка-
ми, но Стив никогда не интересовался ими. В России тоже наверняка есть булавочные приметы, вряд
ли они сильно отличаются от английских. Стив
даже не знал, находить булавку — к счастью это
или к беде. Он не считал себя суеверным. В принципе, он мог бы увлечься приметами — как антро-

полог (в широком смысле мы все антропологи). Что-то смутно вспоминалось о погребальных булавках...

Стив подумал, что на всю окрестность он тут единственный живой человек. Вспомнил дачи с темными окнами. А эта, в которой он сейчас, она светится изнутри, как китайский фонарь. Он подумал-подумал и выключил свет.

Дом как будто вздохнул.

Он лег на кровать поверх покрывала. Эта кровать была полукровать-полудиван-полутахта — в сумме что-то парадоксально полуторное и притом никакое. Он снова вспомнил мемуарное свидетельство о спальном месте в «зеленой будке»: тогда был обыкновенный матрац, установленный на кирпичах. А не это — что-то позднее, не аутентичное. Стив никогда бы не лег, если было бы аутентичное.

Звукам — слабым шорохам, слабым потрескиваниям, — чтобы оживиться, наверное, требовалась темнота. При свете он ничего не слышал такого.

Слушал — лежал.

Теплело, он расстегнулся.

Не выдержал и, продолжая лежать на спине, вошел в интернет — фиолетовые блики метнулись на стену и потолок.

Гуглил «Ахматову» с «булавкой» и «лирой». Игнорировал несущественное. Вышел скоро на первоисточник — в литературоведческой статье приводилась цитата из неведомой ему девятнадцатой записной книжки:

«...а наверху в Царском Саду я нашла булавку в виде лиры. Бонна сказала мне: "Это значит, ты будешь поэтом", но самое главное случилось не в Киеве, а в Гунгербурге, когда мы жили на даче Краббу, — я нашла царь-гриб».

Запись явно предназначалась не для Стива. Он не знал, где это — Гунгербург и кто это — Краббу. До сих пор он был убежден, что булавку нашли в Царском Селе (читал у кого-то). А тут Царский Сад, это Киев. И что за зверь — царь-гриб, продолжающий царскую тему? Зачем Ахматова подчеркнула: «я нашла царь-гриб»? В чем смысл этой находки? Почему царь-гриб в Гунгербурге важнее булавки в Царском Саду? Раньше эта запись ему на глаза не попадалась. Другие — да (многое печаталось), но не эта. Знал ее в пересказе. Он, конечно, имел представление о туринском издании всех записных книжек Ахматовой (более семисот страниц), но, не владея экземпляром книги, никогда не испытывал сильных страстей по этому необъятному скопищу бесчисленных записей исключительно для себя. Стив ощутил неловкость: он подглядывал за чужим, его уму не подвластным. Было бы где, но только не здесь. Что-то было воровское в том, что Стив позволял этим буковкам на экране прочитываться тут в темноте. При других обстоятельствах он бы, конечно, погуглил и Гунгербург, и дачу Краббу. Но только не тут, не на даче Ахматовой. Он как будто обжегся об эту непонятную запись — и вышел из Гугла, и выключил интернет.

Зря там побывал — негоже в этом доме и в эту ночь пользоваться интернетом. Словно в гости пришел и подглядывал в замочную скважину за хозяйкой.

Экран погас, но в глазах Стива все еще тускнел мнимым прямоугольником. Показалось, что стало темнее, чем прежде, и как будто резче все теперь запотрескивало.

Звуки исходили из-под обоев, от шкафа. Даже стол у окна словно щелкнул суставом.

Стив поднялся и сел на постели.

Природа звуков была понятна. Мир вещей так отвечал на прогревание воздуха.

И все же от этих вполне объяснимых шорохов, от этих вполне объяснимых похрустываний становилось не по себе.

Но не ощущений ли, подобных этой смутной тревоге, чаял Стив, соглашаясь тут ночевать?

Не сама тревога тревожила Стива, но то, что не знал Стив, как с ней поступить.

Идеально было бы написать стихотворение.

Верлибр.

Ничего еще не было — ни строчки, одна тревога, но мгновенно представилась запись в конце: «Комарово. Будка». И дата.

«Сор звуков», — подумал Стив, напрягая слух. Из этого сора не вырастала музыка — слух Стива не настроился на волшебство.

Распознать бы в этом звуковом мусоре четкое что-нибудь — вроде английской булавки.

Стив подошел к печке, потрогал и руку отдернул: горячей была.

Дверь в коридор сама собою тихо открылась.

Стив закрыл дверь.

Она снова тихо открылась.

Он закрыл дверь.

Тихо открылась.

В коридоре было так же тепло, как в комнате. Дверь в тепле отказывалась закрываться. «Пусть», — решил Стив.

Вспомнил: «Здесь всё меня переживет…» Сейчас, в темном коридоре, ему причудилось в глаголе «переживет» еще что-то помимо очевидного смысла. «Переживет» — в ударной позиции (конец строки) — очень сильный глагол. Сильнее, чем *will outlive*. Блеклое свечение источалось из-под верхнего края печной дверцы, и Стив подумал, что глагол «переживет» — непостижимый и страшный. «Меня переживет» — это не просто «будет жить после меня». Это еще «со мной сотворит» что-то, чему-то «меня» подвергнет. «Меня переживет» предполагает действие надо мной. Переживет кого? Меня.

«Неужели этого никто не чувствует?» — думал Стив, открывая дверцу. Может ли он понимать русский лучше русских?

Здесь — может.

Кочергой мешал угли (аутентичная кочерга) — были красные, яркие, но зримый жар над ними уже не казался огнем. «Бледный огонь», — подумал Стив. *Pale Fire*. Задвинул задвижку.

И в темноте комнаты строка не отпускала его: «Здесь всё меня переживет…» Это ведь об этом «здесь». И теперь он, Стив Роут, именно «здесь», ох, да какое тут «здесь»! — он в самом эпицентре этого «здесь»!

«Здесь», за столом.

Он снова отдернул занавески — от кого закрываться, если все равно выключен свет? (А в самом деле, кто тут будет заглядывать в окна? — Стив решил, что выключил свет для остроты ощущений и только.)

«Всё, даже ветхие скворешни...»

Вот отчего было не по себе — от этого «всё». Потому что ахматовское «всё» теперь принадлежало персонально ему. Он «здесь» — и вот оно «всё». «Всё», ее «пережившее», сейчас его достояние.

И все же в этом «всё» не всё было ахматовским. Он «здесь», но «ветхих скворешен» уже нет, он их сам не застал — «пережил», но как бы заочно. Значит все-таки «всё», но не «всё».

В эти секунды он сам себе показался воришкой, вслепую обобравшим человека и теперь в уединении выясняющим, чего стал владельцем. Этот нехороший образ он тут же в себе убил. Он хотел уйти от метафоры обладания.

Нет «ветхих скворешен», зато есть, скажем, не предусмотренный тогда рукомойник теперешнего жильца или его же топор на веранде. А вот сам Стив, он тоже есть, и чем он хуже рукомойника, или шкафа, или уже пропавших «скворешен»? Чем он хуже сосен, уже выросших после нее? Он сидит в темноте перед окном — вместо нее, присутствует «здесь» — вместо нее, он чувствует почти физически себя причастным к тому, что она назвала словом «всё». Да, перед этим окном — разве он сам не принадлежит обновленному «всё»? Он позже родился, он молодой, он не совпал с нею по времени, по полноте восприятия мира, но, если он «здесь», он тоже часть этого обновленного «всё». «Всё» обновляется. Может быть, он конкретно обновил собой «ветхие скворешни» — он «здесь» вместо них, он их заменил. Он — заменитель. Значит «меня переживет» относится к нему тоже — он тоже «переживет». Он и «пережил», но — заочно, заочно!..

Стив чувствовал, что с ним что-то происходит, но он боялся отвлечься от мысли: она ему казалось туманной и ясной одновременно. Еще немного, и он охватит разумом «всё».

«Всё» — это то, что отчуждается от человека после его прекращения.

Смерть — это активная экспроприация мира. Это когда у тебя теперь нет ничего. «Всё» — не твое. «Всё» — теперь не твое достояние. Кстати, вот почему «Пушкин — наше всё»: потому что он умер.

Вспомнил о Бродском. Невероятно: он, двадцатитрехлетний, тоже сидел в этой комнате, перед этим окном. Здесь он, наверное, и ошеломил Ахматову «Большой элегией Джону Донну». А ведь там тоже про «всё». То есть про смерть. «Уснуло всё» — и это рефреном.

У Ахматовой — «ветхие скворешни», приморский ветер и месяц на небе, а у Бродского — необъятный перечень вещей, явлений, сил... «Здесь всё меня переживет, — вновь и вновь повторялось в мозгу Стива. — Всё, даже ветхие скворешни, / И этот воздух, воздух вешний, / Морской свершивший перелет...» Но тут же что-то цеплялось в голове за одно из нескольких «уснуло всё», и вспоминалось наугад: «Уснуло всё. Бутыль, стакан, тазы...» — «Уснуло всё. Окно. И снег в окне...» — «Уснуло всё. Спят реки, горы, лес...» Стив понимал, что «Большая элегия» — это ответ Анне Ахматовой и что этого не знают литературоведы. Ему казалось, что он близок к разгадке какой-то тайны, которую можно лишь здесь разгадать, в этой комнате, перед этим окном, но что-то происходило со Стивом, и он испугался, что все забудет. Страшно заболела голова. Он ощутил себя частицей мировой несправедливости. Он — английская булавка, завалявшаяся в пыли. Он частица мира, утраченного другими. Отобранного у других.

Дальше мысль не работала. Стало еще темнее. В сознании блеснула иголка из «Большой элегии» — образ голоса души умирающего Джона Донна. Не хватало воздуха. Он исчезал.

И тогда был ему удар по затылку.

Подзатыльник, если по-русски.

— Быстро! Окно!

Он вцепился двумя пальцами в крючок и потянул на себя. Был крючок приделан к подоконнику и вдет в ушко на раме окна.

— Вверх тяни! Не на себя!

Вверх потянул — крючок отскочил. Он надавил на раму — окно открылось.

Перегнулся через подоконник и ловил воздух ртом, словно ел темноту.

Она сказала недовольным голосом:

— Даже я знаю, что нельзя закрывать дымоход, пока не прогорят угли.

Он не удивился ни ее голосу, ни тому, что в комнате стало как будто светлее. Она сидела по ту сторону стола, положив руку на скатерть. Но все стало размытым каким-то, неочерченным. Он плохо различал черты ее лица, но и по тому, что различал, узнавал ее. И не удивлялся нисколько.

— Легче?

Похоже, что легче. Но голова болела, и в ушах стоял звон, будто с обеих сторон ударили ладонями по ушам.

— Не представляешь, сколько народу здесь угорело.

Вряд ли под словом «здесь» она имела в виду свой дом. Стив наверняка был единственным, кто угорел в «зеленой будке».

Он вспомнил, как угорел молодой Герцен, когда попал под арест. То ли комната была, то ли монастырская келья. Стив несколько раз перечитывал это место, но так и не понял, что же произошло. Жандарм его отпаивал квасом. Квасом с хреном. Или опаивал?

— Отпаивал, — сказала Ахматова. — Кваса у меня нет с хреном, а что посолидней должно быть. Открой шкаф и возьми.

Стив не заметил своих шагов по комнате — он сразу нашел себя рядом со шкафом. Открыл. Внутри было пусто. Не было даже перекладины для вешалок. И только внизу, в левом углу, стояла бутылка водки. Небольшая. Стив вспомнил, что такие раньше называли «маленькая» (*malen'kaya*).

— Поставь на стол, сходи на веранду, возьми две кружки. Человеческих рюмок у них нет, конечно.

Стив хотел сказать, что не пьет, но вовремя вспомнил, что это будет неправдой: он сегодня уже выпил немного. И опять он не понял, как это у него получилось — пойти на веранду, взять кружки. Вот они уже на столе, а он пытается открыть «маленькую».

— Руки, что ли, дрожат?

— С непривычки, — сказал Стив и не узнал своего голоса (зато ее голос был ее голосом — низким, богатым, хорошо известным по записям).

Он нащупал английскую булавку на скатерти и попробовал воспользоваться ею как открывашкой. Сразу же отказался от затеи. Сказал:

— Тупиково.

Наконец получилось.

— Мне чуть-чуть, а себе побольше.

Стив так и сделал.

— Пейте, милостивый государь, — сказала Ахматова. — Вам впрок пойдет. Ну давай же, давай.

Стив чуть не сказал «за здоровье» — он вовремя прикусил язык и почувствовал, как холодеет спина от предотвращенной бестактности.

Выпил не одним глотком — двумя, закашлялся.

Он читал у разных авторов: Анна Андреевна всегда гостям выставляла «маленькую».

Сама она не пошевельнулась даже, чтобы взять кружку. Кружка так и осталась стоять на столе.

— Ну как? Лучше теперь?

— Я тут и так хожу как пьяный, — сказал Стив. — От одного воздуха пьянею. Сосны, кислород.

— В шестьдесят пятом тоже много грибов было. Я в лес ходила. Некоторые меня упрекали за это.

— Я читал.

— У кого?

— Не помню.

Правда, не помнил. Голова была словно ватой набита. Кстати, может быть, в каком-нибудь пересказе какой-нибудь книжки ее записной. Как тогда ответить по-честному? «У вас прочитал, Анна Андреевна, в записях для себя, это теперь общественное достояние...» Жуть. Просто жуть... Вот, однако же, способен Стив сейчас на эмоцию, почему же он удивиться не может? Стиву не нравилось, что он не удивляется. Потому, наверное, что он еще не отошел, не опомнился. Подумалось о Светлане Крючковой. Так же сидела здесь, когда играла Ахматову. Подсказки, говорит, слышала. Теперь он знал, как должна выглядеть Светлана Крючкова, которую он никогда не видел. Даже мелькнула неправдоподобная мысль, что перед ним и есть Светлана Крючкова, но думать дальше в этом кощунственном направлении Стив себе не позволил.

Глагол «пережить» снова овладел рассеянным вниманием Стива. Теперь «переживет» ему мнилось глаголом прошедшего времени. Мерцало в уме еще какое-то слово, вспомнить не мог, Стиву казалось, оно имеет лично к нему отношение. «Пережиток», — вспомнил Стив. Он не был уверен, что правильно понимает значение слова, но это слово о нем: Стив и есть пережиток. Он уже был сегодня подкидышем. Подкидыш и пережиток.

— Так и будем сидеть? — спросила Ахматова и показала глазами на «маленькую». — Нет, нет. У меня налито. Себе.

Стив плеснул себе.

— Давай, не стесняйся.

Выпил.

Он видел, что Ахматовой нравится, что он и за нее тоже. Он не говорил: «За вас», он и так пил за нее.

Оказалось, что вместе с кружками он принес еще с веранды хлеб — два кусочка. Одним закусывал. Ахматова одобрительно следила за ним. Он не знал, как быть с другим кусочком. Он протянул другой в направлении кружки Ахматовой и вопросительно взглянул на Анну Андреевну. Ахматова молчала.

Тогда он взял на себя смелость положить кусочек хлеба на ее кружку с водкой. Что-то такое он видел в кино.

Ахматова молчала, и Стив упрекнул себя за то, что не поступил так раньше.

— Извини, что касаюсь этой темы, друг мой, но, по-моему, ты поступаешь с Линдой по-свински. Если уж рвать отношения, значит рвать. Но нельзя человеку внушать слепые надежды. Или все дело в ее отце? Чувствуешь от него зависимость? Но тогда, друг мой, это вдвойне гадко.

— Анна Андреевна, — пролепетал ошарашенный Стив, — отец Линды тут ни при чем, честное слово.

— Может, тебе неприятно слышать это, друг мой, но я хочу, чтобы тебе было известно, что я думаю про твою Милли. Твоя Милли круглая дура, я сильнее скажу — стоеросовая. Кукла. Пустышка. И ты сам это прекрасно понимаешь. Ладно бы она просто смазливой глупышечкой была, но ведь она еще и на подлость способна. Может быть, ты не знаешь, как она поступила со своей же сестрой? Или если ноги длинные, то все можно прощать? Мне страшно за тебя. Не пей из копытца, козленочком станешь.

— Анна Андреевна...

— Катя, конечно, девушка с приветом, однако из этого не следует, что ей не надо было сегодня позвонить хотя бы. Ты даже ни разу не вспомнил о ней. Только не говори, что она к тебе сама приставала. Ну хорошо, хорошо, в Англию ты ее все равно не возьмешь. И правильно. Стихи она пишет плохие.

— Катя хорошая, — сказал Стив.

— А Арина?

— А при чем тут Арина?

— Хоть бы кто-нибудь из вас объяснил ей, что нельзя рифмовать «утро» и «перламутра». Сто лет назад уже нельзя было. Ладно, делайте что хотите. Мне-то какое дело, действительно. Я, собственно, о Линде… Грустно это все, грустно. Разлюбил, так не притязай больше!.. Нет, он, видите ли, стесняется родинки на ее щеке. Да если бы не ты, она бы не пошла под скальпель.

— Там не скальпель, Анна Андреевна, там другое. Просто у меня есть знакомый косметолог, очень хороший… Вы, может быть, не знаете, операция пошла ей на пользу.

— Ну конечно, ты много знаешь!.. Раньше нас любили такими, какие мы есть…

— И теперь то же самое, Анна Андреевна!

— Пожелать смерти близкому человеку. Да ведь это ж чудовищно, просто чудовищно.

— Не было такого, — сказал Стив.

— Не было? А на пляже в Египте?

— Анна Андреевна! Все было не так. Линда заплыла далеко, я ждал ее на берегу. У меня мелькнуло в голове, вдруг она утонет, вдруг на нее нападет акула. Что делать тогда? Только мелькнуло. Я не пожелал ей смерти. Честное слово, Анна Андреевна.

— Это будешь не мне рассказывать.

— А кому?

Она не ответила.

Стив налил еще себе и нервно выпил.

— И еще попрошу вас, молодой человек, — она перешла с ним на «вы», — пожалуйста, перестаньте распространять слухи, что «будка» и «будущее» однокоренные слова.

— Это было давно, Анна Андреевна.

— Не очень давно. Не далее как в прошлом году на конференции по известному поводу вы читали свои переводы, а заодно высказали предположение, что Ахматова комаровскую дачу нарекла «будкой» в честь глагола «будет»...

— Я объясню, как было. Мне тогда показалось, что вы слово «будка» могли бы интерпретировать в стиле Хлебникова, как неологизм, восходящий к слову «будет». Помните, «будетляне» у Хлебникова? Мне показалось, что, произнося «будка», вы должны были вспоминать «будетлян». То есть из глагола «будет» вы как бы производили существительное с уменьшительным суффиксом. «Будка» — это как бы приватный фрагмент будущего, может быть, даже квант будущего, но очень личного, не связанного с большим временем. Если переосмыслить вашу метафору «бег времени», это не «бег», а «шаг». Просто «шажок». «Шажок» в предстоящем. Вот, скажем, сейчас — здесь и сейчас. «Будка» — это микрособытие, понимаете? Так мне тогда представлялось. Теперь я не держусь за эту идею. Она мне давно уже показалась сомнительной.

— Сомнительной? И это вы говорите мне? Не сомнительная, а бредовая!

— Согласен, — охотно покорился Стив.

Помолчали.

— Анна Андреевна, может быть, это лишнее, но я должен сказать вам: я чрезвычайно высоко ценю ваше творчество и просто люблю вас как человека. Это единственная причина, по которой я здесь.

— Знаю, знаю, — пробормотала Ахматова и вдруг повеселела. — Что же получается? Прошлое — это, что ли, прошловка, да?.. Нет, прошивка!.. А настоящее? — Она глухо засмеялась. — Что ли, настойка, да?

Стив тоже засмеялся — принужденно. Странно было, что разговор только о нем. А столько можно было вопросов задать!..

— Прошивка, настойка, будка, — похохатывала Ахматова.

— Анна Андреевна, а вы сейчас пишете?

Смех ее медленно затухал. «Не надо было», — подумал Стив.

Замолчала. Стив слышал ее тяжелое дыхание.

— Только в стол, — тихо сказала Ахматова, настолько тихо, что Стив мог и ослышаться, и добавила еще тише (да так ли сказала?): — Цензура была, а тут еще круче.

Вспомнил! Не рассказать ли ей о цензуре веселое? Как он сам нашел цензурное вмешательство в советское издание «Робинзона Крузо». Он один знает секрет «Робинзона Крузо», вышедшего в Ленинграде в 1955 году, — в область его интересов эта книга попала совершенно случайно. Чем же данное издание отличается от всех английских? А вот чем. О том, что Робинзон делал стул, там сообщается в записи от 12 ноября, тогда как в оригинале он мастерил стул — 7-го. Так в дневнике Робинзона. Еще бы! 7 ноября — священный день, Анна Андреевна знает. А тут стул какой-то. Смешно же, нет? Очень смешно. Стив гордился собой, это он сам обнаружил. Но рассказать Ахматовой не решился. О цензуре Ахматова понимала больше него.

Он не знал, сколько прошло времени, прежде чем она заговорила снова:

— Молодежь уроки не учит. Когда же ты окно закрыл? Окно закрыл, а дымоход не стал открывать? Угли-то, поди, не прогорели. Второй раз угораешь.

Он тоже не заметил, когда закрыл окно. А сразу и закрыл, наверное.

— Всё в порядке, Анна Андреевна. Мне хорошо. Второй раз не получится.

— Ну, тогда я не знаю, что с тобой делать.

«Надоел, значит», — догадался Стив. Обидно. Так и не поговорили. Хотел спросить о Бродском, правда ли, что он читал в этой комнате ей «Большую элегию Джону Донну», и помнит ли Анна Андреевна, что в числе отчужденного от уснувшего Джона Донна упомянуты там сосны, а главное «пустые скворешни» — не «скворечники» (*birdhouses, nesting boxes, starling houses*), а «скворешни» (непереводимо!) — совсем как у нее, только не «ветхие», а «пустые». Но правильное слово «скворечник» соотнеслось в мозгу Стива со словом «синичник», и он сосредоточился на «синичнике», вспомнил, что это не жилище синицы, а что-то другое, дикорастущее, из его прошлой жизни. Забыв о скворечниках, Стив увидел коряги, редкие синие ягоды, мох, муравьев.

— Кыш, кыш!

— Куда? — Он очнулся.

— В лес! За грибами! За лисичками! Корзина на веранде, фонарик на полке у двери. К Черному озеру, за Черный ручей, там много грибов. Где кладбище знаешь? Ну так быстро, давай же, давай!..

Стив метался в темноте непонятно где — какие-то углы, стены, ступеньки...

— Шоссе повернет, а ты прямо — и за шлагбаум, и в лес. Потом левее наискосок. Ноги сами приведут. Видел лисички? Увидишь — узнаешь. В них китайское что-то. Вдоль тропинок смотри. Помногу растут. Ну, давай же, быстрее, поторопись. Кыш, кыш! И чтобы без лисичек не возвращаться!

Последние слова звенели у него в голове, когда ноги пытались удержать его на асфальте улицы Осипенко. Стива шатало, мотало из стороны в сторону, а он торопился вперед с фонариком и корзиной.

Озерная улица освещалась лампами с высоты бетонных столбов — света хватало, даже когда улица стала просто дорогой, но Стив не выключал все равно фонарик. Ему навстречу по обе стороны неслись темные сумасшедшие высоченные сосны, но как-то пунктирно у них получалось — товсе сборище действительно стремило бег свой, то становилось на время незримым, чтобы снова зримо навстречу рвануть уже в обновленном составе. Стиву даже показалось, что на нем сапоги-скороходы и что по четным широченным шагам он зряч и внимателен, а по нечетным — слеп и беспамятен. Только спешил Стив не потому, что спешил, а потому, что на бегу чувствовал себя устойчивее.

Появилось кладбище — Стив сбавил темп.

Он даже не запыхался.

Озерная резко поворачивала налево — к Щучьему озеру, но Стив не забыл, что надо прямо идти.

Прямо идти был шлагбаум и непроглядная лесная дорога, и темень — не видно ни зги (*it is pitchdack*). Фонарик был тут определенно полезным. *The flashlight was definitely useful here.*

Ноги повели Стива за шлагбаум вперед по дороге в лес и остановили перед загородившим путь препятствием. То был человек. Живой. Вероятно, живой.

Он стоял посреди дороги и не позволял себя обойти.

— Хватит светить в лицо!

Стив отвел фонарик. Был человек узнан.

— Где тюбетейка? — спросил Стив.

— Посвети на себя и не задавай глупых вопросов.

Посветил на себя.

Без-тюбетейки сказал:

— Владычица морей!.. Какая встреча!

— Что ты делаешь тут? — спросил Стив строго.

— Стою и не пропускаю.

— Меня?

— Всех. И тебя тоже. Других пока не было никого.

— Я иду за волчками.

— Там нет волчков.

— Почему я должен верить тебе? — спросил Стив. — В лесу очень много волчков.

Без-тюбетейки сказал:

— Я потерял машину.

— Это запой, — сказал ему Стив.

— На себя посмотри, приятель! Ты в курсе, что у тебя корзина в руке?

— Я угорел.

— А для чего?

— Не знаю, но я теперь угорелый.

— Держись, приятель! Главное — не расслабляться. Ты не одинок, всегда помни об этом. Я поте-

рял всё. Машину, тюбетейку, жену. Молодость, надежды, солнце. Ты уверен, что сейчас ночь?

— Твердо!

— Хорошо тебе. У тебя есть цель. Представления о Вселенной. А выпить... есть у тебя?

— Нет.

— Тогда на!

В руке у него возникла уже открытая бутылка,
и он протянул ее Стиву.

Впервые в жизни Стив пил водку из горлышка.

Без-тюбетейки выпил вторым.

Он спросил Стива:

— Одного не понимаю, почему ты не хочешь
меня пропустить?

— Ты свободен, — сказал Стив, отстраняясь.

К своим переводам из поздней Ахматовой, опубли-
кованным в третьем номере *The Findings*, Стив Роут
предпослал небольшое вступление, в котором среди
прочего признавался: «Невозможно забыть воздух
Комарово. В знаменитой «зеленой будке», до сих
пор принадлежащей Литфонду, я провел полночи
и встретил рассвет в дремучем лесу. Я вернулся из
Комарово совсем другим человеком».

В этих словах молодого переводчика некоторые
нашли претензию на обладание особыми моральны-
ми правами, допускающими прерогативное пони-
мание предмета. Другие здесь распознали намек на
какой-то реальный опыт, о котором автор не желал
распространяться. Как бы то ни было, признание
выглядело по меньшей мере загадочным. Что за ним
стояло и стояло ли вообще что-нибудь определенное, сказать трудно, и, может быть, всех труднее

было самому Стиву. Он действительно избегал рассказывать о своем посещении Комарово, а что до встречи «рассвета в дремучем лесу», то помимо этого неясного высказывания никаких других свидетельств о своих ночных лесных приключениях Стив общественности не предъявил — ни печатных, ни устных. И на то было немало причин, главная из них — он ничего не помнит.

Между прочим, изучая позже карты местности, он обнаружил географический казус: Черных озер оказалось целых два — оба лесные, совсем небольшие, соединенные короткой протокой. Официальный лимноним (разновидность гидронимов) представлен во множественном числе и относится к обоим вместе — Черные озера; при этом каждое из озер не перестает само по себе подобно соседу быть Черным озером. Вызволением из зоны неопределенности (Стиву хотелось думать об этом такими словами), проще сказать, своим спасением (Стив, правда, не совсем ясно представлял, от чего) он был обязан восточному озеру, в которое, судя по карте, впадал Черный ручей. О Черном ручье память Стива молчала, Стив даже не знал, дошел до ручья или нет. После прощания с Без-тюбетейки, вполне сносно запечатлевшимся в сознании Стива, и до самого озера все заместилось в его мозгах мраком беспамятства, озаряемого редкими вспышками припоминаний — это когда Стив, споткнувшись, падал на землю. Впрочем, запомнилось еще сногсшибательное чувство невероятной отваги — Стив не боялся ни волков, ни медведей, и только муравьев он взаправду страшился — муравейники здесь в рост человека, — так что, упав, он немедленно вскакивал на ноги.

Неопределенность, имевшая власть над Стивом в течение неопределенного, хотя и поддающегося в целом оценке времени, стала стремительно расточаться, когда Стив увидел перед собой определенно цельное и притягательное — водную гладь.

С каждым шагом по направлению к ней Стиву возвращались обычные представления о предметной реальности: лес как таковой снова оказывался суммой деревьев, а линии, заслоняющие от глаз опознанную поверхность воды, — не просто деревьями, но несомненными соснами. Влекла туда через утренний сумрак — теперь он почувствовал это — тропинка, и Стив по ней побежал. Он уже никогда не сумеет объяснить себе ту внезапную стремительность и целеустремленность. Ему и в одежде не было жарко, он и в одежде порядком замерз, но, если бы не мешала корзина, которую он, оказывается, до сих пор не потерял еще, он бы стал раздеваться уже на бегу. Он торопился так, словно от этого зависела жизнь. Стоило добежать до дощатых мостков, и он мигом разоблачился догола — с такой быстротой, словно боялся окончательно окоченеть. Не раздумывая ни секунды, он рванул по мосткам, уводящим от заболоченного берега, и с разбегу кинулся в воду.

Тысячи булавок вонзились в тело. И — ошпарило холодом. И не было разницы между «студеным», «темным» и «мокрым» — все под водой было одно.

По счастью, там не случилось ни коряг, ни утопленных бревен.

Он вынырнул, ему показалось, почти на середине озера.

Он только сейчас увидел, какое оно... малё-оо-ооооохонькое.

И в это мгновение мир окончательно возвратил себе прежние очертания. Все упорядочилось и налилось объемом.

И Стив ощутил себя.

Как будто душа улизнула куда-то, а теперь опомнилась и вернулась.

Первое, кем он ощутил себя, когда возвратилась душа, было человеком, оказавшимся в холодной воде и таращившим по сторонам глаза: со всех сторон возвышались стройные сосны и над ними сияло небо — только сейчас он осознал, что ночь прошла и уже рассвело; и тем человеком, который осознал, что уже рассвело, а ночь прошла, было второе, кем он ощутил себя, когда душа возвратилась.

Стив понял, что надо на берег.

Выбраться из воды оказалось непросто. Озеро было сильно заболочено у берегов (*bog lake*). Стив предпринял несколько попыток вскарабкаться на кочки топкого берега — ноги вязли в иле и не на что было опереться руками. Боясь замерзнуть и рискуя поломать ноги, он полез на мостки, предназначенные не для купания, а для рыбной ловли. Доски торчали враскоряку — Стиву было не подступиться, но в итоге он все же изловчился и выбрался.

Прыгал на суше, фырчал, натягивал одежду на мокрое тело, не переставая приплясывать.

И, одевшись, прыгал еще, да так, что из кармана куртки — хорошо, увидел! — выскочил *iPhone* и шлепнулся в мох. Поднял. Проверил. Пять непринятых ночных звонков от Кати, один от Милли и ни одного от Линды.

Еще сообщение от Арины. Одно только слово: «Живой?»

Больше не прыгал. Прислушивался. Тишина была поразительная.

Будто все они, эти сосны, да и Черное озеро это, наблюдали за Стивом. Будто все спросить хотели: «Ну как?»

Ему показалось, что корзина светится изнутри. Так и было: поверх волчков лежал невыключенный фонарик.

Волчков было немного, но дно корзины закрыли. Желтенькие… Было в них китайское что-то. Стив не помнил, где он их собрал и когда.

ВСЁ СО ВРЕМЕНЕМ ВЫЦВЕТАЕТ, ДОРОГАЯ ОЛЬГА ИВАНОВНА!

— А теперь, дорогие ребята, — произнес Олег Петрович, поправляя очки под густыми седыми бровями, — настало время вспомнить последнее произведение Бориса Проростова. Этот рассказ мой дед написал для детей, для читателей примерно вашего возраста. Рассказ называется «Красная рубашка», он очень короткий. Возможно, это не лучшее творение моего деда, далеко не самое лучшее, но это его последняя литературная работа, и уже только поэтому она заслуживает того, чтобы я ее вам прочитал. Слушайте.

«КРАСНАЯ РУБАШКА

Есть ли такие, кто не любит цирк? Все любят цирк. Только Петя, наверное, больше всех любит цирк.

Поэтому он очень обрадовался, когда учительница сказала, что поведет в воскресенье весь класс на новую цирковую программу.

Слов нет, программа была интересной. Воздушные гимнасты перелетали с трапеции на трапецию под самым куполом цирка. Жонглеры работали сразу с десятью тарелками каждый, а какими смешными были клоуны!

Зрители радостно аплодировали мастерам советского цирка, а громче всех — Петя.

Но когда появился дрессировщик со своими питомцами, настроение Пети резко переменилось.

Там была обезьянка в красной рубашке с четырьмя карманами.

А у Пети две недели назад пропала точно такая рубашка. Случилось это во время спортивного праздника. Петя вернулся в раздевалку после прыжков в высоту — смотрит, а рубашки нет. Кто мог взять чужую рубашку? Участники соревнований были исключительно пионеры, а пионеры не берут чужого.

Петя вскочил с места и побежал по ступенькам вниз на арену.

— Это моя рубашка! — закричал Петя.

— Мальчик! Уходи отсюда! Ты пугаешь зверей! — зашипел на него дрессировщик.

А зрители стали смеяться, потому что решили, что так надо.

— Я узнал! Это моя рубашка! — кричал Петя.

Но тут подбежала учительница, схватила Петю за руку и потащила Петю наверх.

— Петя! — говорила ему учительница. — Это не твоя рубашка, ты ошибся!

А все продолжали смеяться, думая, что так и надо.

На другой день вся школа знала о "подвиге" Пети. Одноклассники смеялись над Петей. Вместе с тем они осуждали его за несдержанность.

А через две недели в школу пришло письмо. В нем содержалась просьба выразить благодарность мальчику, который проявил бдительность и, сам того не ведая, указал органам НКВД на подозрительного дрессировщика. Органы НКВД на всякий случай проверили дрессировщика и установили, что он вредитель, а кроме того шпион.

Больше над Петей никто не смеялся».

Олег Петрович положил на стол ксерокопию журнальной публикации и, слегка наклонив голову, посмотрел поверх очков на учеников за партами. Потом он бросил взгляд на классную руководительницу Ольгу Ивановну, сидевшую за столом у окна, откашлялся и снова продолжил открытый урок.

— Видите, какой неоднозначный и в то же время ёмкий рассказ, — произнес Олег Петрович, обращаясь к школьникам. — Про вашего сверстника, только жившего в другую эпоху. Вы, конечно, спросите, выдумана ли эта история. В известной степени, да — без художественного вымысла не бывает литературы. Но в основе рассказа лежит реальный случай. Спустя много лет моя бабушка рассказывала моей маме, как было на самом деле. Один мальчик в тридцать седьмом году чуть не сорвал цирковое представление, потому что ему показалось, будто у кого-то там на арене была панамка, которую он потерял. А писатель Борис Проростов, мой дедушка, заменил в рассказе панамку на рубашку и добавил драматизма в историю, а самое главное, попытался передать атмосферу того страшного времени. Ну, вы это наверняка почувствовали. Это было время незаконных репрессий. НКВД — если не знаете, это орган такой, чтобы в стране был порядок, а на самом деле они боролись с лучшими представителями народа, представителями интеллигенции, как мой дед, который ничего не делал плохого. Время незаконных репрессий, вот что было в стране. Дедушкин рассказ вышел в детском журнале, а через день уже за дедушкой приехали — его арестовали, и больше никто моего деда не видел.

— А что стало с дрессировщиком? — спросила девочка с первой парты.

— А при чем тут дрессировщик? — нахмурился Олег Петрович. — Я вам не о дрессировщике рассказываю, а о судьбе моего дедушки.

— Так дрессировщик был правда шпионом?

Олег Петрович набрал воздух в легкие, как бы запасаясь терпением. Выдохнул.

— Дрессировщик — литературный герой. Был ли он вредителем и шпионом, на этот вопрос однозначного ответа в рассказе нет. Писатель в рассказе нигде не одобряет действий НКВД и лично сам не осуждает дрессировщика, он вообще не дает никаких оценок тому, что случилось. Каждый должен сам для себя решить насчет шпиона. Лично я для себя окончательно не решил — был дрессировщик или не был шпионом. Скорее всего, он не был шпионом, и тогда рассказ надо читать как осуждение произвола со стороны НКВД, но только тогда — внимание!.. прошу внимания, дети! — убедительно вас призываю воздержаться от любых упреков в адрес мальчика Пети, он не виноват, что навлек беду на дрессировщика... С другой стороны, шпионы и вредители тогда тоже встречались. От этого никуда не уйдешь. Кто знает, может, дрессировщик в самом деле шпион. Могло быть и такое.

— А как Петина рубашка попала к обезьянке дрессировщика? — продолжала расспросы все та же девочка за первой партой.

— Вы не поняли рассказ, это другая рубашка. Вы невнимательно слушали. Петя ошибся, но ошибка Пети помогла разоблачить дрессировщика... если стоять на позиции, что он шпион. Но шпион он или не шпион, повторяю, это не имеет никакого отношения к рубашке на обезьянке...

— Почему?

— Что «почему»? Было бы по-другому, дедушка наверняка бы дал в рассказе необходимые разъяснения. А их нет. Значит, Петя ошибся.

— Олег Петрович, — вмешалась Ольга Ивановна. — А за что арестовали вашего дедушку?

— Спасибо за вопрос, Ольга Ивановна, именно про это я и хотел рассказать, но дети меня сбили с биографического мотива на, так сказать, интерпретацию текста... Никто так и не узнал точно, за что арестовали дедушку. Время было такое, вот и арестовали. Тогда же не объясняли, за что. Понятно, что за рассказ. Но скорее всего — за рубашку в рассказе. Была бы панамка, может, ничего бы и не было.

— Это что же, получается, в рубашке нельзя, — сказала Ольга Ивановна, — а в панамке можно?

— Вот я и говорю, — сказал Олег Петрович. — У дедушки у самого была такая рубашка, красная и с четырьмя карманами. Эту рубашку ему подарили на чулочно-трикотажной фабрике «Красное знамя», где он много раз выступал. Рубашку из плотной материи специально для него сшили молодые ткачихи, читательницы его книг о гражданской войне. Он очень гордился этой рубашкой, носил навыпуск и надевал на праздники, а также на встречи с читателями, куда бы его ни приглашали. Все знали, что у него есть такая рубашка — красная и с четырьмя карманами. И что такой рубашки больше нет ни у кого.

— Помните, — обратилась Ольга Ивановна к ученикам, — я рассказывала вам, что такое образ? Красная рубашка стала частью образа писателя. Представляете?

— Да, Ольга Ивановна, именно так, с четырьмя карманами... И вдруг он вставляет эту рубашку в свой рассказ. Вставляет и отдает обезьянке...

— А зачем? — спросили из класса.

— Да низачем!.. затем что писатель!.. Имеет право! А разве нельзя?

— Неужели за это могли арестовать!? — воскликнула Ольга Ивановна.

— Могли, еще как могли! Я много думал об этом. И вот что я вам скажу, мои дорогие. Мы все должны понять простую вещь. Сталин не любил обезьян. За что поплатился великий Зощенко? За детский рассказ «Приключение обезьяны». Ничего предосудительного не было в этом рассказе, а по Михаилу Зощенко ударили специальным постановлением ЦК КПСС... А мой дедушка мало того, что изобразил обезьянку, он еще ей уступил свою знаменитую красную рубашку с четырьмя карманами... которую ему подарили на «Красном знамени»... Там и картинка была... Обезьянка в рубашке...

Тут раздался звонок. Ученики возрадовались, Ольга Ивановна поспешила «от лица всех» поблагодарить Олега Петровича за интереснейший рассказ о своем дедушке и отпустила класс на перемену.

Олег Петрович собирал портфель. Он был сильно взволнован.

— Я не знала, что Сталин не любил обезьян, — подошла к нему Ольга Ивановна. — Неужели Зощенко пострадал из-за этого?

— Разные есть версии, но они все неубедительные. Случай моего дедушки подтверждает мою догадку. Просто Сталин не любил обезьян.

— А та рубашка — она, конечно, не сохранилась?

— Черт! — воскликнул Олег Петрович. — Я же совсем забыл! Сохранилась! Как не сохраниться?! Я же ее нарочно надел, чтобы показать детям...

Он расстегнул пиджак.

— Ой, — изумилась Ольга Ивановна. — Но она ведь... не красная.

— Все со временем выцветает, дорогая Ольга Ивановна, — проговорил Олег Петрович, показывая на себе рубашку. — Все ветшает. Увы. Но из четырех карманов два все-таки сохранились. Неплохой результат.

— Можно потрогать?.. Сколько же лет ей?.. Впрочем, тогда нитки настоящие были, натуральные...

— Ну, осторожно же, Ольга Ивановна... Не так...

— Все, все, больше не буду! — отдернула руку Ольга Ивановна. — Надо же... А я еще удивлялась, как вы странно вырядились, Олег Петрович... Что, думаю, на нем такое?.. В чем это он?..

Ольга Ивановна хотела спросить про дрессировщика, потому что ей тоже не все было понятно про дрессировщика, но что-то ее заставило не задавать больше вопросов.

Оба вышли из класса.

ТРЕТЬЯ СТОРОНА
(ПЕРПЕНДИКУЛЯРНАЯ
ПЕРВЫМ ДВУМ)

КАК-ТО В НАЧАЛЕ

Я знал, что образовался в материнском животе и что изначально представлял собой что-то мелкое, и не просто мелкое, а самое мелкое, что можно вообще представить, потому что, конечно же, я начинал вырастать из чего-то самого-самого наимельчайшего, что только и есть на свете, а самое мелкое из того, что я знал, был электрон. Я знал, что все состоит из атомов, и, как выглядит атом, тоже знал — шарик-ядро, а вокруг него летают электроны, самые мелкие шарики, какие только можно представить. Изображение атома можно было увидеть везде, «мирный атом» был символом эпохи. Один такой атом возвышался над крышей пятиэтажного дома на Московском проспекте. Глядя на него, я представлял, каков из себя электрон (шарик) и кем был я изначально до того, как родился.

* * *

СЛАВА СОВЕТСКОЙ НАУКЕ красовалось над крышей. Я еще не ходил в школу и не знал, что это

ВНИИ метрологии, но знал еще задолго до школы, для чего нужны восклицательный и вопросительный знаки. Если после СЛАВА СОВЕТСКОЙ НАУКЕ нет восклицательного знака, это не лозунг (примеры лозунгов были перед глазами — и все с восклицательными знаками). А здесь почему-то восклицательный знак отсутствовал. Значит, это не лозунг, не восклицание, это заглавие — обозначение того, что есть под ним. То есть в этом здании и находится СЛАВА СОВЕТСКОЙ НАУКИ (о падежных окончаниях я еще не был осведомлен). Вероятно, она здесь хранится, на каком-нибудь этаже, в какой-нибудь особой комнате, в большом шкафу, похожем на книжный шкаф, только не деревянный, а железный и без стеклянной дверцы. Но как выглядит эта СЛАВА — на это уже моей фантазии не хватало.

* * *

Не помню, послали ли меня на кухню за чем-нибудь (за чем, если мне лет пять?) или я просто обнаружил перед взрослыми нежелание туда входить одному (были гости — в комнате за столом), но отец вдруг мне решил объяснить беспочвенность моего страха. «Пойдем вместе», — взял меня за руку и мы пошли. На кухне было не так чтобы слишком темно — просто сумрачно: свет проникал и через окно со двора, и через дверь из прихожей. «Видишь, никого нет?» Но я и сам знал, что там нет никого. «И здесь нет», — поднял край клеенки, и я удостоверился в том, что мне и так было известно:

под столом нет никого. «Скажи, чего ты боишься?» Но я не знал, как на это ответить. Ему очень хотелось искоренить причину моего страха, и он упорно требовал, чтобы я сказал, чего боюсь. Надо было ответить, и я тогда просто так показал на духовку. Отец открыл с готовностью дверцу. «Видишь, там нет никого, вот, потрогай противень». Потрогал. «Не страшно?» «Нет». «Больше не будешь бояться этого?». Но *этого* я не боялся, я правду сказал: «Не буду». «Вот и отлично», — он был рад, что нашел причину. Мы вышли.

* * *

Понятно, что умирают другие — кого-то съедают, кто-то сам. Но вдруг однажды: «Все умрут!» — и: «Я тоже? Тоже умру?» Помню это ночное — тоже! — не страх даже, а отчаянное переживание несправедливости. Перед глазами черный книжный шкаф, в стеклах его блики уличных ламп, и мама, стоя рядом с моей кроваткой, уклончиво объясняет, почему об этом не надо думать: потому что это будет та-ааа-ак нескоро, что, можно сказать, никогда. И потом — наука. Наука будет продлевать жизнь человека все дальше и дальше. Так далеко, что человеку самому уже надоест жить-поживать, потому что он уже будет все знать на свете и станет ему неинтересно, а наука все равно будет продлевать и продлевать его жизнь: пусть себе живет, если родился. Как-то так. Не очень педагогическое объяснение, но оно меня удовлетворило. Вот бабушка верит в Бога. А лучше бы она молилась не Богу, а науке. «Бабушка,

научи меня молиться науке». «Какая наука? Что ты
говоришь такое?»

* * *

В Зоологическом музее самое сильное впечатление
на меня произвел скелет человека. Я знал, что смерть
неизбежна, и все равно не предполагал, что все так
плохо. Превратиться в конечном итоге в скелет —
это ужасно. Я не хотел. Я знал только один способ
избежать этой участи — повторить путь Ленина.
Надо что-то сделать такое, чтобы человечество при-
знало заслуги твои и подвергло тебя бальзамирова-
нию. Лежать, как Ленин, не так страшно. Но разлагаться… Короче, надо Лениным стать. Буквально —
как Ленин. Стать Лениным, а не скелетом.

* * *

Если атомная война неизбежна (пытался себя успо-
каивать), то, может, это и к лучшему. Не так жутко —
если все вместе. Атомная бомба — и раз — и словно
ничего не было. Только для этого надо много атом-
ных бомб, чтобы уже никому-никому нельзя было
пожалеть ни о чем. Что-то было в этой мысли нехорошее, скверное, я понимал, — но ведь не я же
изобрел эту бомбу. Помню, когда подумал об этом:
смотрел утром в окно, видел крышу дома напротив,
освещенную солнцем. Было мне, наверное, шесть.
Страшно, когда один, а когда все вместе — уже что-
то другое. Как будто и не было. И никто не узнает,

было оно или нет — была ли вот эта крыша напротив. А значит, никто не узнает, что что-то случилось. И что кто-то был, с кем случиться могло. А значит, ничего не случилось. И ни с кем не случилось. Потому что некому это будет знать.

* * *

Если бы мне предложили выбрать казнь, я бы предпочел отрубание головы. Тюк! — и вроде бы все кончено, а вот и нет: отрубленная голова еще живет секунду (кто-то сказал — и я поверил). То есть так: обезглавленный умер, а голова еще секунду живет. Почему-то эта секунда, обманувшая смерть, мне представлялась особенно драгоценной. Больше и не надо: между двумя смертями — обезглавленного тела и самой головы — она и так равна целой жизни.

* * *

Было время, когда взрослые, особенно гости нашего дома, нарочно донимали меня, маленького, всякими своими обнимашками, чтобы только услышать мое коронное: «При коммунизме не целуются», — так я пытался избегать докучных ласк. С трудом сейчас представляю, как это получалось фонетически в устах четырехлетнего, но что было такое — помню точно. И обстоятельства тоже ясны — меня провоцировали. Где это услышал, уже не скажу. Могли научить, мог и сам додуматься. «Коммунизм» было тогда на слуху. Про коммунизм заговорили повсеместно после хрущевских прожектов на XXII съезде партии. Значит, это осень-зима шестьдесят первого. И это одно из первых отчетливых воспоминаний. Мне еще нет пяти, и у меня чулочки на резинках.

* * *

Самое жуткое, что могло бы со мной быть, это если бы я был кем-то или чем-то другим. Гусеницей. Пауком. Мухой. Мне было страшно думать о том, как не повезло сороконожке быть сороконожкой. А камень? Вот он лежит. Он неживой. Но как это быть неживым? Быть — и быть неживым? Не представляю. Но и быть другим человеком — это тоже как-то не по себе. Родился бы я в другой стране или в другой семье, разве был бы тот родившийся мною? Ведь я, который находится здесь, уже бы здесь не был. Был бы он мною, но без меня? Ум в тупике.

* * *

Рыбка гуппи — полная дура, она ест своих детенышей. Живородящая — лучше бы откладывала икру. Отец ее пузатую отсаживал из аквариума в литровую банку — чтобы там и рожала. В раздутом, почти прозрачном брюхе чернели точечками глазища мальков. Вот мальки выбрасывались из брюха наружу, как бомбы из самолета, а она вся, сделав рывок вперед и развернувшись, ам-ам, проглатывала новорожденных. Кто не спрятался, я не виноват. Но у кого-то спрятаться получалось — в комке водорослей. Потом отец эту дуру отпускал обратно в аквариум, а те проводили детство отдельно в банке, пока не подрастали чуть-чуть.

* * *

Другое потрясение — микроскоп. Небольшой, он умещался в продолговатом ящичке, размерами не более жестяной коробки из-под индийского чая. Отец гордился этим старинным микроскопом и берёг его. Волосок с моей головы в нем казался бревном. «А ну-ка посмотрим, что у тебя под ногтями». О, ужас! Не надо. Мурашки по коже. Я потрясен. «Будешь теперь мыть руки?» Буду, буду. Но как же они? Им каково? Как им себя — вот такими... чувствовать, ощущать? А я? А мне? Пропасть непохожести — знать о ней и с этим жить?

* * *

Читать научился рано — где-то в беспамятном возрасте. В пять из больницы уже писал домой письмо — своими персональными, отличными от общепринятых буквами, — но в целом подлежащее прочтению. Мама его сохранила. Меня интересовал размер светофора. Мне тогда сообщили в больницу, что отец сделал настольный светофор и, когда меня выпишут, он у меня будет. Светофор оказался на батарейке, с переключателем — работал как надо. «Вот так обозначается лампочка, так батарея», — отец рисовал на листочке схему: здесь бегут электроны, их движение — электрический ток. Было понятно. Можно. Нельзя. И еще — будь внимателен (это желтый). Между нельзя и можно.

* * *

Помню, когда — помимо большого и мизинца — узнал названия трех других пальцев, еще до того остававшихся безымянными, — в итоге безымянным остался один, — но как научился считать (то было раньше), не помню. Главное, было до десяти доучиться. Дальше учится проще. А дальше пойдет совсем легко. И вот на мне еще слюнявчик, а я уже до миллиона могу. И дальше. А там — миллиард. И дальше. А что будет дальше? Взрослые сами не знают. «Надо подумать, — сказал отец и вспомнил, подумав: — Квадралион. Почти бесконечность. Тебе не надо». Почему же не надо? Как раз мне это надо — я знаю: потом — две *почти* бесконечности. Три *почти* бесконечности. *Почти* бесконечность *почти* бесконечностей. И я один это знаю. Один!

* * *

Событие: родился братик, двоюродный. Едем на край города, на Дибуновскую улицу. Я предвкушаю знакомство. Братик! У меня! Его зовут Александр. Мне всегда хотелось братика. Я поражен: что-то красное, сморщенное. Я знал, что он маленький, но он не маленький, а какой-то. «Он маленький, — мне говорят, — он подрастет». Говорят: «Ты сам был та-

кой». Нет. Неправда. Был, но другим. Им весело.
А мне — нет. Разрешают потрогать. Я не хочу. «Да
ты потрогай, потрогай». Я отказываюсь трогать его.
Отворачиваюсь. Отхожу. Это не он. Чувствую себя
обманутым.

* * *

Вот польза от знания счета. Когда тебе пять лет, можешь представить, как далеко до ста. А ведь пока
тебе пять, люди могут до ста доживать и даже больше. Один, два, три, четыре, пять — ты столько живешь — так быстро сосчитал, а это целая жизнь!
А теперь впереди: шесть, семь, восемь, девять, десять, одиннадцать, двенадцать, тринадцать... досчи-
тав до сорока, уже устаешь... а еще до ста далеко...
Пятьдесят — это много, это гораздо больше, чем
пять. Прожив пять долгих лет, веришь с трудом,
что и пятьдесят когда-нибудь будет... Семьдесят два,
семьдесят три, семьдесят четыре... Жизнь — очень
длинная вещь, ей не видно конца, ты теперь сам убедился. А когда будет сто — СЛАВА СОВЕТСКОЙ
НАУКЕ — наука продлит жизнь человека еще лет
на сто, а может, на двести... А потом — еще и еще...
На практике счет ограничивается на ста тридцати —
ста сорока: потом — засыпаешь.

* * *

Помню, как отец учил меня завязывать шнурки —
трудная школа, и как определять по часам время —

это давалось значительно легче. В то время часы ходили медленнее: один тогдашний час длился гораздо дольше, чем час, который сегодня. Особенно долго время тянулось в трамвае. Дорога от Сенной — тогда от площади Мира — до Новой Деревни занимала *почти* вечность. Но и дома, особенно когда приходилось ждать что-то хорошее, время почти стояло на месте, что доказывали простые наблюдения за будильником: минутная стрелка могла бы показаться самым медленным предметом из всех способных передвигаться на нашей планете, если бы я не знал, что часовая тоже «идет» и это не увидеть глазом.

* * *

Афиши обычно вывешивались или на чугунной ограде, или с торцов гранитных сооружений у входа в сад, сказать иначе, пилонов. О том, что эти каменные строения полые, я ни за что бы не догадался, если бы не боковые окошечки — по паре у каждого. Впрочем, окошечки были постоянно закрыты, все кроме одного — у левого пилона: там, в темноте, как белка в дупле, пряталась кассирша, продавщица билетов. Возможно, она там проживала безвылазно. Действительно, я не понимал, как туда можно попасть, если только не через окошечко (о наличии дверцы со стороны сада мысль мне в голову не приходила). Однажды бабушка вместе со мной шла вдоль Фонтанки — посмотрела на афишу и захотела в кино. В окошечке она купила билет, а меня, *шкета*, пропустили бесплатно, — на мою скромную персону даже не распространялся возрастной запрет «детям до 16». Фильм назывался «В джазе только девушки», и можно сказать с уверенностью, что во всем мировом прокате («Некоторые любят погорячее») он не имел более благодарного зрителя, чем я. Не помню, понравилось ли кино бабушке, но я в деревянном зале бывшего театра-буфф едва не визжал от восторга, особенно когда начинались погони с переодеванием. А еще раньше, там же, в Измайловском саду, посмотрел с отцом «Трех мушкетеров» (мне должно было исполниться вот-вот шесть). Я уже видел много чего на экране, но почему-то именно этот фильм оставлял ощущение чего-то невероятного. Я знал, что кино *снимают*, но не понимал, как это может быть *сделано*, — только что была драка, секунды не прошло, и уже все скачут на конях. Я все время хватал отца за руку и спрашивал, будут ли еще драки. «Будут, будут!» И они — были. О счастье!

СКОРЕЕ ЗНАЮ, ЧЕМ ПОМНЮ

Если бы не родители со своими трогательными воспоминаниями о моем детстве, мне бы, наверное, не довелось в моей взрослой жизни вспомнить об этой книге. Да и тот образ ее, что теплится в моем сознании, мало похож на определенное воспоминание: я скорее знаю об этой книге, чем помню о ней. Все дело в том, что она ушла из дома (так получилось), когда мне было пять лет. Задержись она у нас подольше, и я бы ее помнил почетче, как, например, помню куда более малышовые книжки-раскладушки — твердый картон и картинки: ну скажем, волк-неудачник с опущенным в прорубь хвостом, или другая — залез поросенок на дерево, или еще — лиса и журавль... С этими раскладушками было хорошо играть: поставил на ребро, развернул — вот и стена; лентой с дивана спустил — горка тебе для машинок. Дом они обычно покидали быстро — вместе с одёжкой, из которой вырос, но каким-то досталось еще полежать в кладовке — оттого и запомнились, что видел их уже в сознательном возрасте. И эта рано ушла. Хотя и не была раскладушкой.

Между тем книга эта для меня значила многое. Она мне была дороже любой игрушки. По статусу важности в моем детском мире она, полагаю, занимала место сразу за котом Васькой, моим ровесником. Согласно поздним свидетельствам старших, я мог подолгу с ней не расставаться, обхватив руками и прижимая к себе (я-то маленький, а книга большая), так и бродил с ней по квартире. Располагался на полу и листал, разглядывая картинки.

На четвертом году жизни (сам не помню, но говорят) я играл в «Винни Пуха».

Ну да, это о нем.

Отец купил ее в командировке, в Москве, мне тогда было три года.

«Винни Пух и все остальные».

Уточню. Я сейчас не о «Винни Пухе» вообще — как о литературном произведении, а о книге в прямом, конкретном значении слова — как осязаемой вещи, как личном твоем достоянии.

Никогда не ностальгировал по этому поводу. Но интернет под рукой — почему бы не удовлетворить любопытство?

Пожалуйста. Издательство «Детский мир», 1960. Все верно: мне три годика полных. Пересказал, само собой, Заходер. А в чем я до сих пор не был уверен, но так и есть — это первое издание книги Милна в заходеровском изложении, и вообще — первое, надо понимать, на русском.

То есть я, получается, один из первых в нашей стране, очутившихся там, в Чудесном Лесу. А если учесть мой возраст тогдашний — так я в категории «самых первых», выходит!

В пять лет я умел читать довольно бегло, но в три-четыре мне, конечно, читали — обычно родители, старших братьев и сестер я не имел. Но что касается «Винни Пуха», он был мне куплен все же на вырост, ему бы чуть-чуть полежать, однако бабушка, когда родители уходили на работу, брала на себя инициативу читать мне эту книгу вслух, — ей было самой интересно, что происходит в Чудесном Лесу. Чтецкие способности бабушки мне запомнились по более поздним впечатлениям, но читала она всю жизнь одинаково — медленно, почти по слогам, с неправильной расстановкой, поминутно жалуясь на очки. А ведь это исключительно важно — как ребенку преподносится текст. Тут не было снисхождения до уровня моего младенческого понимания, бабушка, надев круглые гляделки в костяной оправе (хорошо представляю), честно вместе со мной постигала смысл читаемого — причем преодолевая определенные трудности. Именно так: мы вместе с ней *постигали* содержание книги.

Опять же, по поздним своим впечатлениям я запомнил ее манеру все комментировать — с ней, например, невозможно было смотреть телевизор (у нас был телевизор «Луч»): что бы ни показывали на экране, она всегда видела только свое. Сейчас я уверен: читая мне «Винни Пуха», она не могла не растолковывать как-то по-своему текст, разъяснять и мне и себе, что же там происходит. Иногда я с удивлением узнаю, что мне известны детали этой истории, каких попросту нет в книге. Сей зазор смысловой не от тех ли чтений?

Сколько помню себя, я целиком книгу не перечитывал больше. Были потом и телеспектакль, и мультфильм, были попытки читать собственным детям фрагменты по другому изданию, когда «все остальные» заменилось на «все-все-все», но оказалось, что дети сами способны — причем на английском. По правде сказать, я и сейчас не уверен, была ли мне самому прочитана книга вся целиком. Отдельные главы читались мне тогда многократно, согласно заявкам, а против каких-то я был предубежден и слушать сам не хотел. Наверное, из-за рисунков.

Да, рисунки… Их обсуждали мы с бабушкой больше всего. Не обсуждать никак не могли.

Сейчас я их нашел в интернете, и сразу стало мне вспоминаться.

Все правильно: именно те. Черно-белые плюс цветные вклейки. Мне словно рассказали мой сон — старый, забытый.

Только сейчас узнал, кто автор иллюстраций, — Алиса Порет.

А ведь это сюрприз.

Тут самое место сказать многозначительно: «Гм».

Алиса Порет — это имя не пустой звук для меня. Удивительно. Ребенком я рассматривал рисунки, оказывается, Алисы Порет, вживаясь в мир ее образов, а спустя годы, когда имя Алисы Порет стало для меня что-то значить, просто не знал, в чей мир образов ребенком вживался. Вот и думаю сейчас: не оттуда ли, не от Алисы ли Порет, поздний мой интерес к Хармсу и школе Филонова? Знаменитое издание «Калевалы», проиллюстрированное филоновцами — и в частности Алисой Порет (*Academia*,

1933), я сумел приобрести в конце перестройки, а в середине девяностых в одной ведомственной библиотеке спас от утилизации практически списанную (по какому-то дикому циркуляру) просветительскую брошюру (1932), украшенную рисунками художницы в духе аналитической школы. Наслаждаясь этими изображениями с подписями вроде «Консервная банка борется за новый быт» или «Вот какой удивительный путь проделали рыбьи внутренности, головы и кости», я совершенно не думал о медвежонке, который всегда хотел меда и полновластно владел моим воображением, когда я еще и читать не умел. В «Винни Пухе», впрочем, Алиса Ивановна от филоновского метода уже отошла.

Рассматриваю в интернете ее картинки и вспоминаю смутное ощущение таинственности и тревоги, сопутствующее моему вхождению в Чудесный Лес. Не уверен, что истории о Винни Пухе и всех остальных мне казались веселыми. Вот и на картинках редко встретишь намек на улыбку. Ладно бы ослик Иа, но и все остальные не улыбаются, включая Пуха. Что на лице Винни Пуха? (У него же лицо?) То мысль, то испуг, то тревога. А еще героям часто угрожает опасность. Пух, преследуемый пчелами, вниз головой падает с дерева. Поросенок висит на веревке. Ослик тонет. А Кристофер Робин живет в дереве, у которого на рисунке нос и глаза.

Узнал Слонопотама! Да, он именно тот, из моего раннего детства. Страшноват. Он в условном облаке, обозначающем сон Винни Пуха. Такой же мог бы присниться и мне. А может быть, он и снился, да только не помню. Но еще страшней сам Винни

Пух, когда у него вместо головы — горшок вроде скафандра.

Вспомнил, что историю про Слонопотама я слушал множество раз и просил еще и еще. Да уж не травма ли детская моя этот Слонопотам? Должен признаться, взрослым я стал замечать, что обычное слово «гиппопотам» произношу ну не то что бы запинаясь, а с каким-то легким сомнением, словно не до конца в нем уверен. Уж не тот ли Слонопотам, похожий на слона с гиппопотамовой пастью, поселился в моем подсознании как детский страх, чтобы напоминать о себе каждый раз, когда мысль обращается к обычному гиппопотаму?

Углубляясь в свое подсознание, хочу признаться, ~~доктор~~, что мне всегда несколько мешал Кристофер Робин. Я готов был себя отождествлять с кем угодно, но только не с ним. Вполне себе человек в этом царстве игрушечных животных, он мне казался совсем не отсюда. Я предпочитал истории без него. Это же мой был все-таки мир, и я ревновал его к этому миру.

Говорят, они вместе с Пухом ходили на Северный полюс? До того мы не дошли (до того в смысле — до той главы).

Как-то так. А действительно. А лежал бы я, действительно, на кушетке и спросил бы меня аналитик, подобно тому, как спрашивают иногда на встрече с читателями: «Какая из книг повлияла на вас больше всего?» — вот и стал бы я, как сейчас…

Что касается читателей, раньше я им говорил: «Не существует такой единственной книги», — и называл несколько из общего ряда — условно говоря, «Идиота» или «Дублинцев», или «Пену дней», и сам понимал, что вру. А потом докумекал, что ближе к истине будут детские книги. Ведь все влияния в детстве. Детских много. А эту забыл, потому что была она на заре моей жизни и забылась вместе с зарей.

А что до кушетки, я бы, вспомнив, крикнул с кушетки (мог бы упасть): «Ну конечно же, "Винни Пух и все остальные"!..»

ПЕРВОЕ НОЛЬ ДЕВЯТОГО

Мальчикам поступление в школу давалось труднее — они должны были выдержать особое испытание: научиться застегивать пуговицы на ширинке школьных брюк. А петельки были узкие. А пуговицы были большие для таких петелек и плотно пришитые. И все это было спрятано куда-то глубоко влево, куда не просунуть пальцы. И надо было изворачиваться как-то так обеими руками, чтобы большой палец правой руки подпирал пуговицу с одной стороны, тогда как указательный встречал с другой стороны, а пальцы левой руки были бы заняты петелькой. Это мука была — научиться застегивать и расстегивать. Зеркало не помогало. Пальцы болели от долгих безрезультатных упражнений. Мальчики тогда завидовали девочкам — у них все просто. А если ты левша? Страшно представить.

Мы выдержали это. Мы научились.

Можно было поступать в школу.

Родителям на вступительном собрании объяснили требования, а также дали рекомендации, —

к последним относились, например, предложения по части цветов: школа нуждалась в озеленении и приход с комнатными растениями приветствовался. Я, мамой ведомый, шел с горшочком, из которого рос, мне объяснили, папирус. Трава эта не отличалась ни красотой, ни изяществом, но, по ассоциациям с Древним Египтом, имела прямое отношение к образованию. О значении папируса в истории цивилизации я кое-что знал.

За плечами у меня был красный ранец. Считалось, что портфель способствует искривлению позвоночника.

Линейки не помню. Память меня обнаруживает сразу в классе, где мы сидим попарно — мальчик-девочка — за настоящими партами, похожими на кентавров (в смысле — скошенный стол и скамья представляют единое целое).

Вера Александровна обучает нас нехитрым правилам поведения: как вставать перед уроком (репетируем классом), как складывать руки на парте — одна на другую, как поступать, если хочется выйти — руку поднять вот так, а не так.

Далее мы будем знакомиться. Вера Александровна будет читать по списку фамилии, а каждый из нас, услышав свою, должен встать и сказать: «Я!» Так и происходит. Вера Александровна говорит: «Архипов». Архипов встает и говорит: «Я!» Вера Александровна говорит: «Баранова». Баранова встает и говорит: «Я!»

Я готовлюсь. Я мысленно встаю и говорю себе: «Я!» Я жду, своей приближающейся очереди.

И вот прозвучала моя фамилия.

— А? Что?

И все засмеялись (с).

А я покраснел и совсем растерялся. Как так случиться могло? Я же знал, я готовился!

После знакомства Вера Александровна некоторых пересадила. Я оказался рядом с Машей Татевосовой, самой собранной из нас. Ее черные волосы завивались. Ей мое соседство не очень понравилось.

Первый урок продолжался. Вера Александровна распределяла среди нас общественные поручения. Их оказалось так много, что хватило на всех.

Мне досталось не очень важное (хотя дома меня уверяли в обратном) — я стал ответственным за полив цветов на третьем подоконнике.

Мой папирус, между тем, стоял на втором, и я некоторое время размышлял, как поступить лучше: переставить ли папирус к себе на третий — взамен, допустим, вон того столетника, или попросить, если это возможно, поменяться обязанностями с поливальщиком на втором подоконнике. Но потом я решил, что папирус уже не мой, а общий, и успокоился.

Звонок с урока был очень громким. По коридору нам надлежало ходить парами, но как-то это сразу не задалось. Многие пошли в туалет. Он был светлый, просторный. Один мальчик показывал всем гоночную машинку, которую принес из дома — маленькую, пластмассовую. Он пустил ее съехать в писсуаре, как с горки. Я этого не одобрил. Другой, помню, заплакал — он хотел домой.

КУПАЛСЯ КЕРЕНСКИЙ

Я был первоклассником, когда пришла пора всему прогрессивному человечеству встречать девяноста пятую годовщину со дня рождения вождя социалистической революции. Эта знаменательная дата запомнилась мне конкурсом чтецов, — проводился он в нашей школе среди учащихся младших классов: каждому из нас надлежало выучить и прочитать перед авторитетным жюри детское стихотворение о Ленине. Уже не вспомнить, почему меня потянуло на недетское, почему не воспользовался рекомендательным списком. Наверное, из-за гордыни. «Ленин и печник» читать в конце своего первого учебного года я уже находил неприличным. А стихотворный рассказ о посещении ленинского музея, на мой взгляд, ко мне не имел никакого отношения: «"Я поведу тебя в музей", — сказала мне сестра», — но у меня не было сестры, это раз, и находился музей, это два, не в Ленинграде, а в Москве, мною еще не посещенной, — как же мне читать вслух про поход в музей, в котором я никогда не был, да еще с несуществующей сестрой? Неправда будет. А то еще: «Ласково смотрит с обложки тетради маленький Ленин с улыбкой во взгляде». Ну, куда же это годится? Нет, к детским стихам о Ленине я был пристрастен.

Я знал, у кого есть про Ленина взрослое, настоящее, решительное, ни на что не похожее — у Маяковского.

У нас была дома внушительных размеров книга — «В.В.Маяковский. Избранное», настолько толстенная и преогромная, что, если бы я положил ее к себе в ранец, туда бы уже не поместился пенал. Такая большая.

У нас были дома среди книг даже очень по размерам крупные, и, если там были картинки, я не отказывал себе в удовольствии эти книги листать. А в книге Маяковского были странные картинки, в чем-то загадочные — с выкрутасами. Но привлекали меня они, все эти «окна РОСТа» и прочая агитация, не столько яркостью изображения, сколько броскими надписями. «Нигде кроме как в Моссельпроме» воспринималась как «Эники-беники ели вареники», и было что-то по-детски привлекательное в этом взрослом незадачливом юморе: «Лучше сосок в мире нет — готов сосать до старости лет». А история, наглядно дополненная картинками, про кого-то там, кто не мыл фрукты и заболел холерой, запоминалась наизусть с первого же прочтения. «Пейте воду оную только кипяченую». Я и не пил из-под крана.

О том, что Маяковский сам собой легко запоминается, я знал еще по общеизвестному — про то, что такое хорошо и что такое плохо; правда, к этому стихотворению у меня были, помню, вопросы, но уже не вспомнить, какие.

В общем, о содержимом толстой книги я был неплохо осведомлен и точно знал, что там много про Ленина.

Что может быть лучше про Ленина, чем поэма, которая так и называется — «Владимир Ильич Ленин»?

Зная о ней, я на нее уповал.

В тот вечер мои родители куда-то ушли, бабушка, судившая о Ленине, на мой взгляд, очень поверхностно и ничего не понимавшая в Маяковском, готовила ужин на кухне, так что я — по принципу «двое в комнате — я и Ленин» — в одиночестве вызывал ленинский дух при посредничестве поэта-трибуна.

Поэма про Ленина оказалась неожиданно сложной. Мне казалось, она должна была быть повеселее. Читать ее стало мукой для меня. И еще я не ожидал, что она будет почти бесконечной.

В эту книгу, где стихи на каждой странице давались в два столбика, вообще понавпихивалось невероятно много всего — гораздо больше, чем мне представлялось прежде, когда я листал ее без цели найти про Ленина.

Я уже засомневался, про Ленина ли поэма «Владимир Ильич Ленин».

Понял, что не дочитать мне ее даже до середины.

Стал искать про Ленина другое что-нибудь. Вот нашел стихотворение, «Владимир Ильич» называется, но тоже какое-то заковыристое. А вот: «Ленин с нами». Сравнительно небольшое. «Ленин с нами» оказалось тем же «Владимиром Ильичем Лениным» (не путать с только что упомянутым «Владимиром Ильичем»), но в укороченном виде.

В серединке «Ленина с нами» улавливалось что-то сюжетное, — я и решил воспользоваться серединой.

Купался
    Керенский
        в своей победе,
задав
    революции
        адвокатский тон.
Но вот
    пошло по заводу:
            — Едет!
Едет!
    — Кто едет?
    — Он!

Дальше речь шла о броневике, так что было понятно, кто это он — разумеется, он — это Ленин едет на броневике, а рабочие на заводах видят и кричат друг другу: «Он, он!» — то есть Ленин, смотрите!.. Не понятно значение слова «адвокатский». И что значит «задать адвокатский тон»? С какой стати задавать его революции и почему этим занимается Керенский. И что это у него за победа такая, и почему он в ней решил искупаться?

Должен заметить, что первоклассники тех лет были осведомленнее нынешних — во всяком случае, по части родной истории. Мы знали не только о том, что был Ленин, но и о том, что были другие — например, Каплан, Керенский. Про Каплан я еще до школы слышал во дворе от одного мальчика, что Ленин простил Каплан и она до сих пор жива и проживает где-то в Сибири. А про Керенского я знал, что он убежал в женском платье. А еще был Котовский, которого показывали по телевизору: «Ноги на стол! Я Котовский!» — это знали все в школе.

И в город,
              уже
           заплывающий салом,
вдруг оттуда,
              из-за Невы,
с Финляндского вокзала
по Выборгской
              загрохотал броневик.

Почему город заплывал салом, я и сейчас не совсем понимаю — есть версии, но в них не уверен. С броневиком проще. На стене в школе у нас был изображен броневик, и Ленин на нем стоял и протягивал руку. Так что с броневиком все понятно было. И, конечно, «Аврора». Правда, Ленин, когда «Аврора» стреляла, был не на ней, а в Смольном. Да: броневик, шалаш, «Аврора», Смольный. Вот наша история.

Только сало-то все-таки тут при чем? Да и далее, после сала, как-то смысл затуманивался. Определенно, Маяковский — сложный поэт.

И тем не менее запомнилось очень легко — просто само влезло в голову.

Пришли родители. Удивились выбору. Проявления самостоятельности в семье ценились. Отец попытался проинтерпретировать поведение Керенского и разъяснить значение некоторых слов. Он мне всегда все объяснял обстоятельно. Я решил, что я кое-что стал улавливать. Были вопросы по фор-

ме — что смущало, так это сама «лесенка» Маяковского — я все еще не понимал, для чего так коряво
печатают его стихи.

Не знаю, сам ли отец мой до этого додумался
или их так учили в школе, но объяснение его было
следующим. Он сказал: «Понимаешь, Маяковский
выступал на площадях при большом скоплении народа, а звук в воздухе распространяется со скоро-
стью триста шестьдесят метров в секунду, ну я тебе
уже про это рассказывал, здесь неизбежна задержка
фронта звуковой волны, — иными словами, Маяковский должен был выкрикивать слова по отдельности, чтобы каждое могли услышать на задних рядах, это и отражено в книге, тут просто показано,
как это надо читать. Это же ораторские стихи, понимаешь?»

Я понял.

Я понял, что должен читать как оратор.

Жюри из шести человек сидело за тремя сдвинуты-
ми столиками. Добрый дедушка Ленин, окружен-
ный детьми, висел на стене. В состав жюри входили:
наша учительница Вера Александровна, школьный
библиотекарь, не помню имени-отчества (она всегда
заставляла нас пересказывать содержание прочитан-
ных книг, прежде чем выдать новые на руки), сту-
дентка-практикантка в квадратных очках, старшая
пионервожатая, озадаченная еще и шефством над
октябрятами, каковыми мы были, а также двое с виду
суровых мужчин, что-то, вероятно, преподающих
в старших классах (один из них, догадываюсь, был
секретарем парторганизации преподавательского
состава, или как она там могла называться).

Конкурсанты выступали с какими-то малышовыми несерьезными стихами, а члены жюри, с одинаковым вниманием всех выслушивая, поощряли каждого прочитавшего словами «очень хорошо» или «молодец, спасибо».

То-то будет, когда я выступлю!

Я чувствовал: у меня нет конкурентов.

По алфавиту мне надлежало читать где-то в середине мероприятия.

Когда пришла моя минута, я занял место перед жюри и объявил, как полагается, свой номер:

— Владимир Маяковский. «Ленин с нами».

После чего набрал воздуха в грудь и закричал:

— Купался!!!

Потом сделал необходимую паузу, чтобы воображаемая публика как бы на городской площади услышала мое «купался» в самых последних рядах, и выкрикнул имя того, кто собственно купался:

— Керенский!!!

И теперь уже — где купался (это была третья ступенька лесенки):

— В своей победе!!!

— Задав!!!

— Революции!!!

— Адвокатский тон!!!

Поглощенность образом поэта-трибуна не помешала мне заметить некоторую странность в поведении членов жюри — я уловил какое-то среди них шевеленние.

— Но вот!!! — продолжал я, форсируя голос.

— Пошло по заводу!!! — продолжал я, стараясь призвать членов жюри к вниманию, тогда как шевеление среди них лишь увеличивалось.

— Едет!!!

— Едет!!! — кричал я.

— Кто едет?!!!

— Он!!!!!

Странно, но они слушали меня невнимательно, словно они вспомнили о своих каких-то делах (всех внимательно, а меня — нет). Библиотекарь отвернулась к стене, будто разглядывание Ленина с детьми ее более увлекало, чем то, что я про Ленина сейчас читаю. Иные и вовсе полезли под столы поднимать внезапно упавшие карандаши и другие предметы. Один из суровых мужчин внезапно решил полить цветы на подоконнике — он поспешно поднялся из-за стола и как-то бочком, отвернувшись от меня, словно я и не читал Маяковского, проскользнул к окну, взял лейку и, стоя спиной ко мне, стал поливать кактус. Одна лишь Вера Александровна смотрела на меня, как-то необычно высоко подняв брови (они слегка подергивались), так что я читал, обращаясь именно к ней, словно она одна заменяла всю массу народа на воображаемой площади:

— И в город!!!

— Уже!!!

— Заплывающий салом!!!

Тут и у нее упал карандаш, брови ее еще сильнее задергались, и она, спохватившись, полезла за карандашом под стол.

Мне некогда было отвлекаться на нюансы восприятия моего выступления, но так получалось, что самое главное про броневик, про то, что «была проста машина эта» и про «дыхание ее броневое», я читал в пустоту. Наверное, декламация стихов Маяковского действительно требует особой выразительности в подаче, и я решил утроить свою ораторскую энергию, дабы достучаться до сердец членов жюри.

— И снова!!!

— Ветер!!!

— Свежий и крепкий!!!

— Валы!!!

— Революции!!!

— Поднял в пене!!!

— Литейный!!!

— Залили!!!

— Блузы и кепки!!!

— Ленин с нами!!!

— ДА ЗДРАВСТВУЕТ ЛЕНИН!!!!!!

Я замолчал. Никаких «молодец, спасибо» или «очень хорошо» не последовало. Вместо этого прозвучало чьё-то хриплое: «Перерыв», — и члены жюри устремились к выходу.

Возможно, я бы забыл этот эпизод, но спустя годы мне, уже повзрослевшему, напомнили о нем родители. Оказывается, Вера Александровна после родительского собрания интересовалась у них, сам ли я выбрал Маяковского. По секрету она рассказала о сильнейшем впечатлении, произведенным выступлением их сына. Главная забота жюри была, оказывается, не расхохотаться в голос. Я понимаю. Сейчас. Хотя что тут смешного, думаю я сейчас. Мне и тогда казалось и сейчас кажется, что я выступил лучше всех. Ну, если не лучше, так — круче. Ведь круче?

Хотел бы я сейчас посмотреть на себя тогдашнего.

А все, наверное, потому, что я выглядел моложе, чем был — вот почему. Мне уже исполнилось во-

семь, и до завершения моего первого учебного года
оставался всего месяц, а выглядел я на дошкольника,
который только еще собирается взяться за ум. Честно признаться, это драма всей моей первой половины жизни — мне всегда давали меньше, чем мне
было на самом деле.

Короче, я удивился, что не получил первое место. Своим выступлением я остался доволен. Доса-
ды не было, но было все-таки странно, что не оценили взрослого Маяковского. Адекватно поданного,
хочется добавить сейчас.

А победителем была объявлена, кажется, Маша
Татевосова — не то за пресловутое (на мой тогдашний взгляд) «я поведу тебя в музей», не то за что-
нибудь вроде «я маленькая девочка, танцую и пою…»
Или нет? Не помню уже. Может быть, и не она. Может быть, Наташа Баранова. Врать не буду.

Помню точно, что первым призом была книга
«Сквозь ледяную мглу». Позже я узнал, что и там
было про Ленина. Как он чуть не провалился под
финский лед, когда уходил в эмиграцию, спасаясь
все от того же Керенского. Хотя нет. О чем это я?
Откуда Керенский? Керенского тогда еще и близко
там не лежало.

ПО ВОРОТАМ

Помню свой первый опыт «боления». Спортивные состязания, конечно, я и раньше видел, но «проболел» по-настоящему, с нешуточными переживаниями, именно тогда — в мое белорусское лето 1964 года, когда взрослые взяли меня, семилетнего, к соседскому телевизору смотреть прямую трансляцию — наши против испанцев. Позже в моем сознании испанцы подменились немцами, и до недавнего времени я думал, что именно им тогда проиграла наша сборная. Матч запомнился другим: изматывающей «нервотрепкой» (взрослое слово) и какой-то вопиющей несправедливостью (помню, у телевизора то и дело ругали судью, а экзальтация взрослых по-своему откликалась в душе меня маленького). Когда же, где-то в конце игры, великому Яшину забили роковой гол, я впервые почувствовал, как рушится мир.

Что же это было такое? Клавиатура под рукой — и словно это было вчера: финал Европейского Кубка наций, победа испанцев 2:1, решающий мяч забил

Марселино с подачи Переда на 84-й минуте. Ничего не поделаешь, интернет преумножает знания, стало быть, и скорбь тоже.

В детстве иное так поражает воображение, что запоминается на всю жизнь, причем не само по себе, а именно степенью потрясения. Мне, например, не забыть тот, как теперь говорят, «когнитивный диссонанс», который я испытал в младшем отряде пионерлагеря, когда узнал от сверстников, что наш футболист, ударив мячом по воротам, убил наповал обезьяну, эти ворота защищавшую. Уже и не вспомнить, что потрясло больше — сила ли пушечного удара, убийственного для вратаря, или неведомая обезьяна, кем-то где-то зачем-то поставленная на ворота. И в каком ключе подавалась история, тоже не вспомнить: то ли в общегуманистическом, — дескать, возможности человека в принципе безграничны, то ли в экологическом, — почто подставили невинную обезьяну? — то ли в патриотическом — вот, мол, какие у нас нападающие!.. Но то, что речь шла о футболисте «нашем», это факт, иначе бы история не передавалась вполголоса, по секрету — не каждому сию тайну можно было доверить. Не скажу, что загадка той обезьяны меня томила всю жизнь, но тут, по футбольному поводу как-то вспомнил ее, зашел в поисковик с выражением «убил мячом обезьяну», и сразу вышел — о интернет! — на Виктора Владимировича Понедельника. В упомянутом матче с испанцами он, кстати, забил гол. А недавно он, седовласый ветеран, на жеребьевке Евро-2012 представлял команду образца счастливого для нашей сборной 1960 года. Оказывается, первопричина обезьяньей легенды, и в частности ее вариантов в детском фольклоре, это он, Понедельник. Правда, никакого смертоубийства не было, и обезьянка вовсе не стояла ни в каких воротах, а была талисманом, и вообще все было, конечно, не так, совершенно иначе, в том курьезном товарищеском матче со сборной Мали, а в чем, собственно, курьез, милости прошу в поисковики, я ж про то, как странно миф может годами тлеть в голове уже взрослого человека, беспокоя недосказанностью из далекого детства.

Вряд ли с помощью интернета восстановлю в памяти название нашего пионерлагеря. Я даже точно не вспомню, куда нас вывозили на лето. Но хорошо помню мой гол в матче с другой младшей группой — мой бесславный гол в собственные ворота. Между прочим, я, второклассник, усвоил тогда нехорошее слово на букву М. Я был уверен, что это футбольный термин, означающий нападающего. Просто, носясь по полю, мы все обращались друг другу во время игры, выкрикивая это звучное слово на букву М и требуя пас. Когда я дома уже со знанием дела употребил это слово, рассказывая о нашем футболе, мои родители изумились. Отец объяснил потом, что это слово означает совсем не то, что я думаю, и лучше его не использовать. Я ему не сразу поверил. Мне казалось, что он ошибается. Уж слишком был убедителен мой футбольный опыт того пионерского лета.

307-Я

В здании нашей школы, оказывается, родился Шостакович. С чего бы это? За все годы учебы я ни разу не слышал ни от кого, что пространство нижнего этажа — с раздевалками, спортивным залом, столовой и медкабинетом — в известные времена было местом первых лет жизни великого композитора. Оказывается, отец Дмитрия Шостаковича (тоже Дмитрий Шостакович), будучи заведующим Городской поверочной палатки, проживал здесь на казенной квартире. Сама поверочная лаборатория с прочими служебными помещениями занимала первый этаж. Так что отец будущего композитора где жил, там и работал.

Стало быть, и Менделеев сюда приходил, — это он основал Палату мер и весов, частью которой стала Первая петербургская поверочная палатка.

Помню, как я удивился, увидев знакомый адрес в книге «Шостакович в Петрограде-Ленинграде», — школу к тому времени я уже давно закончил. Вряд ли наши учителя скрывали от нас факт рождения будущего композитора в этом историческом здании. В годы моей учебы, похоже, никто вообще не знал в нашей школе ни о рождении здесь Шостаковича, ни о поверочных лабораториях, связанных с именем Менделеева. И о Ларисе Попугаевой я никогда не слышал, пока на это здание уже в новом тысячелетии не повесили мемориальную доску. Она окончила школу в 1941-м. Известна как первооткрыватель алмазных месторождений в Якутии. То есть известна сейчас, а когда мы учились, никто о ней и не знал ничего.

Открытие первого в СССР коренного месторождения алмазов это вам не фунт изюма. О значении события (и роли в нем Попугаевой) много всего в интернете. Но тогда об интернете мы и мечтать не могли. Мы даже слово «компьютер» употребляли редко, чаще говорили «ЭВМ» (электронно-вычислительная машина).

Если верить интернету, здесь и Ленин бывал. Не верю. Хотя не знаю, все может быть.

В классе четвертом у нас появилась забава — залезать на школьную крышу. Попасть на нее можно было с крыши соседнего дома, того что на углу Подольской улицы и Загородного проспекта, — это бывший доходный дом Латышской церкви, а наша школа находилась по соседству — в здании, тоже принадлежавшем Латышской церкви, но построенном несколько раньше (вот у нас-то и родился Шостакович), ну а саму церковь снесли задолго до моего рождения.

В Москве вышел сборник «В Питере жить» — петербургские авторы о Петербурге, — там мне случилось неожиданно встретиться с Михаилом Шемякиным, с которым лично не знаком, но наши очерки — текст к тексту — соседствуют; и ведь надо же, оказывается, мы и сами могли встречаться на Загородном проспекте — нос к носу, — и наверняка встречались по нескольку раз, потому что практически соседствовали физически: когда я учился тут, он тут жил. Я-то был школьником, а он героем андеграунда, хотя и не в буквальном подполье жил, а на шестом этаже, о чем и поведал читателю. Он перечисляет некоторых жильцов своей коммунальной квартиры, — сдается мне, я бывал в этой квартире — там жила наша одноклассница.

Так вот, если с Верейской улицы зайти во двор со стороны несуществующей Латышской церкви, там за углом будет дверь на черную лестницу, очень мрачную, неухоженную, с верхней ее площадки ведет металлическая лесенка к люку в потолке, — на радость нам, люк не запирался на замок, — через него мы попадали в стаканообразное помещение, сопряженное с чердаком, а оттуда по еще одной лестнице карабкались в башню, из которой уже можно было выйти наружу и спуститься на крышу. Эта башня — пункт местной противовоздушной обороны, объект, сохранившийся еще со времен войны.

Крыша этого дома довольно крутая, передвигаться по ней можно только по самому верху. Чтобы с нее попасть на крышу школы, надо дойти до края дома и, держась за выступ брандмауэра, спуститься по склону к месту, где этот выступ становится невысоким, перелезть через него — с крыши одного дома на крышу другого. По правде сказать, сама по себе школьная крыша не была интересной — она полога, обычна, проста, одинакова в обоих направлениях, единственно привлекательна чем — это возможностью осваивать новые пространства (точнее — плоскости), продвигаться в глубь Подольской-Верейской. Здание, впрочем, в этом смысле бесперспективно, дальше нельзя — примыкающий к нему дом ниже нашей школы на два этажа, и тут предел нашим походам.

Но башня!.. Она замечательна. С нее открывается изумительный вид. На ней мы были выше всего в округе — может быть, только вровень с пожарной каланчой на Загородном проспекте.

Главную опасность в наших похождениях представлял некий дядька, проживающий, судя по всему, на шестом этаже. Однажды он залез вслед за нами в люк, чтобы натрепать нам уши, но мы оказались хитрее и сумели спрятаться за широкой печной трубой. Я далек от мысли, что это был не первой молодости Михаил Шемякин, — стал бы он заниматься такими глупостями. Но, возможно, кто-нибудь из обитателей той квартиры, перечисленных в его эссе. Шофер-дальнобойщик или моряк дальнего плавания, или отец художника, «гвардейский полковник, уволенный в запас за приверженность опальному маршалу Жукову».

Наш директор Федор Иванович немного чудил. Спасибо ему за это. Скучать не приходилось.

В педагогических кругах он был фигура известная, мы знали, что учимся в школе, директор которой в постоянном поиске. Нас нередко навещали комиссии, всякие методисты сидели на последних партах. Вероятно, за школой был признан негласный статус экспериментального полигона.

Формально школа была обычная — не математическая, не английская, не какая еще, но благодаря пассионарности директора, школу все время уклоняло куда-то. А человек он был увлекающийся.

Спустя время я навестил родные стены и узнал с удивлением, что школа наша обрела музыкальный уклон: в пору моего старшеклассия главным предметом была у нас химия — в Техноложку выпускников триста седьмой зачисляли без экзаменов. А до того были какие-то особые отношения с Герцена (с институтом имени Герцена). А еще раньше над нами шефствовали моряки. В те времена все классы были сгруппированы по «бригантинам». На одну «бригантину» приходилось три класса, связанных сложной системой шефства-подшефства, — старший, средний и младший. Между «бригантинами» шло перманентное соревнование. Помню, на каком-то общешкольном мероприятии старшеклассницы (а мы — «мелочь пузатая») пели под гитару: «В флибустьерском дальнем синем море бригантина поднимает паруса…» — и нам было хорошо. Хорошо, что поднимает паруса. Хорошо, что в дальнем синем море. И что в загадочном флибустьерском — особенно хорошо. Грех жаловаться.

Мне трудно сейчас объяснить, что это была за поощрительная акция такая — тогда я учился в классе, пожалуй, пятом, — команда нашей «бригантины» в чем-то не-вспомнить-в-чем победила, и я был среди тех, кто пожинал плоды победы. В числе других счастливчиков я провел в нашей школе какое-то время с ночлегом — как бы в походных условиях. Вероятно, были каникулы. Вероятно, весенние. Мы ночевали в спортивном зале в спальных мешках, нас кормили из полевой кухни, с нами возились курсанты морского училища, нам показывали кино, мы ездили в тир, и нам дали выстрелить из настоящего карабина. Странно, что от всего этого остались размытые воспоминания, похожие на туманный сон. (Может, это была «Зарница» — военно-спортивная игра пионерская?) Если честно, почти ничего не помню. Но что запомнилось хорошо — час после отбоя.

Лежим в спальных мешках на матах. Свет в физкультурном зале погашен. А наш «дядька морской», да, моряк — и не с печки бряк, а настоящий, к нам приставленный, авторитетно рассказывает о нашей военной мощи, равно как и о военной мощи противника. Темнота, лишь голос его звучит в тишине. Будет ли атомная война, будет ли третья мировая? — это нас очень интересует. Будет, обязательно будет. Я впервые услышал о событиях шестьдесят второго, о наших ракетах на Кубе. Он плавал — туда. А мы и не знали о том ничего. А было совсем недавно. А что делал я, когда мне было пять лет, — в октябре месяце? Лепил медведей из пластилина? А мир висел на волоске. Чуть-чуть бы еще, и полетели б ракеты. («По ракетам и анти-ракетам анти-анти-ракеты неслись», — поет Визбора мой двоюродный брат Миша, когда приходит в гости, и речь там идет о шестой мировой, что хотя бы как-то вселяет уверенность в беспрерывность истории… (Миша поймает дозу, он будет работать с реакторами, его похоронят на Серафимовском…)) В эту ночь я узнал о Пауэрсе — как его сбили над Уралом. Говорят, получилось только второй ракетой (наш моряк сказал «говорят»), а первой мы сбили свой самолет. «Забудьте, про что вам рассказывал, об этом нельзя». Мы всё понимаем. Нельзя.

Ну и как же это можно забыть, если нельзя никому рассказывать? Вот я и запомнил. Как нам доверили тайну.

Давно не встречал таких тонких резинок. Мне говорят: шляпные, — нет, те были тоньше, их еще использовали в авиамоделях. Они нарезались по длине два сантиметра — каждый такой отрезок становился прекрасным боевым снарядом. Запускалась резинка с помощью ручки, неважно — поршневой или шариковой. Пишущий конец ручки (перо) перетягивался концом резинки, так чтобы ее остальную часть можно было бы натянуть вдоль корпуса ручки и прижать в районе колпачка большим пальцем — ручка заряжена. Остается прицелиться и отпустить резинку. Летит на несколько метров и бьет очень хлестко, если попадает на открытый участок кожи. Классы пятый-шестой — это сплошные перестрелки на всех уроках без исключения.

Делали еще самострелы на базе грифельного карандаша, но здесь уже резинка была потолще — вроде аптечной. В качестве поражающего элемента в зависимости от конструкции использовались или тонкие стрелы, или спички. Это все уже скорее для улицы.

Более грозное оружие — по сути, летательный аппарат — иголка, привязанная к спичке, снабженной бумажными стабилизаторами. Лучше просто кидать в цель — кто метче.

Еще мы «взрывали болты». Гайка прикручивалась наполовину к концу болта, в образовавшуюся чашечку сострутивалось спичечная сера, приворачивался другой болт — с тем чтобы сера между болтами была спрессована, а потом вся эта конструкция со всего размаха бросалась в кирпичную стену — раздавался громкий выстрел, и болты пулями разлетались. Удивительно, но гайка всегда оставалась на одном из болтов, более того — резьба почему-то не повреждалась, так что те же болты и ту же гайку можно было взрывать повторно. Понятно, что на такое были способны только наши советские высокопрочные болты, из углеродистой стали, воспетые еще по-своему Бродским («Даже стулья плетеные держатся здесь на болтах и на гайках...»). Нынешние, всякие там китайские, для таких дворовых потех не годятся.

Еще мы приносили в школу высоковольтные конденсаторы (радиодеталей тогда было пруд пруди), заряжали на переменах от сети и били друг друга током (кто первый).

Выкручивали вешалки-крючки в раздевалках и с помощью напильника добывали магниевые опилки (на советские вешалки шел, знаете ль, магний, — что там стулья на болтах и на гайках!..), но лично у меня до «бомбочек» дело не доходило, — так, простые фейерверки (описанные, кстати, в журнале «Наука и жизнь»). К химии я как-то охладел быстро.

А то еще можно (класс пятый) сложить из двойного тетрадного листа на японский манер кубик (чтобы он обрел объем, надо подуть в один из углов), попроситься за пять минут до звонка выйти, набрать бумажный кубик водой, выбежать в коридор и смело метнуть в десятиклассников (лучше — в десятиклассниц), выходящих из класса. Менее героический вариант: кубик с водой сбрасывался в пролет лестницы с тем расчетом, чтобы он падал, отскакивая от перил к перилам.

Разумеется, десятиклассники «учили» пятиклассников. Тут, надо заметить, в целом действовала отрицательная обратная связь, придававшая всей школьной системе определенную устойчивость.

В какие-то годы у меня была тройка по поведению. Хотя я был, как посмотреть, ученик почти что примерный. Да, мой дневник кишел замечаниями, но раз в год, 8 Марта, классный руководитель Степан Степанович писал в дневник приветствие моей маме: «Благодарю за хорошее воспитание сына».

Наказан я был только однажды — отцом, причем по самому невинному поводу. (Я, скажу самокритично, заслуживал большего, но за другое, — самому непонятно, как мне удалось избежать воистину заслуженных кар.)

В ту четверть наш 5 «А» поразила эпидемия стрельбы комочками промокашек. Мне написали в дневник: «Плевался на уроке рисования». Неправда. Я не плевался, а пфукал — с помощью бумажных трубочек; есть разница. Мы все пфукали. Я попытался это объяснить отцу, памятуя о том, что он сам (по рассказам) был в свои годы трудновоспитуемым подростком, но отец увидел, что на моем столе оба канцелярских стакана (для карандашей) наполнены до краев катышками из промокашек. Это был мой арсенал. Мне бы хватило его на неделю. Я убил немало времени на производство снарядов, жертвуя законными развлечениями. Отец спросил: «Что это?» И не услышав ответа, впал в гнев. Наказал он меня в своем стиле: ему бросился в глаза на моем столе «Всадник без головы», и он немедленно объявил двухнедельный запрет на чтение этой книги. Для пущего педагогического эффекта он поставил «Всадника без головы» на тумбочку за зеркало, прислоненное к стене в бабушкиной комнате. Так он там и остался стоять — и спустя две недели, и спустя два года. Как-то я сразу остыл к роману Майн Рида.

«Всадник без головы» — одна из книг, оставшихся мною недочитанными.

Помню макулатурный бум.
Наверное, был я тогда в классе пятом.
В тот год это стало для нас разновидностью спорта, и надо признать, директору школы не стоило труда воспламенить в нас спортивный азарт. Соревновались «бригантинами», и мы, пятиклассники, злились на старший не помню какой уже класс, доставшийся к нам в «бригантину» довеском: те даже не думали напрягаться. А мы отдувались за них.

В те времена в каждой семье выписывали хотя бы одну газету, так что в целом с макулатурой проблем не было. Для моих родителей сбор макулатуры был частью домашней уборки. Отец помогал перевязывать пачку бумажным шпагатом («Правда», «Ленинградская правда», «Ленинские искры», а если журналы — «Работница» и «Здоровье», но «Наука и жизнь» утилизации не подлежала), иногда для веса прибавлялось что-нибудь из «старья», — к таковому отнесена была однажды «телефонная книга», и — мое сердце обливается кровью — это был «Весь Ленинград 1928».

То ли сознательность нами так обуяла, то ли была это схватка за приз (не вспомнить какой), но наш 5 «А» проявлял активизм запредельный: не довольствуясь принесенным из дома, мы после школы обегали ближайшие «конторы» с просьбой снабдить нас ненужной бумагой, и везде находилось, чем нас нагрузить.

Стал вспоминать — и вспоминаю детали. Нас даже с последнего урока отпустил как-то Степан Степанович — несколько человек — для того, чтобы забрали бумагу в одной организации около метро Пушкинская. По-видимому, классные руководители были тоже заинтересованы в показателях. Организация та относилась, как я понимаю сейчас, к Метрострою, и была, по-моему, профкомом этого предприятия. Там нас одарили какими-то ведомостями и отчетами, и мы это мешками потащили к себе.

Для приема макулатуры выделялось пространство около раздевалки. Воображение рисует мне большие белые весы из медицинского кабинета, — единственное, что вселяет сомнение в достоверность этой картинки, была ли настолько податлива медсестра в нашей школе, чтобы допустить применение медицинских весов не по прямому их назначению.

Еще припоминаю столбики диаграмм в стенгазете, что висела в актовом зале: успехи по части спасения леса отражались не только высотой столбцов, но и цветом еще, — и, разумеется, красным, если сверх плана. Мы победили — во всяком случае, в тот раз. И разрази меня гром, был какой-то нам приз! Но не вспомнить, какой. Не фотоаппарат ли «Смена»?

Дежурить «на макулатуре», то есть разгребать бумажные завалы и приводить их в божеский вид, было делом не только необременительным, но и в высшей степени выигрышным: дежурных снимали с уроков. Как-то раз и мне повезло. Я, хоть и сдал «Весь Ленинград 1928», все же поражался, ступая по пачкам бумаги, как много хорошего приговорили в утиль. Одну книгу мы рассматривали с пристрастием. Книга толстая была, большого формата, она называлась «Акушерский семинарий» (сейчас нашел в интернете: Г.Г.Гентер, том 1, издательство «Практическая медицина», 1931). Даже поверхностное изучение этого богато иллюстрированного труда (прямо на рабочем месте — среди пачек журналов и газет) существенно расширило наши представления о человеке, или скажем сильнее: о женщине. Решено было книгу спасти, и эту задачу доверили мне. Я лично вынес «Акушерский семинарий» из школы и почему-то засунул в щель между почтовым ящиком и стеной около парадного входа в Технологический институт (за спиной бронзового Плеханова). Однако на другой день книги уже там не было. Куда она могла деться? Не отправили же ее почтой?

Однажды добрейший Степан Степанович сломал на уроке географии об меня указку. Причем не просто указку, а подарок класса на День учителя.

История глупая, пустая и я во всем виноват. А точнее, никто не виноват. Просто так получилось.

Если рассказывать, надо объяснять подробности — почему парты в этом классе расположены были нестандартно и на разном уровне, как в студенческой аудитории, и почему я сидел один, и почему моя парта была перпендикулярна и кафедре (в классе была кафедра), и другим партам, и почему, пользуясь этим привилегированным местоположением, я не удержался, чтобы не протянуть руку к портфелю Леши Мещаненко с коварным замыслом, пока он не видел, то есть, на иной преподавательский взгляд, почему «мешал вести урок», но Степан Степанович не имел привычки писать в дневник замечания, — ничего объяснять не буду, просто скажу, что он, рассказывая нам о рельефе Южной Америки, не собирался прерывать свою повесть и всего лишь по ходу дела, отследив меня боковым зрением, захотел предупредить мой тайный жест своим открытым жестом: в его руке была указка.

Конец ее опустился на мое предплечье, и указка сломалась посередине, да так, что отломившаяся половина, вертясь, подлетела до потолка.

Подарок класса на День учителя.

Вот такой еще символизм.

Было не больно и не обидно. Но я испугался — потому что увидел, как побледнел и растерялся Степан Степанович.

Он не знал, что сказать.

Я, кажется, изобразил фигуру раскаяния: ай-яй-яй, как я виноват — больше не буду: приложил руку к сердцу, возвел очи к небу.

Класс отреагировал вялой веселостью.

В общем, урок продолжился.

И жизнь продолжилась.

И все у нас было хорошо.

Я бы и не вспомнил об этом, если бы не Степан Степанович. Месяца через полтора после родительского собрания отец обескураженно спросил меня, что там у нас произошло с указкой.

Ничего особенного. Просто указка хрупкой была — сломалась. А в чем дело, собственно?

Оказывается, Степан Степанович попросил на собрании прощения у моих родителей. В том духе, что вот он признает свою вину перед… перед, думаю, кем?.. но только не надо меня (меня) ругать, речь ведь о том только, что он не должен был так делать (ломать об меня указку).

Я был поражен. Неужели он думал, что я пожаловался родителям? Не мог он так обо мне подумать. Ничего бы родители об этой указке никогда не узнали. Тут другое. Тут то, что не мог он, не мог не признаться, не сказать, что поступил так неправильно. Получается, он все эти полтора месяца переживал, думал, анализировал, а я, забыв этот казус, ничего не замечал в Степане Степановиче — что в его душе и голове происходило. Мне «сломал и сломал», а у него… у него педагогическая катастрофа.

Степан Степанович, дорогой, как же так оно? Это ж я виноват. Никто то есть не виноват. Как-то так все не так как-то.

Физика в школе была в почете. Наверное, потому, что директор был физик. У него была репутация строгого преподавателя. Мы знали, что в десятом классе попадем к нему — он вел уроки у старшеклассников.

Помню его приход в наш класс в конце учебного года, — это перед тем, как «забрать к себе», Федор Иванович решил испытать нас на предмет понимания физики. И о ужас! — мы не могли объяснить физический смысл понятия «энергия». Мне кажется, современным школьникам с «энергией» проще: представления о ней они впитали вместе с компьютерными играми — там ведь все время идет борьба за «энергию», без нее геймеру — смерть. Отправляя нас на каникулы, директор школы велел запомнить (так я и помню всю жизнь): «Энергия — это мера движения и взаимодействия материи». У нас любили общие формулировки. Время и пространство одинаково определялись как «формы существования материи», но это уже, кажется, из обществоведения (диалектика и т.п.).

Кроме «энергии» и «материи», Федор Иванович с особым значением употреблял слово «одержимость», — может быть, не так часто, но слово редкое, потому и запомнилось, что из уст директора школы звучало свежо и веско. Имелась в виду «одержимость в освоении знаний», — вот эту «одержимость» и должны были возбудить в нас педагоги. В идеале, конечно.

Но и в реальности семена «одержимости» кое-где всходы давали. На некоторых из нас что-то такое действительно находило. Саша Алексинский был одержим химией, физикой — Боря Гедзберг. Он знал о виртуальных частицах то, что не знали другие (может быть, даже никто).

А тут еще Федор Иванович придумал такую штуку: вместо того чтобы преподавать самому, он раздал темы учащимся, и мы сами себе (класс десятый) поочередно читали курс в режиме самообслуживания. Мне почему-то запомнилось исключительно собственное выступление, все-таки оно стоило некоторого напряжения моего неокрепшего ума, всегда готового зайти за разум. А досталось мне теория относительности. Я готовился, книжки читал. Опыты Майкельсона, лоренцевы сокращения, принцип одновременности, парадокс близнецов, континуум Минковского, искривление пространства (это уже общая теория относительности) — на все это у меня ушло два урока, я бы еще и третий вещал, уклоняясь в сторону спекулятивных теорий и откровенной фантастики, но — регламент, регламент... Федор Иванович слушал, не вмешиваясь, вместе со всеми, потом поставил «пятерку», и больше к теории относительности мы не возвращались.

Что касается «одержимых» химиков нашего класса, то они изобрели ни много ни мало взрывчатку. Тайна производства ее не выходила за пределы узкого круга, но сам готовый продукт мы видели все, а многие из нас — непосредственно в действии. Помню, как в Павловске зимой (ездили туда сдавать нормативы по лыжам) наш лучший химик Алексинский демонстрировал взрывание старого пня — объект разнесло на кусочки.

Вещество это было засекречено в нашем классе под кодовым словом «глюкало». Почему «глюкало», трудно сказать. На вид оно было белым. Им наполнялись (не знаю, как) использованные стержни для шариковых ручек. Надо было поджечь конец стержня, положить «глюкало» на место и бежать прочь как можно быстрее.

Тогда ведь не думали еще о терроризме.

Случай с унитазом стал легендой нашей школы. Я помню подробности (например, стоимость унитаза), но сейчас не уверен, кто же был тем героем. По-моему, Б. Но может быть, А. Уточнять не буду, хотя это не сложно, а назову его просто Z.

Z в туалете для мальчиков зажег «глюкало» и бросил его в унитаз. «Глюкало» в унитазе стало шипеть и вертеться — Z его смыл. Раздался сильный хлопок, и унитаз раскололся на много частей. А дальше было совсем уж кино. Федор Иванович как нарочно зашел в туалет посмотреть, не курит ли кто. Зашел и видит расколотый унитаз, на который уставился обескураженный Z. Немая сцена.

Закончив школу, я часто пытался представить, о чем думали учителя, когда хмурили брови, глядя на наши те или иные достижения. Мне кажется, иногда — в тайне сердца — они гордились этими, так сказать, результатами.

Репрессий не последовало. Но от родителей Z потребовали возместить ущерб натуральным продуктом. Все знали, что отец Z ходил на стройку и купил у рабочих новый унитаз за 30 рублей (в магазинах унитазов не было — как никак дефицит).

Затрудняюсь сказать, как называлось мероприятие, что-то было вроде фестиваля, и посвящалось оно законам и явлениям физики. Каждый класс представлял на сцене определенный физический закон. Или явление. Нашему классу было задано броуновское движение, из чего я заключаю, что мы учились тогда в седьмом.

Ответственными за броуновское движение — не помню уже, по своему ли почину или по поручению коллектива — оказались я и Сережа Федоров. Мы сочинили сценку и песенку к ней, сами же сыграли главные роли и спели дуэтом. Песня была про молекулы, исполнялась на мотив «Шумел камыш». Это было мое первое и последнее публичное пение. С моим слухом и голосом на такое я мог только в седьмом классе решиться.

Сценка была тоже про молекулы. Вернее, про людей, вынужденно представляющих себя молекулами. Дело в том, что действие, по нашему замыслу, происходило в сумасшедшем доме.

Мы полагали, что это пародия, хотя сами не знали на что.

Как бы то ни было, мы сочиняли под влиянием соответствующих эпизодов из «Кавказской пленницы», это где Шурик оказывается в психбольнице, будучи вполне здоровым. Творчески проработали тему.

Хорошо помню три строчки из песни: «Шумят молекулы, волнуясь. / Их жизнь тревожна, нелегка. / Зачем, зачем нам электролиз?..» — а дальше в голове у меня крутится: «Нам жить осталось полчаса!» — но мне кажется, в седьмом классе у меня уже было представление о богатой рифме.

В общем, двое ученых, академики, встретились в психушке и обсуждают, над чем еще недавно работали в своих лабораториях — над проблемами броуновского движения. Популяризация соответствующего знания происходит посредством пения. Но тут приходит главврач (его, кажется, играл Володя Архипов) и отменяет законы физики.

Всё это мы исполнили при полном зале, в присутствии учителей и директора школы.

Высокой оценки наш номер не получил. Вернее, он не получил никакой оценки. Критики тоже не было. Победили законы Ньютона, или вроде того. А может, закон всемирного тяготения, уже не вспомню.

Показали, и хорошо.

Спустя годы, вспоминая это выступление, я задумался о такой странной материи, как политический контекст. Откуда нам было знать, когда мы так резвились на сцене, что Запад уже обвинял советскую психиатрию в использовании репрессивных методов? Речь шла об инакомыслящих, которым диагностировали «вялотекущую шизофрению», были среди них и ученые. Мы ничего такого не знали. Но, мне кажется, человек, более-менее осведомленный (да хотя бы тот, кто слушал иногда «голоса»), должен был удивиться, окажись нашим зрителем: на «Кавказскую пленницу» ли здесь аллюзии?

Сейчас бы я сказал, что наш невинный фарс отягощался паразитарными смыслами.

«Зачем, зачем нам электролиз…»

Но наши учителя, но взрослые, сидящие в зале, — неужели они ничего не заметили? А может, и не заметили. Может, и не было ничего.

Я окончил восьмой, и наша школа стала не то что б химической, но с определенным уклоном — над нами взял шефство Технологический институт. Кажется, это называлось «малый факультет» — дополнительные занятия проводились прямо в химических лабораториях института, а еще из Техноложки приходили к нам преподаватели математики для факультативных занятий (и все это было для нас бесплатно). Математика мне, в общем-то, нравилась, а химию я не любил, в Технологический поступать не собирался, даже когда в десятом классе нам стало известно, что выпускников нашей школы будут брать туда без вступительных экзаменов — только школьные сдай. Да так потом и получилось — зачислили всех, кто хотел.

И все же Техноложка была мне как дом родной: я знал ее вдоль и поперек — уж с класса четвертого точно.

Видите ли, мы жили на углу Московского и Фонтанки, и для того чтобы попасть в школу на Подольскую улицу, надо было дойти по Московскому проспекту до Загородного, повернуть, и уже по Загородному, едва ли не в обратную сторону, идти на Подольскую. Этим крюком я был обязан огромному корпусу Технологического института. Точку изгиба маршрута обозначал памятник Плеханову, он стоит напротив главного входа. Но на полпути к нему по Московскому есть еще один вход — не парадный; их, собственно, два непарадных: обычная проходная и рядом с ней подворотня, утром она была открыта всегда — для служебного транспорта. Я в нее поворачивал. Это когда не хотел обходить. И ни разу меня не остановил охранник, всегда маячивший в подворотне. Школьник с ранцем за спиной, идущий уверенным шагом, надо полагать, мало походил на диверсанта. У взрослых требовали пропуск, а меня просто не хотели замечать, словно я принадлежал какой-то другой реальности — на которую не распространялись должностные обязанности работников ВОХРа. Так я и пересекал территорию института, никем не замечаемый; взрослые сновали туда-сюда, а я целенаправленно шел между корпусами в сторону Загородного проспекта. Единственный, кто недоброжелательно глядел на меня (это уже в конце пути), — Менделеев, представленный бронзовой своей головой на высоком гранитном постаменте: он будто знал, что у меня на уме. Пройдя мимо памятника, я оказывался перед высокой оградой, отделяющей институт от Загородного проспекта. Тут я поворачивал налево, за угол здания, и углублялся от глаз подальше в узкий проход между стеной корпуса и оградой. Полагаю, кроме меня этот путь с его логическим завершением никто не преодолевал больше. Просто я был худенький. Высокие пики ограды образуют строгий ансамбль, но я знал две, между которыми мог пролезть, даже одетый по-зимнему. Оставалось только перебежать Загородный проспект и оказаться в начале Подольской — прямо перед входом в школу.

ПОПЫТКА ПОРТРЕТА

Восьмой класс — это еще не совсем старшеклассники: старшеклассники, но не совсем. Восьмой класс — это, сколько помню, неполное среднее. Чтобы получить полное среднее, надо, как всем нам было понятно, одолеть сначала девятый, а потом еще и десятый, эти классы у нас и полагали старшими. А одиннадцатого у нас не было. Рассуждая формально, восьмой класс — это неполные старшеклассники.

Сами же мы ощущали себя в классе восьмом, естественно, старшеклассниками. Что старшеклассники, это мы о себе сразу поняли, стоило нам только встретиться после летних каникул и посмотреть друг на друга. Девочки наши уж были старшеклассницы точно.

Опять же рассуждая формально, было кое-что еще, сближающее восьмиклассников с номинальными старшеклассниками (с девяти- и десятиклассниками то есть), но касалось оно уже нашего общешкольного внутреннего распорядка — например, легких преференций относительно формы и особенно сменной обуви или, например, оба восьмых — наравне со старшими классами — должны были выпускать школьную стенгазету.

Стенгазета общешкольного ранга — это удел повзрослевших.

Она вывешивалась на втором этаже в актовом зале на специально отведенном для нее стенде. Классы издавали ее поочередно, по графику, с тем расчетом составленным, чтобы каждый выпуск мог демонстрироваться ровно неделю. Размер ее был изрядным — несколько склеенных листов ватмана.

На самом деле, газетное дело меня не очень интересовало — от участия в редколлегии, сколько помню себя, я уклонялся. И все же к первому номеру был привлечен, к сожалению. К сожалению — потому что именно мое участие загубило все предприятие.

Дело в том, что в ноябре, сразу после наших осенних каникул, страна праздновала 150 лет со дня рождения Достоевского. И хотя «Преступление и наказание» мы должны были проходить только в девятом классе, неправильно было бы со стороны нашего 8 «А» не заметить эту круглую и славную дату.

А тут такая беда: завтра вывешивать, а главного — про юбилей Достоевского — нет ничего. Все, кроме Достоевского, есть — школьная жизнь, допустим («допустим» — потому что точно не помню), юмор, чьи-то — допустим — личные впечатления о поездке куда-то. В те времена юбилеи классиков у нас в стране отмечали высокоторжественно, с большим всесоюзным размахом. Юбилей Достоевского должен был претендовать в стенгазете на передовую официальную часть, а ее, получается, проигнорировали.

Степан Степанович, наш классный руководитель, с которого всегда было кому и за что спрашивать, допусти он только просчет в воспитательной работе, забеспокоился: редколлегия класса, кажется, не проявляла — причем в критический момент — должного энтузиазма. Вспомнить пытаюсь: а была ль редколлегия? Не сам ли Степан Степанович собирал и выклянчивал у нас в газету заметки? Были мы безалаберны — впрочем, не больше и не меньше других. А Степан Степанович был человек ответственный и вообще по характеру беспокойный, и я не погрешу против истины, употребив истертое выражение «всей душой» в отношении к его отношению к нашему классу (ну, люблю, люблю тавтологию). Нам-то с ним еще как повезло. Переживал он за нас — безотносительно классных обязанностей.

В этом году он повезет нас в Пушкинские Горы, и мы будем спать в псковской школе на физкультурных матах!

Да пошлют силы небесные всем учащимся таких классных руководителей!

Только этому замечательному человеку могла прийти в голову такая поразительная идея — как по-быстрому решить проблему непростительного пробела в нашей уже в остальном готовой газете — о которой, я тут хотя и пытаюсь распространяться, ничего толком рассказать не могу: все о ней в моей тусклой памяти замещено исключительно эгоистическим воспоминанием о собственном в этом деле участии, потому что был на прорыв брошен именно я! Степан Степанович меня — меня! — попросил спасти положение: нарисовать к завтрашнему дню большой портрет Достоевского.

Не поручил — попросил. Сказал: «Выручай!»

Еще раз: меня! — нарисовать Достоевского! И этим большим портретом закрыть тему.

У меня нет и не было способностей рисовальщика. Тут было какое-то недоразумение. Возможно, потому, что я на уроках географии рисовал в задумчивости всякие загогулины, а иногда и рожицы, — возможно, поэтому у Степана Степановича, нашего географа и классного руководителя, создалось убеждение, что я способен на большее, ежели постараюсь.

— Нет, нет! У меня не получится!

— Да почему же не получится? Ты только попробуй, — убеждал меня Степан Степанович. — Захочешь — и обязательно получится.

— Но я не умею рисовать людей.

— Кто это тебе сказал, что не умеешь? А ты нарисуй! Хочешь, поговорю с Калерией Васильевной? У вас завтра математика? Всё! Считай, от домашнего задания тебя освободили.

Это был аргумент.

Случалось, когда исполнение общественных обязанностей грозило кому-либо эксцессами, некоторые преподаватели могли допустить невинные коррупционные договоренности.

— Будь проще. Возьми готовый портрет и просто перерисуй.

— Но размер! Это очень большой размер! — испугался я, глядя на развернутый передо мной чистый лист ватмана.

— А кому сейчас легко? — мог бы тогда сказать Степан Степанович, если бы я сейчас не знал, что эта фраза вошла в обиход значительно позже; так что он сказал так примерно: — Постарайся, пожалуйста. Чтобы издалека смотрелось. Ты сможешь, я знаю. Надо выручить. Выручай.

Идея, значит, заключалась в том, что я нарисую портрет на листе ватмана формата А1 (594×841), принесу его завтра пораньше в школу, далее мой портрет (то есть портрет Достоевского) приклеят правой стороной к уже готовой газете (так что моим Достоевским газета как бы откроется), а когда клей подсохнет, газету, еще до начала уроков, мы повесим в актовом зале, на положенном месте.

Поразительно не то, что я согласился на эту авантюру — как раз в том, что я имел склонность переоценивать свои скромные силы, ничего необычного не было; поразительна вера Степана Степановича в наши дремлющие таланты.

Когда я шел домой с листом ватмана, знал, убежденный Степаном Степановичем, — мне по плечу портрет Достоевского.

Вот три причины (помимо отмены для меня математики), по которым я согласился. Во-первых, по-человечески надо всегда помогать, раз тебя просят и на тебя надеются. Во-вторых, я знал способ, позволяющий с помощью разлиновки исходного изображения создавать по клеточкам копию любого размера, и надеялся им воспользоваться. В-третьих, я, хоть и не читал еще Достоевского, но имел представление об его облике и возлагал определенные надежды на бороду: мне казалось, что ее наличие, избавив меня от необходимости прорисовывать нижнюю половину лица, сильно упростит задачу.

Дома я достал из-за кресла в прихожей чертежную доску. Все так: у нас за креслом в прихожей хранилась чертежная доска, очень старая — отец ее приобрел еще до моего рождения, когда учился на заочном в Северо-Западном политехническом институте имени, если не ошибаюсь, Плеханова. У нас тоже в этом году появился предмет черчение, но на уроках и дома мы обходились планшетами, на которых можно было тоже чертить, но в которых, в отличие от большой чертежной доски, можно было еще и хранить всякое — готовальню, карандаши, листы бумаги. Это не значит, что старая чертежная доска к моей повседневной жизни отношения не имела. Как раз не так. С моим другом Серегой Федоровым мы ее приспособили для азартной игры, которую между собой называли хоккеем. На одной стороне чертежной доски, прикрепив реечки по периметру, мы обозначили поле — с воротами. Каждый игрок имел свою «команду» из двух пятикопеечных монет. Поочередно, с помощью пластмассовых расчесок мы «стреляли» пятаками по шайбе-копейке. Задача была забить копейкой гол в ворота противника.

Эта игра в седьмом классе отняла у нас много времени. Самое интересное, что научил нас хоккею на чертежной доске никто иной как мой отец, хотя потом и пожалел об этом: уж лучше бы мы резались в шахматы.

Подозреваю, что в отцовском НИИ с чертежными досками практиковали что-то подобное, когда отвлекались от своих разработок для подводных лодок.

Зачем я это рассказываю? Наверное, для того, чтобы объяснить, почему на обеденный стол я положил чертежную доску одной, а не другой стороной.

К доске прикрепил ватман кнопками.

Достал карандаши.

Фронт работы был готов.

Оставалось найти портрет Достоевского.

Полез в книжный шкаф. Стал книги просматривать, на мой взгляд, подходящие. А ведь не было там Достоевского. Интересно, почему я решил, что в нашей квартире обязательно должно быть изображение Достоевского?

Пушкин был, Гоголь был, даже Козьма Прутков был, со всклоченной шевелюрой, а Достоевского — не было.

Даже древний русич Баян был, играющий на гуслях: подразумевалось, что это и есть автор «Слова о полку Игореве» — никто не знал, как он выглядит, но он был, а Достоевского не было!

В учебнике по литературе для девятого класса наверняка есть портрет Достоевского, но я-то в восьмом!

Как же мне нарисовать Достоевского? Куда обратиться?

И тут я вспомнил, что у бабушки в комнате висит за дверью на гвоздике женский отрывной календарь и что 150-летию Достоевского обязательно в календаре должно отвечать какое-нибудь изображение юбиляра. Так и оказалось: на листочке, относящемся к дате 11 ноября, четверг, чуть выше информации о восходе и заходе солнца, был помещен крохотульный портретик Федора Михайловича Достоевского — слабая реплика на хорошо известный (отмечу сейчас) прижизненный портрет, написанный Перовым. Я возликовал. Пусть хоть крохотный, но Достоевский!

Зрение у меня в те годы было отличное, я мог обходиться без лупы.

Разлиновал в мельчайшую сеточку картинку, столь счастливо обретенную на листочке из женского календаря, и по тому же принципу в крупную сетку разлиновал карандашом лист ватмана, прикрепленный к чертежной доске. Приступил к поквадратному переносу изображения.

Не скажу, что я был доволен работой. Что-то у меня получалось не совсем так, как того бы хотелось. Вроде бы внутри отдельно взятого квадрата все в моем Достоевском соответствовало содержимому исходного квадратика на календарном листочке, но в целом у меня Достоевский получался каким-то другим, не таким, каким изображался в первоисточнике, в женском календаре за 1971 год. Я отдавал себе отчет в том, что Достоевский первичный был убедительнее.

Я почти лежал животом на чертежной доске, оперируя грифельным карандашом и твердой стирательной резинкой — «стиралкой», как мы ее называли (наше поколение уже не употребляло старорежимное «ластик») — подрисовывал и стирал, подрисовывал и стирал, подрисовывал и стирал. Можно еще для наглядности представить меня с высунутым языком — я ведь очень старался. Ужасная морока была с его глазами — они норовили косить. По отдельности каждый глаз у нас получался с ним, похоже, удовлетворительным, только вместе они как-то смотрели несобранно. И потом, у исходного Достоевского взгляд как бы внутрь существа самого Достоевского был направлен, туда проникал, в душу, а мой Достоевский — возможно, в силу своих непомерных размеров — таращился на что-то явно постороннее, внешнее. Выражение задумчивости я так и не сумел придать лицу, под которым подразумевал лицо Достоевского.

И с бородой я серьезно ошибался, когда полагал, что она мне сильно облегчит работу. Наоборот, борода все портила. Мало того, что она была как чужая, словно кем-то приклеенная, она выходила криватой какой-то, сколько бы ни бился я над ее формами, сколько бы я ее ни причесывал. Эта ужасная борода, совершенно ненужная, всему лицу навязывала асимметрию. Не было бы бороды, у меня бы получилось значительно лучше.

Когда родители пришли с работы, я был занят тем, что стирал резинкой карандашную разлиновку. Маме Достоевский закономерно понравился — ей и сейчас нравится все, что я делаю. Отец тоже остался доволен — в основном тем, что я грамотно применил метод параллельного переноса изображения. Забыл сказать, что он меня и научил этому методу с разлиновкой. Стало быть, моя техническая мысль нашла достойное практическое применение.

Нет, я слишком хорошо видел недостатки своей работы. Засыпал снедаемый сомнениями в творческой состоятельности. К тому же опасался утром дождя, но по части погоды тревоги оказались напрасными: дождя не было, и Достоевского, свернутого в рулон, я донес до школы неповрежденным.

Пришли мы раньше обычного, как и договаривались вчера — Степан Степанович и я с Достоевским. С тяжелым сердцем я развернул рулон. «Ну вот, а ты боялся! — неподдельно обрадовался Степан Степанович. — Говорил, не получится!» Я в порыве самокритики перечислял слабые места: глаза, борода, ухо. А Степан Степанович меня переубеждал: «Это все ерунда, главное — похож, узнаваем!» Он был искренен в своей радости. Но все равно предчувствие не покидало меня: ликовать рано.

Перед первым уроком, когда стенгазета уже заняла свое место, я нарочно прошелся по залу, чтобы с разных точек оценить качество изображения, — оно показалось мне несколько блеклым, и все же я поступил верно, оставив Достоевского в карандаше и отказавшись от мысли обвести его тушью.

Первым уроком была математика, — Степан Степанович не обманул: меня не спрашивали. Но ближе к середине урока, когда мы решали пример с квадратным уравнением, произошло нечто странное: в дверь постучали — вошла девочка из параллельного класса и, явно доигрывая роль случайного курьера, что-то тихо сообщила Калерии Васильевне. Обычно такие внезапные пришествия означают события, затрагивающие кого-то конкретно из учеников, и потому, как бросила Калерия Васильевна удивленный взгляд в мою сторону, я сразу догадался: это по мою душу. Когда девочка вышла, Калерия Васильевна, поправив очки, изрекла: «Носов, спустись в актовый зал».

Что еще за новости? Кому я мог понадобиться в актовом зале да еще во время урока?

Спустился на этаж ниже.

Они стояли перед нашей стенгазетой и смотрели на моего Достоевского. А когда я вошел к ним в зал, все четверо перевели взгляд на меня.

Они — это директор школы Федор Иванович, учительница обществоведения, учительница истории в старших классах и наш Степан Степанович.

Первые трое выглядели, на первый взгляд, сердитыми, но если углубляться в нюансы, пожалуй, сердитой, даже, наверное, с трудом сдерживающей гнев, была лишь преподавательница обществоведения; Федор Иванович хмурил брови как ответственный руководитель большого коллектива, которого подчиненные заставляют решать непростую задачу (он через год будет преподавать у нас физику, у него репутация самого строгого преподавателя в школе, и он действительно иногда нагоняет на себя демонстративную свирепость, к чему его обязывает положение). Про учительницу истории старших классов ничего не скажу, не помню, вот уже засомневался, что была там она, а не завуч Владимир Васильевич, он же преподаватель русского языка и литературы.

А теперь о Степане Степановиче: он выглядел обескуражено. Гадать не надо — ему приходилось отвечать за этот портрет.

Преподавательница обществоведения показала рукой на плод моих вчерашних трудов:

— Кто это?

Все смотрели на меня, словно сомневались в ответе. Это не относится к Степану Степановичу — он знал, что я скажу.

— Достоевский, — был мой ответ.

Тут Степан Степанович бодро произнес «ну вот!», и смысл междометия был понятен: «А я что вам говорил!»

Кажется, мой ответ немного смутил учительницу обществоведения. Тогда она спросила:

— Кто это нарисовал?

Странный вопрос. Надо было снять меня с урока, чтобы спросить, кто это нарисовал. Кто же это мог нарисовать, если перед ними стоял я?

Я подтвердил свое авторство.

— Сам?

Разумеется, сам. Тогда она меня спросила, с чего я срисовывал. Я правду сказал: с женского календаря.

Тут все как-то расслабились, как будто была команда «вольно». Федор Иванович, при мне не проронивший ни слова, отвел взгляд в сторону и заскользил им по стенам зала, как разобравшийся с очередной проблемой и готовый разбираться с новыми, а учительница обществоведения (сейчас мне мнится) поджала губы.

Меня отпустили.

Сев вновь за парту, я уже не мог заниматься квадратными уравнениями. Мысли мои были поглощены прошедшей сценой. Чего-то я не понял, была здесь какая-то недосказанность. Ладно — мой Достоевский им не понравился, это даже очень понятно, но что они хотели от меня услышать? И вообще — зачем надо было задавать эти вопросы лично мне? Ведь на них наверняка уже ответил Степан Степанович. Неужели его ответов было недостаточно? «Кто это?» Я же всего лишь подтвердил, что до меня, наверняка, сказал Степан

Степанович, это кто: Достоевский. И что же — ему не поверили?

Может быть, кто-то решил, что это он сам нарисовал портрет? Он, а не я. Теоретически такое возможно. Допустим. Но в чем тут криминал?

Похоже, мы играли с ним на одном поле в одной команде — как на старой чертежной доске — двумя пятаками по одной копейке. Во всяком случае, я его не подвел.

Но гол забили все-таки нам.

Я нисколько не удивился, когда на первой же перемене не увидел газеты. Так это стенгазетное место в актовом зале и пустовало до следующего четверга.

В тот же день Степан Степанович поймал меня на перемене и произнес неловкие слова моральной поддержки. Что все у меня впереди и что Достоевский, он считает, у нас похож на Достоевского, и что он сожалеет, что так получилось — разные люди по-разному относятся к Достоевскому, одним словом — не все оценили... Ну и ладно! Мне самому было неловко, что я подвел Степана Степановича. А Достоевского сняли, в тайне сердца я тому был только рад.

Забыть.

Нет, почему же забыть. Эту историю я действительно не вспоминал долго, но потом, однажды вспомнившись, она так и стала с годами сама вспоминаться. Особенно когда спрашивали про Достоевского, про отношение к нему. Ну вот, например, у меня первый мой роман с того начинается, что герой сдает в «Букинист» полное собрание Достоевского. Или взять другое мое сочинение... Что это я к Достоевскому привязался? Вопрос ведь. Можно ли на него ответить? Нет, конечно. Это все из области необъяснимого. Хотя почему же… был, был, отчего бы и не рассказать, в школе забавный курьез — и опять на тему всю ту же: я и Достоевский. Как я его рисовал.

Округлить углы и — анекдот анекдотом.

Но все равно мне в этой истории что-то самому оставалось не ясным. Не очень-то углы округлялись. Что-то было в этом такое, что сопротивлялось правдивому пересказу. Недопонимал я чего-то — в чем и должен себе был признаться.

Тогда, на уроке алгебры, я не мог себе объяснить странную сцену со всей этой комиссией в актовом зале, но и годы спустя точно так же терялся, пытаясь постичь внутреннюю логику того короткого разговора. «Кто это?» Странноватый вопрос. Вроде понятно к чему, и все равно что-то не то.

Однажды мне вспомнилось, как читал (давно уже) у Довлатова что-то тоже связанное с Достоевским. Не хочу уточнять — не важно. Там кто-то к Довлатову домой пришел не то милиционер, не то еще кто-то, а у Довлатова на стене портрет Солженицына, — пришедший увидел и говорит: «Достоевский!»

Так вот однажды мне вспомнилось, как я это читал, и еще в связи с тем чтением вспомнилось, что, когда читал, мне все что-то еще вспомниться хотело.

И вспомнил — что.

Наш случай с Достоевским.

То-то я, когда во времена уже поздние портреты Солженицына видел, томили они меня неясными ассоциациями. И стало ясно — с чем. С моим тем рисовальным опытом!

У нас ведь тот же случай, что и у Довлатова, только наоборот.

Мать честная, они ж моего Достоевского за Солженицына приняли!

Ну, конечно — все сходится. В семидесятом Солженицын Нобелевскую получил. И в газетах кампания была против Солженицына. Да я ведь сам еще в седьмом классе открытое письмо Дина Рида в Литературке читал — как во всем Солженицын не прав. И был он у нас объявлен главным антисоветчиком. Враг Советской власти, шутка ли сказать.

Как выглядит Солженицын, я не знал, потому что его ругали в газетах без портретов ругаемого. Как он выглядит, я узнал позже.

А до высылки Солженицына оставалось еще два с половиной года.

И вот кто-то проявляет бдительность. Заходит в актовый зал, а там... — ах! — и в кабинет директора. «Федор Иванович, в актовом зале висит Солженицын!» «Быть не может!» «Идите, сами увидите». Приходят: он! Или не он? «Вроде бы Достоевский». «Да нет же, Федор Иванович, на Солженицына больше похоже».

И вот, когда все на уроках и вне классных помещений нет никого, срочно собирается перед газетой в актовом зале экспертная комиссия на базе партийного актива парторганизации школы — без протокола. Степан Степанович снят с географии — ему отвечать. «Степан Степанович, это кто?» (Вот-вот: это кто?) «Как кто? Достоевский». «Вы так в этом уверены?» «Абсолютно». «Это не Достоевский, или, по-вашему, мы не знаем, как Достоевский выглядит? Какие у него, глаза, какая борода — как он голову держит, как смотрит?» «Кто же это, если не он?» «Солженицын». «Вы с ума сошли! Это Достоевский! Его нарисовал ученик восьмого класса, я сам попросил его нарисовать Достоевского!» «Вот если бы вы сказали, что вы сами нарисовали Солженицына, я бы вам больше поверила, тогда бы мы и решили, кто из нас сошел с ума». «Но зачем же мне рисовать Солженицына?» «Вам лучше знать, зачем». «Товарищи, Степан Степанович может и не знать, с чего ученик это срисовывал. Может быть, и не с Достоевского. Давайте, если такой ученик существует, позовем его, и пусть он сам нам все расскажет».

«Позвать ученика восьмого класса!»

Или вариант не столь жесткий. «Товарищи, это несомненно Достоевский, но по многим признакам он похож на кого-то другого. Глаза, борода, нос, лоб... Не так важно, кто это. Достаточно и того, что не все поймут, что это Достоевский. Предлагаю снять. И дело с концом».

Ну, вот и встало все на свои места. И тот забытый портрет сейчас как перед глазами — нет у меня и тени сомнений, кто другой в нем должен был померещиться.

Да, подвел я Степана Степановича. А все из-за того, что не умел рисовать.

А на то замечание, что в те времена борода у Солженицына не столько-де метелкой была, как у Достоевского, сколько, скорее, шкиперской, ухоженной, смело возражаю, что бороду как раз я облагородил тогда, прибрал, потому что с формами ее достоевскими не в силах был справиться. А взгляд у них действительно разный: если Достоевский на классических портретах, я уже говорил, словно в себя смотрит, то Солженицын так стреляет глазами, будто съесть вас хочет. Не надо мне было зрачки прорисовывать.

…После долгого перерыва, кто жив и пришел, собирались мы на квартире остатками класса. Степан Степанович был с нами, и было ему за восемьдесят. Повспоминали, поудивлялись вспомненному. Понеузнавали друг друга. У него была память лучше многих из нас. Меня спросил о родителях. Огорчился, узнав, что уже нет отца. Маме просил привет передать.

Вина не пил. Мы его потом на такси посадили.

Очень скоро — его тоже не стало.

А дома я тогда спохватился: что же про того Достоевского не спросил, ведь хотел. Он бы вспомнил. Повеселились бы.

Ладно, думал. Потом.

ЧЕТВЕРТАЯ СТОРОНА
(ПЕРПЕНДИКУЛЯРНАЯ ПЕРВЫМ ДВУМ И ПАРАЛЛЕЛЬНАЯ ТРЕТЬЕЙ)

НЕПРИЧЕСАННОЕ 1

Ошибка

Видел девушку с зашитым ртом. Рот, а кроме того, еще и прорези щек за уголками рта были зашиты большими стежками, демонстративно красными нитками. Шла по перрону перед самым закрытием метро, полная, невысокая, с отсутствующим выражением лица. Господи, подумал я, неужели радикальный протест уже столь будничным стал? Но тут она увидела знакомую и, открыв рот, издала крик радости. Тьфу, зараза! Хэллоуин.

В помощь тостующему

Капитализм трещит по швам. Хочется выпить.
В газетном зале Публички выписал названия многотиражных газет, до войны издававшихся в Ленинграде.

Конструкции с предлогом «за».

Звучат как тосты.

За доблестный труд

За кадры

За коммунизм

За краснопутиловский трактор!

(с восклицательным знаком)

За культуру

За новый быт

За образцовый трамвай

За рационализм

За революционную законность

За ревпорядок

За учебу

За синтетический каучук

За советское искусство

За советскую эстраду

За социалистическую реконструкцию Академии

За социалистический реализм

За станок и учебу

За темпы

Время, вперед!

Однажды, давным-давно, Горбачев отозвался хорошо о Бухарине. Тут Николая Ивановича наконец и реабилитировали. О, какой это вызвало в обществе энтузиазм! Перестройка ускорилась, гласность усилилась. Говорили о необходимости увековечить память. «Наш долг».

Так и не увековечили. По ряду исторических причин.

А тут иду по набережной и вижу: на стене большими буквами — БУХАРИН.

Что такое?

«Ресторан».

Это как — ресторан? Это почему?

Пригляделся, какой. Все ясно:

«водочный».

ПротоЛенин

Ночью, переключая каналы, попал на райзманов-ских «Летчиков», фильм тридцать пятого года. Еще не зная, что это такое, удивился стилистике, стал смотреть. В первый момент вообще заподозрил постмодернистскую стилизацию под тридцатые. Начальник летной школы сидит в кресле у парик-махера, лысый, с бородкой — ну вылитый Ленин; даже в жестах у него что-то узнаваемо ленинское. Как это? Не видели, что снимали? Какие-то шуточ-ки по случаю бритья, ветер в окно, чихание парик-махера; Ленин намылен, побрит, и вот он уже не Ильич, а просто добряк с гладким и волевым подбо-родком. Такое ощущение, что иллюстрируют анек-дот: «Бороду, конечно, можно сбрить, но как быть с убеждениями?..» Был поражен. А сегодня выяс-нил, что играл того дядьку Борис Щукин, которого мы, собственно, только и знаем как Ленина (а Ле-нина представляем по Щукину). Только до «Лени-на в Октябре» Михаила Ромма оставалось еще два года (1937), и, в отличие от нас, зрители «Летчиков» с щукинским, экранным Ильичем еще не были зна-комы, — человек, похожий, по поздним стереоти-пам, на Ленина, в кресле дурашливого парикмахера мог в тридцать пятом бесстрашно жертвовать своей намыленной бородкой без рискованных аллюзий на октябрь семнадцатого, 1918 год и грядущие анекдоты.

Наказание

Засыпаю под утро. Но не бессонница мое наказание, а неминучая пенсионерка, ни свет ни заря звонящая мне с одним и тем же вопросом: «Это собес?» Я устал объяснять, что телефон у собеса другой, что он отличается от нашего на одну цифру, что вместо 7 ей надо набирать 9 — ничего не помогает. Вероятно, наш номер у нее загнан в телефонную память и вызывается нажатием кнопки. Только усну, и: «Это собес?»

Свобода слова в нашей подворотне

Внушительных размеров надпись в нашей подворотне «Юдин, верни свободу Ходорковскому!» (все уже давно забыли, кто такой Юдин) красовалась на стене несколько лет, с момента ареста Ходорковского и вплоть до недавнего косметического ремонта нашего дома, а вот величиной с шахматную доску трафаретное «Аборт — убийство», в этой же подворотне образовавшееся на асфальте, закрасили в день появления. У нас во дворе медицинский центр.

Порденоне

Это час езды от Венеции. Место литературного фестиваля. Город украшен бесчисленными фести-

вальными флагами. Желтые уличные дорожки ведут
к местам презентаций и встреч. Мероприятия —
практически в режиме нон-стоп: порядка ста шести-
десяти за три дня в разных частях старого города. Самые ранние в 8:30 (конечно, утра), но публика, чтобы попасть, приходит раньше и занимает очереди на
еще пустынных улицах. Самые поздние начинаются
в 10 вечера — в это время в городе максимум ожив-
ления. Не просто прохожие — многочисленные читатели — толпами ходят по городу. Книги продают
до глубокой ночи — в огромных палатках-шатрах,
едва умещающихся на площадях. Никакой завле-
кательной попсы, никакой агрессивной эстрады
(вспоминаю наши «праздники книги»). Никто не
кричит в мегафон. На презентациях только духовная пища. Полный зал на докладах философов. Быстрая итальянская речь на улицах города, возгласы
восторга узнающих друг друга. Кофе. Ощущение
праздника. Италия — литературоцентричная страна, или я что-то не понимаю. Порденоне — в эти
три дня — блаженный остров литературы.

Великие имена

Разговор за столом почему-то зашел о Гарибальди.
Я возьми и скажи, что русский хирург Пирогов спас
Гарибальди ногу.

Итальянцы посмотрели на меня с недоверием:
он так хорошо знает Гарибальди, что может назвать
фамилию хирурга, спасшего ему ногу?

Нет, Гарибальди я как раз плохо знаю, совсем не
знаю — я хорошо знаю, наоборот, Пирогова.

Что Гарибальди? Ну да, Гарибальди.
А вот Пирогов!..

О поэзии

— Давно стихи не писал? — спрашивает драматург
А.А.Образцов. — Лет двадцать, поди?
— Почему же, — отвечаю. — Позавчера сочинил. Прочесть?

«Вам повезло —
    я стал добрей», —
        работал бритвой брадобрей.

Молчим.
Наконец произносит:
— Мандельштам вспомнился.
— Еще бы!

О падениях

Рядом со мной упал обледенелый шмат снега, ну это
дело обычное — с крыш в СПб падает повсеместно, только вот в чем особенность, знаменательность
происшествия: кусок этот, падая, сбил еще дефис из
высотной комбинации МАСТЕР-БАНК, такую увесистую металлическую коробку, размером покрупней обувной. Подумав «ух, повезло», перешагнул
через предмет и дальше пошел. И тут я вспомнил,
что ночью по «Пятому» показывали «После прочтения уничтожить» братьев Коэнов, и там героиня

вздыхала с тоской: «Не каждому повезет поскользнуться у дорогого ресторана...» Типун ей на язык.

...Кстати, о писателе Павле Крусанове и об упущенной прибыли.

Рассказав ему по телефону эту историю, узнал, что он «уже встал на один костыль»; еще три дня назад я его видел на двух.

Он как раз из тех, кто поскользнулся.

Страшно подумать

Президент Калмыкии в передаче у Познера рассказывал, как он встречался и общался с инопланетянами, а мэр Москвы сообщил журналистам о гигантских белых тараканах, которых он обнаружил глубоко в подземелье под Большим театром. Страшно подумать, о чем молчат президент страны и премьер.

Эксгумация: о личном

Когда-то очень давно я сочинял дачный рассказ, и там у меня к профессору-стиховеду (сад, веранда) возвращались после прогулки его дочь и его аспирант. Мне надо было для начала общей беседы заставить профессора сообщить пришедшим какую-нибудь новость, не имеющую отношения к содержанию рассказа. Новость получилась такая (он узнал от соседки): оказывается, директор универмага по фамилии Морщин, которого недавно похоронили, был отравлен, и вот сегодня его раскопали! О Морщине больше в рассказе ни слова — Морщин и Морщин; просто профессор должен был сообщить что-нибудь неординарное, и я решил: пусть это будет внезапная эксгумация! Разговор хоть и получался в определенных пределах абсурдным, вопрос достоверности меня беспокоил — возможна ли эксгумация при отравлении? Интернета не было тогда, так что пришлось предпринять некоторые усилия, чтобы узнать о правилах эксгумации. Сложное дело. Санкция прокурора, понятые, комиссия, обязательная фотосъемка, протоколы и т.д., и т.п. Очень сложное дело.

В рассказе об этом говорилось следующими словами:

«...и Дмитрий Дмитриевич узнал новость: сегодня раскопали Морщина. Эксгумация. Фотограф на кладбище, комиссия.

— Ужас. Месяц как похоронили. Говорят, отравлен».

Все. Далее — о стихах Заболоцкого.

Вот, собственно, ради этих нескольких вышеприведенных слов я и узнавал правила эксгумации.

Мой профессор-стиховед тоже, как видно, был в курсе хотя бы того, что при эксгумации необходима комиссия и фотограф.

Я не могу поверить, что мы с моим профессором-стиховедом знали об эксгумации больше, чем герой недавних новостей — некий молодой следователь, который выкопал — будто бы по указанию начальства — чей-то труп, воспользовавшись услугами гастарбайтера... И принес его (то есть труп) к себе на работу! Потому что в морг без документов труп не хотели принимать! И несчастный труп в мешке продолжал разлагаться у него в кабинете...

Пока соседи-арендаторы ни всполошились. Начальство ссылается теперь на неопытность следователя.

Что же это за следователь такой? Даже мой профессор знал, что могилы просто так не раскапывают!

Может быть, процедура эксгумации упрощена? Но ведь не приняли же покойника в морг… Значит, не все так просто!

У нас, конечно, много чего происходит, не на все внимание обращаешь. И эту бы новость забыл, как прочие забываю… Но не выветривается из головы, уже несколько дней прошло, а все она у меня в голове… Тут ведь личное есть.

Я!.. Я — знал, а он, значит, — нет?

Мой профессор-стиховед Дмитрий Дмитриевич знал, а он, значит, — нет?

Не понимаю.

Не могу понять.

Аргумент

Теща плачет: кошку украли. Что украли, убеждена, — далеко не отходила от дома. Красивая, пушистая…

Я успокаиваю: не блокадное время же. Значит, несомненно, хотя бы жива.

Не сильный аргумент, сказать по правде.

По случаю объявления безвиза для Украины (2017, июнь)

Стало быть, в Европе русская речь зазвучит еще сильнее. Сдается мне, украинцев будут принимать за русских — так же, как когда-то русских принимали за поляков.

А вот:

Володя. Рюрик, пожалуйста, купи билет. В счет будущих премиальных. Потом вычтешь. Ты же дома, а я не дома, я так не могу, мне ничего не надо.

Рюрик. Не расстраивайся. Нас все равно принимают за поляков.

Володя. Приятно слышать, Рюрик.

Рюрик. Здесь очень много поляков.

Володя. Утешил. Купи билет.

Рюрик. Я бы тоже мог быть поляком.

Володя. Ты берендей.

Рюрик. Да. Но мой папа мог бы быть настоящим поляком.

Пауза.

Володя. У твоего папы... был выбор?

Рюрик. Выбор был у моей мамы. Ее первый жених был поляком, но она предпочла другого.

Володя. Твоего папу?

Рюрик. Да, но если бы она вышла за поляка, мой папа был бы поляком.

Володя. Только он был бы не твоим папой.

Рюрик. Почему?

Володя. Потому что твой папа другой.

Рюрик. А был бы тот.

Володя. Он бы не был твоим папой, неужели не ясно?

Рюрик. Да почему же?

Володя. Потому что не твой папа.

Рюрик. Но мама моя.

Из пьесы «Берендей»

Гуманитарное

К слову «человек» рифм, как известно, не очень много; «чебурек» — одна из самых очевидных, но, конечно, это довольно специальная рифма, для широких ассоциативных движений малопригодная. Наиболее эффектным сближением человека и чебурека мы обязаны Вознесенскому:

Это росло у Бориса и Глеба,
в хохоте нэпа и чебурек.
Во поле хлеба — чуточку неба.
Небом единым жив человек.

Понятно, что появление чебурека тут обусловлено исключительно рифмой. Однако яркость выражения общегуманистического пафоса эту фатальную ненатуральность в известной мере оправдывает. Ибо это поэзия. Но если в поэзии человек с чебуреком сочетаются всегда искусственно, в реальной жизни нашей все гораздо проще и натуральнее.

Сейчас у того повара из чебуречной исследуют состояние психического здоровья. А вот санитарную карту, интересно, у него проверяли когда-нибудь?

Никто не ответит

А вот был у меня недавно разговор с молодыми людьми — пустой такой и вне всякой связи с политическими событиями; и узнал я из этого разговора, что мои собеседники (высшее образование, знание языков) никогда не слышали выражения «Кровавое воскресенье». Дата 9 января им ни о чем не говорит (один поторопился ляпнуть: «Рождество?» — но тут же сам засмеялся). Ну и фамилия Гапон — тоже. «Этого вообще никто не знает!» — было мне сказано. А если я не верю, советовали спросить, кого хочу, и никто не ответит.

Долой «озвучить»!

Кажется, я последний, кого раздражает глагол «озвучить». В значении «изложить», «выразить», «поведать». Думал, привыкну — не получается. Раньше «озвучивали» только при кинопроизводстве — голосом и шумами. Это и зафиксировал Ожегов. Теперь шире берем: все и везде бесконечно озвучиваем. Заявления, угрозы, идеи, принципы, предложения, помыслы, мысли. Вот уже и философы озвучивают концепты. А домохозяйка Тамара Петровна, всем недовольная, готова озвучить проблему.

Будем последовательны. В результате всего этого должна непременно получаться «озвучка».

И где же наши «озвучки»?

По гуглу «озвучка» — 48 900 000. Много, конечно. Но смысл? Все это почему-то только в одном значении: по-старомодному в кино-аудио-производственном.

«Озвучка» хороша в смысле широком.

В смысле «мысль изреченная».

«Не ходи по книгам!»

Вчетвером — Крусанов, его жена Наташа, Курицын и я — идем по улице Союза печатников. Помойные баки стоят, а рядом груды книг, в основном собрания сочинений — Пушкина, Тургенева, Толстого, Диккенса, Томаса Манна... — тома, тома, тома... А еще техническая литература, книги по биологии... Целая библиотека. Две фигуры отбирают себе что-то. Кто-то просто стоит и смотрит. Девочка лет шести направляется к фолианту с кактусом на обложке, мать кричит ей: «Не ходи по книгам! Разве ты не знаешь, нельзя по книгам ходить!»

Отошли от этого места — Курицын говорит:

— Вот и нас так.

Наташа (помолчав). Ты тоже об этом подумал?

Носов (помолчав). Мы все об этом подумали.

Крусанов (без паузы). Писателя черви дважды едят.

А рядом дом, в котором был когда-то книжный магазин «Гренада», и специализировался тот магазин аж на поэзии. А еще в нем был отдел «Подписные издания», и раз в месяц в урочный час — почему-то ближе к ночи — собиралась у входа толпа, отмечали свои номера в длинной очереди на все те же подписные издания. Были жутким они дефицитом, даром что выходили стотысячными тиражами...

А еще мне вспомнилось, как в хмурый ноябрьский день стоял я в «Гренаде» у прилавка и читал стихотворение, как сейчас помню, Александра Еременко «В густых металлургических лесах...», держа в руках, кажется, альманах «Поэзия». Вдруг входит в зал продавщица и говорит: «Брежнев умер».

Услышав мой мемуарий, Курицын оживился и стал по памяти читать «В густых металлургических лесах...»

Час назад все мы жаловались друг другу на плохую память.

Слишком далеко зашли. Не выпить было нельзя.

Проскочив конференцию

Заскочил в «Звезду», там шла конференция по Довлатову; не остался.

А ведь я в «Костре» работал на том же месте, что и Довлатов, только через несколько лет после него. Оба были литературными сотрудниками. Сахарнов, Верховский, Орлов — это все его персонажи, я их знал живыми, реальными, невыдуманными. Плюс Воскобойников еще... Они рассказывали о Довлатове, охотно вспоминали о нем. Верховский на субботнике нашел копию довлатовского письма, тот кому-то возвращал рукопись — Верховский показывал всем, читал, умилялся (потом выбросил). «За этим столом Довлатов пил портвейн...» Довлатов умер, а герои его книг живут и продолжают им недописанное.

На излете «Литератора» я нескромно вклинился в дискуссию о том, как Довлатова издавать, менять ли фамилии или нет. Написал о принципиальной незавершенности его книг (пока живы герои). Допустил, что герои («в порядке бреда») могли бы со-

брать научную конференцию по изучению творче-
ства своего автора.

Так и получается.

О чем нельзя

...Мы работали в «Костре». (Мемуарий.) — Т-кова
вместе с отв. секретарями других журналов вызва-
ли в Горлит, инструктировали, о чем писать не до-
пустимо. В редакцию он возвратился с конспектом,
зачитывал на редсовете. Что-то около 20 пунктов,
добавления к уже существующим ограничениям.
Помню, нельзя:

— об интернационализации Антарктиды,

— о милитаризации космоса,

— об использовании животных в военных целях
(у нас тогда сняли какую-то безобидную заметку
о дельфинах, это в детском-то журнале! — там и войны никакой не было, просто про то, какие они спо-
собные и как легко приручаются...),

— о каком-то загадочном (Т-ков не знал, что это
такое) центре СССР (кажется, географическом), мы
еще говорили: «пуп земли»,

— о других правительствах ничего ругательного
(кроме правительств Чили, ЮАР и Южной Кореи
(и не помню: Израиля?)),

— о Бессарабии,

— о взрывчатках,

— о покушениях на политических деятелей (в каком-то журнале по неосторожности напечатали пе-
реводной детектив, где подробно описывалась под-

готовка к покушению, кажется, на де Голя — дурной пример, запретная тема, нельзя),

— о чем-то медицинском, уже не вспомню о чем.

Юбилеи

Одно из сильных ранних воспоминаний — день рождения Н.С.Хрущева. По телевизору, помню, что-то такое показывали. Это могло быть в апреле 64-го, тогда Хрущеву стукнуло 70. На него вешали какой-то венок и произносили слова «дорогой» и «любимый», дарили огромную кукурузу... Даже мне, маленькому, было странно все это видеть. Но запомнилось, думаю, потому, что очень уж не совпадало демонстрируемое на экране с реакцией бабушки и родителей. Сидя перед телевизором, они громко ругали Никиту Сергеевича, охали, говорили «стыд, позор», и мне даже хотелось старика защитить. Мама, впрочем, сейчас этого эпизода не помнит. Да и у меня это как сон... Может, и не так все было. Но не сам же я выдумал.

А 75-летие Брежнева запомнилось конфузом с журналом «Аврора». В юбилейном номере поместили короткий рассказик Виктора Голявкина, кажется, он так и назывался «Юбилейная речь». Никакого отношения к всенародному празднику рассказ Голявкина не имел, он, как потом объясняли «авроровцы», давно уже лежал в редакции, и им просто заткнули дырку. Но надо же быть такому совпадению, оказался рассказ в аккурат на 75-й странице. Да еще и с рисунком: могила, оградка... Я, помню, встретил на улице писателя Акмурата

Широва, он мне сразу сказал, что случилось нечто невероятное, и мы пошли в библиотеку Дома писателей смотреть номер. В библиотеке уже всё знали. Мы были не первые. А главного редактора Глеба Горышина сняли с должности, но без скандала.

Еще раз о Каплан

Если меня до сих пор спрашивают, не я ли написал «Незнайку», каково же тем жилось, чья фамилия Каплан?

Самиздат

В «Новом мире» дневники Игоря Дедкова. Запись от 30 января 85-го: «Прочел "Отчаяние" и "Подвиг" Владимира Набокова, изданные Е.Ш. с предисловием и примечаниями; а также составленный им же сборник набоковской поэзии». Тут же сноска: «Преподаватель Костромского высшего военно-командного училища химической защиты Е.Б.Шиховцев переписывал сочинения В.В.Набокова в Ленинской библиотеке и распространял их в виде самиздата с собственным предисловием». Все верно, только переписывал он все это не только в Ленинской, но и в Публичной библиотеке, куда ему удалось правдами-неправдами добыть допуск в спецхран. Для работы в Публичке Евгений Борисович специально приехал в Ленинград, останавливался он у нас — жена предоставила ему свою комнату в квартире на Римского-Корсакова, сама она жила со мной на Фонтанке, мы только что поженились. Переписанное потом он перепечатывал на машинке (а переписывал он в старой орфографии с соблюдением количества знаков в строке и строк на странице, как в первоисточнике; он мне показывал переписанный роман «Отчаяние»), потом переплетал, но это уже у себя в Костроме. У меня сохранился один из пяти экземпляров изданного им «Подвига», Игорь Дедков читал такой же.

Трамвайное

Ехал с женой и Митькой в трамвае. Водитель оказался разговорчивым, произнес экспрессивный монолог в связи с нерасторопностью пассажира на задней площадке. От души. А пассажир в ответ на весь трамвай: «Правильно! Я сам работал контролером!» И давай о том, что надо друг друга любить. «Я директор театра бомжей! Вот послушайте!» Стал стишки читать брутальные. Кепку снял. Мы выходили, я бросил в кепку, он очень обрадовался.

Актуальность

Захотел заплатить за телефон.
«Не получится». — «Почему?» — «Полетела точка актуальности», — был ответ.
Ушел.
В глубокой задумчивости.

Опасные встречи. Былое

Возвращаюсь домой с улицы Росси и встречаю последовательно, одного за другим, четырех писателей: сначала Николая Коняева с Мариной (причем Николай Михайлович нес два кейса: ага, говорю, в одном первый том романа, в другом — второй!), потом драматурга Людмилу Разумовскую, потом прозаика Николая Крыщука, после Крыщука думаю, неужели еще кого-нибудь встречу? — и верно, мимо моей родной подворотни Андрей Ефремов проходит. Я ему рассказал, с кем встречался. «Спрячься, — посоветовал он, — пока хуже ничего не случилось». Я спрятался — повернул во двор. На лестнице обнаружил, что нет ключей. А жена с детьми в бассейн ушла. Пришлось еще часа три прогуливаться.

Рыболовное

Вчера писатель Коровин получил сигнал от некоего знатока-рыболова: «Форель пойдет в среду» (то есть сегодня). Было названо имя реки. Решили вместе поехать. Выехали после пяти, Сергей Иванович взял с собой том Сабанеева — с полезными советами, как ловить форель. Взял икру лососевую, потому что лучшей наживки для форели нет, чем икра (согласно Сабанееву). А я купил червей в магазине «Мечта рыболова», что в Кузнечном переулке, — калифорнийских. Был туман, что хорошо; хуже нет для форели ясной погоды. Укатили за Зеленогорск, за Черную речку, но речка, на которую ехали мы, оказалась маленьким ручейком, и мы его не заметили — проехали мимо, потому что он умещался под дорогой в трубе. В конечном итоге мы куда-то приехали — за поселок Поляны, где похоронена, сказал Коровин, поэтесса Елена Гуро, — там был полигон, был знак «Осторожно танки», была бурная речка. Мы забросили удочки. Ловили с полчаса, не больше, замерзли. Но не поймали то, что ловили. Хотя Коровин икру не жалел. Вел он обратно достаточно лихо. В одиннадцатом часу был я дома, без рыбы.

Поэт Геннадий Григорьев

Подходим к метро («Черная речка»). Григорьев допивает пиво. К нему подскакивает непрезентабельного вида персона и спрашивает, как дела. «Нормально, — отвечает Григорьев. — На!» — отдает пустую бутылку. Тот с благодарностью принимает и исчезает в толпе. «Одноклассник», — поясняет Григорьев.

Конкуренция

Ночью у нас во дворе на Петроградской пел соловей. Но недолго. Налетели вороны — нервно закаркали. Смолк.

Буквы

Забавно. Сегодня я продал с потрохами текст, состоящий из 250 букв (детское стихотворение). Договор об отчуждении прав содержал более 20 000 букв.

То есть на одну букву моего текста 80 букв договора.

Все на одного!.. А мне мои буквы жалко.

Истинный смысл

Все, конечно, знают этот плакат: молодой человек с идейным выражением лица сидит в каком-то общепите, на столе перед ним на тарелке котлетка, и кто-то со стороны зрителя протягивает ему рюмку водки, а он решительно отстраняется от нее ладонью: «Нет!».

Все вы знаете этот плакат, но понимаете его неверно. Тут нет ничего антиалкогольного. Герою протягивают рюмку *левой* рукой. А он решительно: Нет! С левыми уклонистами не пью. Я за генеральную линию партии.

Штраф

За два месяца без прописки, конечно, не десять лет без права переписки, но 1 500 рублей все-таки. Вчера был оштрафован за нарушение правил регистрационного учета. Начальник паспортного стола, авантажная брюнетка в форме майора, отказалась дать мне копию протокола. «Зачем она вам?» — «Коллекционирую». — «Протоколы?» — «Я и избирательные бюллетени коллекционирую». — «Слушайте, я за свои деньги картридж заправила, чернил жалко, войдите в мое положение». — «Вот я в ваше положение вхожу, а вы в мое не хотите». — «Почему же? Я вас по минимуму».

О победе бородатой женщины на Евровидении

Если бы я смотрел телевизор, и более того — «Евровидение», и более того — принимал бы участие в тогдашнем голосовании, то, конечно, мой выбор совпал бы с общеевропейским. Вспоминаю фильм раннего Марко Феррери «Женщина-обезьяна», там бородатую женщину играла молодая Анни Жирардо. Героиню выкупает из монастыря некий предприниматель, чтобы показывать в балагане на ярмарке. Успех, любовь, ревность. Гастроли в США. А когда она умирает во время родов, американцы определяют ее тело в анатомический театр. Герой страдает, протестует, добивается выдачи тела ему. Возвращается в Италию. И снова демонстрирует в балагане... Люблю Марко Феррери, особенно раннего.

Австрия

Урны снабжены приставкой-коробочкой, исключительно для окурков.

А еще здесь в автобусах и трамваях собираются запретить разговоры по мобильным телефонам. Чтобы никто не нарушал досужей болтовней покой молчаливых пассажиров.

За окном по веткам цветущего дерева бегает белка и, если верить глазам, ест цветы. Определенно, ест цветы, я ж не слепой. Иногда на склоне горы появляется жирный рыжий кот. А летучих мышей первое время я принимал за больших ночных бабочек.

Австрия. Поправка
на несовершенство

Когда и по горизонтали, и по вертикали обихожен каждый квадратный метр, поневоле начинаешь тосковать по несовершенству. И вот — о радость! — Рядом со старинным фонтаном встречаю вовремя не убранную ржавую мачту... Вышка это, что ли, была? Наклонилась, того гляди, упадет. Аварийное состояние, двумя словами. Каково же было мое изумление, когда я узнал, что это есть произведение современного искусства, памятник, вернее концептуальный объект, его название «Гвоздь». Ну как бы, по-нашему, городская скульптура. Чтобы оживить, надо думать, ландшафт. Или наоборот, чуть-чуть его «примертвить». А то всё как-то слишком правильно. Поправка на несовершенство.

Австрия. Без языка

С другой стороны, в незнании языка есть свое... не подобрать слова... достоинство. Восприятие обострено до крайности, все познаешь непосредственно, как будто на ощупь. Аки слепец. Только, наоборот, с широко раскрытыми глазами.

То робинзон, то пятница в стране робинзонов.

Я уже одиннадцать дней в Граце.

Прохожий на улице присматривался ко мне, потом подошел и поздравил с победой «Зенита» над «Байером».

А вот у меня в романе героиня героя троллит

«...Иногда Адмиралов разговаривал с Франсуазой. Чаще он заговаривал первым, провоцируя Франсуазу на обстоятельный отклик. Но и она могла завести Адмиралова.

— В русском языке даже слово мужчина женского рода, — объявляла Франсуаза с бухты-барахты.

— С каких это пор? — отзывался Адмиралов, прислушиваясь к боли в плече.

— Всегда так было.

— Разве? Я думал, до сих пор было мужского.

— Все слова на *-ина* — женского рода. Пучина, лучина, картина, малина, витрина... Женщина наконец. Почему же мужчина — мужского? Самого настоящего женского. Просто все договорились считать мужчину *он* вместо *она* — вопреки логике языка, а на самом дела надо *она*, язык нам верно подсказывает, он умнее нас. А мы язык обмануть пытаемся. А если прислушаться к языку по-честному и непредвзято, никаких мужчин вообще нет.

— Детина — мужского рода.

— А должна быть женского. Та же история. Просто детина — разновидность мужчины, вот и делаем вид, что род мужской».

«Франсуаза, или Путь к леднику»

О фильме Германа

Моя персональная проблема со зрительским восприятием позднего Германа: чем у него «достовернее», тем сильнее во мне растет сопротивление той грандиозной воле, которая стремится навязать мне ощущение именно что достоверности, — тут и возникает пресловутое «не верю». Поэтому мне хочется найти в фильме что-то такое, пускай даже и внеположное замыслу режиссера, что бы могло меня примирить с этой немыслимой поэтикой. И вот что я думаю о мире, показанном в фильме. Даже в самом людоедском обществе обязательно должны быть — возможно, ущербные на сторонний взгляд, но без них невозможно — свои представления о благе, о том, что такое «хорошо», а что такое «плохо». Иначе — это интернат для слабоумных, и тогда Дон Румата, думаю я, это директор «не на своем месте», случайный назначенец, ни на секунду не забывающий о своем моральном и физическом превосходстве и при этом не подчиняющийся никакому начальству. Но ведь истребление слабоумных — это как-то неправильно, не так ли? Смысл этой жуткой резни в чем-то другом. Просто, думаю, надо понять: мир, показанный в фильме, невозможен ни в какой реальности, он возможен только в сознании человека. Я готов воспринимать этот фильм как историю кошмара, подчинившего сознание отчаявшегося интеллигента, художника в самом широком смысле, который во всем разуверился и потерял ощущение земли под ногами, боится и будущего, и настоящего. Он все же находит силы вступить в борьбу с собственным кошмаром, но кошмар его непобедим.

Майдан — февральское

Вон ведь как — поздравляют с революцией... Вообще-то, принято поздравлять с праздниками, а не с революциями. Это революционные даты иногда могут стать праздниками, но для этого надо дожить хотя бы до первой годовщины. А пока можно только сочувствовать. Какие тут поздравления!..

Преемственность

За Олимпийскими не слежу. Но вот узнал, что немало соотечественников следит и принципиально болеет против нашей сборной. Это по-ленински. За поражение своего правительства в империалистической войне.

Об убийстве жирафа в Амстердаме из принципа

Когда у представителя Европейской ассоциации зоопарков обнаружатся личные проблемы с инбридингом, прошу пригласить меня на его публичную казнь из строительного пистолета. По правде сказать, я это не очень люблю. Но ходил же Достоевский на казнь Млодецкого...

И еще — о том жирафе

...Тут не одна тема, тут их целый пучок: прагматизм, законопослушание, воспитание, образование,

менталитет, рок/судьба, дурная наследственность...
Мыслить не переосмыслить, осмыслять не переосмыслять... Мне, например, когда цитировали Вебера и объясняли, почему наш капитализм не столь хорош, как их, не до конца был понятен этот фактор — протестантская этика. Наглядности не хватало. А теперь как-то стало яснее.

Мы действительно разные. Не сумел найти видео самой казни. Писали, что жирафу, перед тем как пробить гвоздем мозг, дали его любимую похлебку. Это правильно, это гуманно. Но («во всем мне хочется дойти до самой сути») не для того ли, думаю, чтобы он наклонил голову?..

Вопрос — ответ

Грустно ли мне писать, спросила Юля Беломлинская. Нет, мне смотреть грустно. А писать весело.

Памятник во всем виноватому

Вот и на нашей улице праздник — установлен памятник Во Всем Виноватому. Торжества, каких давно мы не видели. До торжеств ли нам было? На гранитном постаменте стоит бронзовый Во Всем Виноватый, ветер будто полы пальто ему раздувает

А лицо Во Всем Виноватый руками закрыл, потому что он собирательный образ, не персонифицированный. Плачет будто. Или попросту спрятался. Правда, если к нему повнимательнее приглядеться, как руку-то держит, виден будет зазор между пальцами средним и безымянным... Соглядатай никак? — У, хитрющий! — подглядывать вздумал!.. Так и плюнешь в него, негодяя.

Для того он у нас и поставлен. Нами он наказуем. Все легче. Кто плюнет, кто грязью метнет, кто масляной краской запачкает. На худой конец, кулаком погрозит, все легче.

Докторское

Пришел из-за сердца, — ворчала, что не могу выразить словами свое состояние. «Вы писатель или нет?» — «Что еще?» — «Ничего». Потом (листая мед. карту): «Да у вас же панкреатит! Вам же два года назад диагноз поставили! Вы что, не знали?» Знал, но забыл.

Утром был у инфекциониста. «Расслабьте живот, думайте о хорошем, думайте о своих сочинениях!»

Деревня: зимнее

Ташка первый раз ехала в купе, Митька — второй. Кроссворды отгадывали на тему «Древний Египет». Вчера вечером — по дороге на вокзал — не сумели купить хлеб; сегодня в Новосокольниках купили черствую булку, стало быть, прошлогоднюю; пекарни в этом году еще не работали.

Идрицкий водитель Казимир Францевич объясняет, что имя надо подбирать к отчеству; он увлечен этимологией. «Сергей по-английски "серый, выходи!"» Я не спрашиваю, почему «выходи» и что за «серый». Может быть, волк. Мы едем через лес.

Потом четыре километра пешим ходом по снегу. Дед выходил встречать с саночками из деревни.

Мама сварила борщ.

Митька будет спать на печке.

Соседи приедут только весной; пока их нет, разрешено пользоваться колодцем.

....

Ночью: −32. Днем около −25. Нужник на таком морозе напоминает пыточную.

На гнезде аиста большая снежная шапка.

Тишина. Только утром дятел стучал возле бани, да еще тюкает едва слышно за забором соседским вертушка.

Можно пройти всю деревню туда и обратно и не встретить ни одного человека.

....

В доме Григ. Конст-ча, откуда можно звонить, на стене фотографии кандидатов на последних выборах — кто с календарика смотрит, кто с листовки. Чтобы добраться до телефона, надо преодолеть препятствие в виде собаки Дунай, стерегущей крыльцо. Сегодня «хлебный день».

Магазин на колесах. Его ждут на росстани по два, по три часа. Приехал-таки, только не привезли почти ничего: «закладывала не та продавщица». Водитель жалуется на непроходимость дороги, намекает на необходимость доплаты.

В другой деревне живет Наркоман. Кличка у него такая, но и по жизни он — тоже. Ему за пятьдесят, денег нет. Мать ему иногда дает, как они говорят, «на лекарство», но водки не покупает. Она живет в другой деревне. Когда продукты привозят сюда, покупает их здесь — чтобы сын поел, и это на обратном пути передают ему там. А он у той же продавщицы (или водителя) меняет эти продукты на водку.

....

Ташка и я спали еще, а дед и Митька ушли на рыбалку. Был туман. Бабушка забеспокоилась, вчера говорили, что под снегом на озере надо льдом вода разлилась, — мы еще спорили о физике явления. Бабушка понесла Митьке сухие носки. Где-то действительно провалилась в воду, забрела в снег по пояс, увидела сквозь туман будто бы лыжника на озере: «Помогите, помогите!» Конечно, ее не слышал никто. Домой мокрая пришла, взбудораженная.

Я пошел на озеро, тумана уже не было. Дедушка и Митька ловили окушков, о приключениях бабушки ничего не знали. И я половил. На уху.

— Это тебе ангел привиделся. Здесь если ангел появится, то, конечно, на лыжах. А как же иначе?

Иных лыжников быть не могло.

Слепили снежных баб — вернее, бабу и деда. У деда на голове, как полагается, ведро; у бабы — умывальник. Бабушка обоим повязала по шарфу.

....

Ташка ходила за перелесок слушать тетерева —
в ботинках по снегу. Митька весь день занят гор-
кой; вечером заливали. Отец, когда бредет сквозь
снега, похож на медведя — бородат, лохмат, в тре-
паном ватнике. Мама пекла пироги, ворча на отца
за то, что печь не протоплена; боялась, что не про-
пекутся.

Снег в красную крапинку возле чурбана — кровь
петуха.

Колядовальщики пришли — мальчик и девочка — у обоих раскрашены лица. Колядовали свое-
образно: достали бумажку и прочитали по ней ча-
стушки, к Рождеству, разумеется, отношения не
имеющие. Одна частушка была про «ученую» и «за-
ключенного» — то ли замуж пойти, то ли не пойти,
не понял; потом узнал, что отец девочки отбывает
срок за человека убийство.

Разожгли костер — за снежной стеной около
елки — на полпути к бане. Митька взрывал петарды.
Лазерной указкой доставал до облаков.

Дома глинтвейн, пироги (которые все-таки про-
пеклись). У нас в гостях соседка Александра Васильевна. Ташка тоже глинтвейна попробовала. Свечи
зажгли.

Несси убежала от Фермера, примчалась к нам,
волоча за собой цепь. Заскулила под дверью. Александра Васильевна: «Это она колядует». Жадно сло-
пала хлеб; мама вынесла кашу в миске. Хозяева появятся только весной, дом заколочен; живет у Фермера, на цепи.

Поздно ночью появились звезды.

Хлеб: привезут — не привезут. Дважды собирались на росстани. Быстро темнеет.

«Бягу, бягу, бягу...» — повторяла с палочкой старушка, которой я осветил дорогу фонариком, — и бежала действительно. Потом из темноты, от калитки, желала нам с Митькой здоровья.

Ташкин сон навороченный, — среди прочего: говорящая книга, которая вела себя подобно человеку, бегала, прыгала и, главное, призывала на восстание против некой королевы. Мне ничего не снится.

О забываемом

Моя доморощенная теория, почему ускоряется с возрастом время. — Все дело в ухудшении памяти. Раньше запоминался, допустим, каждый второй «миг бытия», а теперь каждый третий, пятый, седьмой. А то, что не помнится, того как бы не было.

После Фассбиндера

Что касается экранизаций вообще. — Я очень хорошо представляю, как Борис Виан умер в темноте от сердечного приступа, в зрительном зале, когда ему показывали фильм по его собственному роману. Понимаю, почему у драматургов встают волосы дыбом, когда сидят на своих же премьерах. У Набокова леденела спина, когда он смотрел кубриковскую «Лолиту». Никакая экранизация его романа ему понравиться в принципе не могла. Что бы ни говорили на конференциях, посвященных сравнительному анализу, «Отчаяние» Фассбиндера, как любую другую экранизацию, надо смотреть, отрешившись от первоисточника. Роман Набокова надо читать, не думая, что есть еще и Фассбиндер. Есть Фассбиндер — нет Набокова. Есть Набоков — нет Фассбиндера. Как сказал по другому поводу другой Владимир Владимирович, стихотворец, которого этот Владимир Владимирович терпеть не мог, «и знал только бог седобородый, что это животные разной породы». Кино и литература — это животные разной породы. Они хороши сами по себе, но их не следует помещать в одну клетку.

О возрасте

Есть способ почувствовать себя молодым. Надо сходить на писательское собрание.

Август ноль второго

Во сне ездил на велосипеде по городу, через проходные дворы; была гроза, видел небо необыкновенного цвета.

Проходные дворы — это потому что полюбил последнее время бродить по разным закоулкам, а велосипед — из вчерашнего разговора об убийстве Урицкого; застрелив Урицкого, Кенигиссер пытался скрыться на велосипеде.

А разговор об убийстве Урицкого зашел вчера с Веткой, потому что она рассказала мне, как устанавливали мемориальную доску на месте убийства Маневича — на улице Рубинштейна.

А мы шли по Московскому, от Сенной, и разговор о доске Маневичу зашел потому, что, дурачась, я принялся кланяться мемориальным доскам, повешенным на ЛИИЖТе. Ученым там, Ленину тоже. Каждой доске — поклон.

«Что же ты уровню наводнения не поклонился?»

«Это не человек».

И, переходя Обуховский мост, мы говорили о том невозможном наводнении, поразившем города Европы (а если б такое было у нас? — Ветка: «Трудно представить»), и я вспомнил нашу дежурную болтовню с Ф. на тему «август — месяц катастроф» (взрывы домов, «Курск», смерч в Новороссийске). А когда пришли домой, узнали из новостей о падении вертолета. Уцелевшие солдаты выпрыгивали на землю и бежали по минному полю.

Послезавтра будет траур (объявили сегодня).

Моя жена работает в газете

Звонил ей Розенбаум в редакцию, возмущался клеветнической публикацией. Но перепутал: не в ту газету позвонил. Где-то напечатали, что любовница Розенбаума бьет его кием. А у него нет любовницы, и, соответственно, бить кием любовница не может. (А есть ли кий?) Жена моя объяснила, что он ошибся, — он извинился. «Что вы, что вы, — сказала, — мы вас так любим». Он ответил: «Я знаю».

Потом, пересказывая этот разговор, засомневалась, он ли. По голосу бы и не узнала.

А вот вам (нам) и сюжет. Некто имеет хобби — выискивать в таблоидах скандальные публикации, касающиеся знаменитостей; он звонит в редакции, представляясь героем заметки, изображает из себя оскорбленного и требует опровержений. То он Киркоров, то Розенбаум, то замминистра культуры. Часто — для смеха — «ошибается» газетой. Нравится ему гневаться и выслушивать нелепые оправдания. А когда попадет куда надо, угрожает судом. Оспаривает обычно не все целиком, а какую-нибудь деталь. Поэтому и опровержения, если появятся, будут абсурдными. Таким образом он самореализуется — как художник.

Испытание турбин

Разбираю старые заметки (на «бумажных носителях»). Встречаются удивительные, а обстоятельств записи вспомнить не могу. Вот, например:

«Рассказал, как бросали куриц в турбину. Один раз бросили замороженную, и пришел турбине кердык».

Кто это мне рассказал? Когда? Что-то из области авиастроения?.. Про что это?

Ток-шоу

Проснулся перед включенным телевизором. Мои уже спали. Показывали ток-шоу, с Нагиевым. Толстая, старая, дремучая бабища, держащая белый веер, хвасталась молодым супругом, он сидел рядом с ней и говорил, что брак у них по расчету — за каждый месяц жизни с ней он получает квадратный метр жилплощади. Тут же присутствовала якобы ее дочь, она кричала: мама, с кем ты связалась, ты слышишь, он даже ничего не скрывает! Тут они стали обсуждать взаимоотношения его и ее, знает ли он, что она любит больше всего на свете, он сказал, что больше всего на свете она любит макароны, — о да, я люблю макароны, созналась бабища, я хочу, чтобы их было много, хочу в них купаться. Нагиев сказал, что у них все предусмотрено, вот сюрприз. Двое внесли в студию ванну с макаронами. Бабища завизжала от восторга и под возгласы дочки «мама, ты просто дура» стала раздеваться. Оставшись в черной комбинации, она потопала к ванне, перешагнула через край и села в макароны, это было встречено дикими аплодисментами публики. Пока она плескалась в макаронах и пела: «Я очень люблю макароны, я очень люблю макароны!», ее молодой партнер торопливо раздевался до пояса. Он тоже полез в ту же ванну, в брюках. Нагиев призывал и дочку последовать их примеру, но та заорала: нет, нет, ни за что! Те же двое окатывали друг друга макаронами, на голове у героини лежали макароны. Визг, восторг, конец передачи. Мне хотелось протереть глаза. Я был трезв (уже), и это не было плодом моего воображения.

Плохая погода

Звонит Коля Федоров: «Смотри, проспишь Божье Царство (так бабушка его говорила). Спишь, спишь, а тут Цветкова убили». Кто такой Цветков? Губернатор Магадана, оказывается. Его застрелили на Новом Арбате, в центре Москвы. Золото, рыба, нефть. Первое убийство губернатора, до сих пор не поднимались выше вице-.

Улица. Двое навстречу — поравнялись — расходимся. Услышал, как один вяло спрашивал у другого: «Не знаешь, снайпера не поймали?» — Это о маньяке-снайпере в пригородах Вашингтона (недавно застрелил, кажется, десятого). Обсуждается на наших улицах. Их маньяк!

(А почему бы не обсуждать, если они даже специально спутник запустили, чтобы отслеживать все перемещения в округе Вашингтон?)

В Публичке нельзя получить «Красное колесо», ни одного тома. «Перевозится в другое здание».

Зачитался библиографией Солженицына.

Пасмурный день был. К ночи снег пошел, мокрый.

Пожелание

Сон тяжелый, мрачный, с каким-то как бы преступлением, что ли, и я причастен к этому делу, сам же я пьян во сне. Запомнилась лишь последняя фраза — некто мне говорит: «Желаю, чтобы ты это забыл, когда проснешься». Я и забыл, тут же проснувшись.

Про Довлатова

Главным редактором был Святослав Владимирович Сахарнов. Он один из немногих в «Костре», о ком

Довлатов отозвался по-доброму. Мне кажется, Сахарнов это помнил всегда и хотел ему отплатить тем же. В преклонном возрасте, через пятнадцать лет после смерти Довлатова, он мне говорил:

— Да я и не замечал его. Молчаливый был, не выпячивался. Написал статью, что-то там про Дюма. Принес, мне понравилась. Конца только нет. Я попросил конец переделать. Он ушел, переделал.

Колдовство

Мне известен только один достоверно успешный пример применения креативной магии.

Берется кусок говна (натуральный кусок говна — отнюдь не в метафорическом смысле) и помещается в музейном пространстве.

Некоторое, достаточно большое число посвященных произносят — хором и по отдельности — малопонятные за пределами данного круга лиц заклинания трансфигурации.

И — о чудо! На наших глазах кусок говна превращается в произведение искусства!

Истребление памятников

Идолоборчество — то же, что и идолопоклонство, только с другим знаком.

Коллективный Чикатило-идолоборец, взяв инструмент, идет на охоту.

Есть сексуальное извращение сродни пигмалионизму, только круче — коллективно насиловать монументы, испытывая солидарное наслаждение.

Праздниковедческое

В Англии вчера сжигали чучела Гая Фокса. Пытаюсь представить у нас подобный праздник: чучела Степана Халтурина сжигаются повсеместно, пекутся в память о спасении царя пироги. Ладно, Халтурин все-таки, в отличие от Гая Фокса, подпалил фитиль и действительно угробил неповинных людей. Ну, тогда нам, возможно, было бы правильнее сжигать чучела Александра Ульянова и всенародно веселиться, вспоминая обстоятельства его казни.

А поскольку «пороховой заговор» в историческом отношении вообще событие очень сомнительное, лучший аналог английскому празднику мог бы таким быть: ежегодные народные ликования в честь процесса над участниками право-троцкистского блока с карнавальным сжиганием чучел Бухарина и Рыкова, например.

Деревня: летнее

Холодильник на веранде, на нем резиновая перчатка. Без перчатки нельзя открывать — ручка бьет током.

На столе большая кастрюля черники. Ешь не хочу.

Ташка прочитала «Анну Каренину» (трудно читается) и «Что делать?» (сны смешные). Митька — «Мертвые души»: «Дурацкая книга, ничего не происходит». Не «Гарри Поттер». Читал, однако, внимательно, — я протестировал; помнит, как звали одного из сыновей Манилова.

Жарко. Дождя здесь не было. Яма почти пересохла.

....

С Ташкой и дедом отправились рыбу ловить на Дальние Камни. Коту наловили уклеек.

Старики вспоминали цыгана Романа — как дед учил его, восемнадцатилетнего, азбуке и счету, а когда тот смог сосчитать в магазине рубли (тогда еще был здесь магазин), ему сказал кто-то: с ума сошел, ты же белобилетник, тебя теперь в армию заберут! — и он, испугавшись, прекратил учебу.

....

Ночью крысиные бои над нами — мы с Митькой спим в сарае; не спим то есть. Громыхаем. Нас не боятся. Выскакивают из щелей по одной — и сразу обратно. Писк. Кажется, одна партия пришла мочить другую.

Утром дед объяснил: «Так у меня там мешок комбикорма». Стало быть, со всей деревни идут отрядами.

Одна попалась в крысоловку. Тут же была извлечена и брошена на дорожку. Мгновенно появился кот, схватил — и с глаз долой. Сволочь какая. Живых бы ловил.

День. — Кабаньей тропой за речку Ливицу (почти пересохшую). Даже поганок нет. Возвращались через Машихино — Митька наступил на гадюку. Обошлось.

....

Сон в сарае. — Будто бы мы — дед, Митька и я — переходим Ла-Манш по висячему мостику. Сильный ветер, мостик качает, закручивает. Я посмотрел вниз и увидел, как дышит морская поверхность нелопающимися пузырями. Не дошли — решили вернуться.

Копчение рыбы. Родители прочитали поэму Григорьева — про доску, как мы ее купили на Сенной у бомжа, мемориальную, с места дуэли Пушкина — дед поражен.

Ташка кормит цыплят, поливает из шланга задумчиво огород, разговаривает с котом, который ловит гусениц.

Марина

Общее впечатление: не может быть, невозможно поверить. Как это? Была и нету. Уже приплывали, были видны огни города. Все были на борту, радовались, что скоро берег. Особого шторма не было. Никто не видел, как ее не стало. Была — и не стало. Никто не знает, что произошло. Ветка сказала, что поймала себя на мысли: вот Марина приедет и все расскажет, — чуть не сорвалось с языка, говорит.

Она любила смотреть на бегущую воду. У нас в Самлово ее любимое место — у ручья, в овраге. Могла три тарелки мыть час, потому что не хотела отходить от ручья.

Когда несколько лет назад ей угрожала операция на мозге (все обошлось — ничего не было), она сказала Коле (при Вете): «Стану овощем — из больницы меня не забирай, а детям скажи, что летела на самолете и самолет упал в море».

Вот и имя — Марина.

Вертолет, на котором должна была лететь, но в последний момент вся их съемочная группа почему-то пересела на другой. А этот рухнул потом на землю. Была первая катастрофа в серии вертолетных. Передали в новостях. Она позвонила нам, живая, из Хатынги, и попросила отправить кому-то во Францию телеграмму, что живы, связи прямой с Францией у них не было; мы с Веткой ночью пошли на вокзал, там работал телеграф. Это было в середине девяностых.

Машина — в прошлом году; «не подлежит восстановлению», в лепешку; Марина осталась жива.

Все ей надо было сразу, все у нее получалось. Захотела — и получилось. Быстро жила. Объездила полмира. Была на Северном полюсе несколько раз, в пустынях; в Сибири искала метеориты; в Европу, как домой, каталась. У нее были друзья по всему миру.

Летом она через меня разыскивала московских писателей-маринистов; кто-то из них написал книгу о гибели «Курска». Помню, говорила, что поедет на Север, будут снимать фильм о гибели «Курска». Ветка не знает, что они делали в море, не спрашивала. Я так полагаю, снимали фильм о гибели «Курска».

Ветка не пила. «Как же я буду пить, если я не верю?»

Принесла ее фотографию. Ветке она казалась человеком «понятным», мне тоже. Ветка знала наперед, что она скажет. И вот ее нет — и тайна.

Я посмотрел в дневнике — последний раз я ее упоминал три года назад; она спрашивала меня, кто раньше был генсеком — Андропов или Черненко, а я зачем-то записал это. И за три года о ней ни слова. Это было 17 сентября — ровно три года назад — день в день. День в день! Что это значит? Ничего. Ничего абсолютно не значит.

20 июля 2002
Самый невероятный день

Вот что было вчера.

Вчера я оказался у ангела на Александровской колонне.

После «Борея» мы поехали к Налю Подольскому — Паша Крусанов и я. Я был не прав. Я должен был встретить вечером жену на Сенной площади — согласно нашей условной договоренности. Она должна была позвонить мне на мобильник. Она работала с туристкой из США, инвалидом. Я знал, что они будут в Эрмитажном театре, не знал — во сколько.

Мне все время казалось, что я достаточно трезв. Что легко от нее скрою, что выпил. Она не заметит. Это встречу когда.

Плохо помню, как прощался с Крусановым — опять же на Сенной площади. Он поехал домой, а где был я три часа — пробел в памяти. Может быть, где-нибудь закемарил. Ходил по городу?

Уже начинало темнеть, когда я обнаружил себя входящим на Дворцовую площадь. Шел определенно встречать жену, потому что был уверен: она в Эрмитажном театре сейчас. (Точно — теперь вспоминаю: мимо Атлантов иду и глазами вывеску ищу, — я не знал, где этот театр находится.)

На середине площади, куда же ей деться, колонна. Вся в лесах. Строительную площадку обрамляет забор. Я подхожу к воротам и вижу, что они приоткрыты. Я уже на площадке. На меня смотрит сторож. Дальше поступаю, как по наитию. Вот, говорю, мне завтра делать репортаж, все равно полезу, пусти сегодня посмотреть, я сто рублей дам.

Он что-то бормочет. Я говорю: «Я нормальный». Иду к лесам и лезу по лестнице. Он меня не останавливает.

Фантастика. Я в восторге. Я залез на последнюю площадку. Далее — ангел. Он в огромном футляре, обтянутом клеенкой. Дверца — на ней замок.

В стороне от дверцы, на уровне груди, клеенка надорвана. Оставляю сумку на лесах — не потерял! — и лезу в эту щель. Я внутри. У ног ангела. Он огромен. Там еще три этажа. Лезу по лесенке выше. Я на уровне его лица. Кто сказал, что это лицо царя Александра? Ничего подобного. Лицо ангела. Глаза без зрачков.

У него через плечо тянется раздваивающаяся полоска, довольно-таки яркая в полумраке. Так надо или замазали трещину чем-то? На крыльях кружочки.

Шутка детства: «На колонне установлен ангел в натуральную величину».

Перекрестился. Становится не по себе. Я поднялся на верхний этаж. Это выше его головы. В дощатом полу только два отверстия — для пальцев благословляющей руки и для креста. На кресте, у самого торца, десять (считаю) неглубоких выемок. Зачем-то вкладываю в них пальцы.

Я трезв. (Как мне кажется.) Я отрезвел. Если пьян — то от восторга.

Мысленно прошу прощения у ангела. Не могу найти разрыв на клеенке, почти на ощупь ищу.

Потом сторож сказал мне, что я там, наверное, уснул. Мне казалось, я был там недолго. Правда, уже стемнело, когда зазвонил в кармане мобильник. «Ты где?» — «Ветка! Не поверишь! Я с ангелом!» А с каким — не сказал (думал, и так ясно). И что выбраться не могу — не сказал. Она ответила — я не помню что (если ответила), что-нибудь вроде того: «Я рада за тебя», — как обычно отвечает, когда сердится. Я не встретил ее, она была уже дома (а я и не знал и не понял). Не разделила мой восторг. И вообще — что подумать могла? Тут я нашел то место, где влез, и — вылез.

Подошел к краю лесов и посмотрел вниз. Удивился, что стою на краю и не страшно. Вообще-то я боюсь высоты.

Когда я спустился на полколонны, встретил ползущего наверх сторожа. Он бранился, он говорил, что я там уснул. Я ему отвечал, что я ведь нормальный.

— Да откуда я знаю! Может, ты самоубийца. Кинешься вниз.

Я дал ему сто рублей и сразу ему понравился. Я сказал, что сам сторожем работал, дескать, коллеги.

Он только ворчал, что боится высоты и в его возрасте уже ползать туда нельзя.

— Сколько же тебе лет?

— За пятьдесят.

Мы попрощались внизу. Я вышел, но не ушел, а стал ходить около колонны, потому что внушил себе, что жена только сейчас освободилась и теперь она знает, где я жду ее, и скоро придет. Я звонил домой и ей на мобильник. Мобильник был отключен (значит, в театре, думаю, — мало ли, ночное представление), а дома никто не подходил (значит, в театре, опять же...). На самом деле, она спать легла, завтра рано вставать. Сторож вышел. «Заходи, жену можешь и у меня подождать». Он предлагал мне «чаю или водочки, хочешь?». Я не хотел ни того ни другого, но все же вместе с ним зашел в подсобку. За стол сел. На столе пол-литровая банка стоит, на треть наполненная водой — ничего больше. Он, увидев ее, удивился. Меня спрашивает: «Это что?» — «Откуда ж я знаю, твоя банка». Он понюхал, попробовал. «Вода!» Взял и выпил. Дальше я слушал его монолог. О себе, о семье, о начальстве, о том, что скоро уволится. Я ему говорил, что у меня жена-переводчик, что она в Эрмитажном театре сейчас, что вкалывает с утра до ночи на двух работах и что даже сейчас работает, — а я? — что я? И денег не платят. (Мне.) Мы не пили ни чая, ни водки, да он и не предлагал больше. Распрощались друзьями. Он настоял, чтобы я записал его телефон.

Я дошел по Невскому до Гостиного, купил минеральную воду и сел за столик. Ночь была теплая.

Тут пиво пили. Девчонки проезжали на роликовых коньках.

Я ждал, когда она включит мобильник. Тогда бы я ее встретил.

В половину второго домой пошел. Вдруг домой позвонит? Тогда встречу из дома.

Ветка дома была. Спала. Я не верил своим глазам. Я подошел к ней и стал рассматривать, она ли это.

Удивительный день, невероятная ночь.

НЕПРИЧЕСАННОЕ 2

Находка

...Среди прочего обнаружился вдруг «Сборник основных стандартов лесозаготовительной промышленности», ГОСЛЕСБУМИЗДАТ, 1950. Люблю книги такие. Одна лишь страница подсказала целый ряд прекрасных фамилий для будущих персонажей: Затескин, Засмолкин, Сухобоков, Косослоев, Отлупов, Проростов, Лубин (Лубов), Кренев, Червоточин, Подтоварников, Мрозобоев и Мрозобоин. — А еще название: «Двойное сердце» (на самом деле это дефект древесины).

Скоро

Селение, за ним сразу чащоба. В чащобе — огромная капсула, скрытая от глаз посторонних. Местные жители принимают ее за строение, что ли сарай, в котором живут приезжие. На самом деле это космический корабль. Экипаж — двое мужчин и женщина. Какое-то отношение к ним имеет мой отец — молодой, без бороды. Меня пустили в строение, сижу за столом в предбаннике, пристегнутый к стулу ремнями. Меня несколько смущает, что стены у космического корабля бревенчатые; наверное, стилизация, думаю. Возможно, мы уже в космосе. Иллюминаторов нет, окон тоже. Спрашиваю: мы уже летим? Нет, мы полетим 9 января следующего года. Меня пускают в кабину пилотов, она вся стеклянная. За стеклом — густой лес, темнеют кусты. Над головой высокая башня, стеклянный купол, под ним антенны. Я поражен: эта башня почему-то не видна снаружи. Вспоминаю: по деревне ходил мужик с фотоаппаратом. Наверно, шпион.

Прикладная поэзия

Ноу-хау некоего спившегося литератора: оставлять, посещая рюмочные, восторженные записи в «Книгах отзывов и предложений». Вроде:

Одна лишь ступенька вниз... —
здравствуй, родной «Ливиз»!
Нет мне пути назад!
Спасибо тебе, «Асад»!

Его заметили и полюбили хозяева питейных заведений — угощают, ждут, цитируют. По-своему популярен. Нашел свою нишу.

(Впрочем, нет уже ничего — ни ликероводочного завода «Ливиз», ни рюмочной «Асад» на Белинского.)

Рука президента

Напиши рассказ «Рука президента», советует Коля Федоров. Однажды, когда президентский кортеж поворачивал на Фонтанку, я видел (из окна) руку Ельцина (в окне автомобиля): шевелилась, приветствовала.

Итак, некто, вроде меня, рассказывает о том, как увидел президентскую руку.

— Ну как вам сказать... На первый взгляд ничего необычного, рука как рука... И все-таки это рука... знаете, рука Президента!

Большая рука. Она больше обычной руки. Меня, говорит, это больше всего поразило: размер!

Величественна. Неторопливы движения. Уверенность, воля.

Даже хорошо, что видел одну лишь руку. Зато какую!

— А кстати, какую? Левую, правую?

— Разумеется, правую.

За острый и нетривиальный взгляд героя начинают уважать. И за причастность к событию. И он уважает себя, чувствуя, что уважаем.

Случай с глазом

А было вот как. — Я шел с Веткой домой по Владимирскому. Вдруг замечаю, у меня в правом глазу словно круглая дырочка — маленькая такая и блестящая. Причем замечаю ее, когда начинаю косить вниз и направо. Вот поймал и четко вижу: кружок почти правильной формы, как будто мне глаз прожгли лучом лазера. Но не больно. «Ой, говорю, Ветка, тут что-то у меня...» — и замечаю, что в кружке что-то шевелится. Остановился и обомлел: в кружке отражаются окна дома, что на той стороне улицы, а я-то смотрю в другую сторону. И такое ощущение, что это все в самом глазу или рядом. Или вдруг вижу, как проходит человек, на которого не смотрю. Или вдруг увидел купол Владимирского собора, хотя смотрю в противоположную сторону. Словно перед глазом у меня повисло крохотное зеркальце. Нечто необъяснимое. Мне не по себе сделалось. Пытаюсь это зеркальце рукой смахнуть, будто муху рукой ловлю. Тут уже Ветка испугалось. «Пойдем к врачу немедленно!» А поликлиника СТД, куда я записан, совсем рядом — на Невском. И ведет меня Ветка решительно назад к Невскому, в поликлинику, а я только вижу, как верхние этажи мелькают, хотя смотрю вниз и вбок. На перекрестке был красный свет, Ветка стала мне глаз рассматривать. Туда посмотри, сюда посмотри. «Нет у тебя там ничего». — «Как же нет, когда вот...» — тут я пальцем за нос хвать себя, и кружок пропал. Отпустил руку — опять появился. Оказалось, мне на нос прилипла крохотная металлическая штучка такая. Вот и весь фокус.

Любовные письма

— А какие письма писал Пушкин к жене!.. К Наталии Николаевне!..

— А какие письма писал Блок к жене!.. К Любови Дмитриевне!..

— А какие Достоевский — к жене!.. К Анне Григорьевне!..

— А еще раньше к Аполлинарии Прокофьевне Сусловой!..

— Ну этого мы не знаем, потому что подавляющее большинство писем Достоевского к Сусловой до нас не дошло. Говорят, шесть или семь писем сжег уже в середине двадцатого столетия один образованный человек, получивший их себе в достояние.

— Письма Достоевского — к Сусловой!?..

— Не забудьте, любовные письма! Очень личные письма!.. Тот человек решил, что никто не должен читать такие откровенные письма. И сжег.

— А вот с письмами Достоевского к жене издатели Полного собрания Достоевского поступили иначе. Как известно, некоторые места в посланиях мужа Анна Григорьевна густо зачеркивала, и они теперь не поддаются прочтению. Впрочем, немного, всего несколько слов. *(Берет 29-й том.)* Цитирую: «Редакцией Полного собрания сочинений Достоевского возбуждено перед соответствующими архивохранилищами ходатайство об использовании новейших методов фотографирования с применением специального освещения с целью расшифровки зачеркнутых А.Г.Достоевской строк и слов. Однако пока положительных результатов в расшифровке этих мест за малыми исключениями, к сожалению, достигнуть не удалось...» Вот уж не знаю, к сожалению или к счастью.

— Думаю, к счастью.

— Если б Анна Григорьевна знала...

— Знала, знала — потому и зачеркивала так жирно.

Когда гудят

На Московском нескончаемый поток машин. Движение по Фонтанке остановлено светофором. Похоже, сломался: красный, красный, и ничего кроме красного.

Один, не выдержав, загудел. Тут же гудеть начинают другие.

Я переходил улицу и видел американцев, остановившихся под вывеской магазина бытовой техники. Пожилые туристы, одетые, как водится, не по-нашему смело, не знали, куда идти — держали карту города и что-то объясняли друг другу, возбужденно жестикулируя.

Внезапный вой машин они приняли на свой счет — шарахнулись в сторону. Я видел испуг на их лицах, когда они обернулись на звук. Секунда замешательства, и вдруг — как по команде — побежали за угол дома.

Водители продолжали гневно гудеть, не заметив испуга Америки.

Чаяли зеленого.

Долбаный светофор.

Всё через жопу.

Из переписки с В.Л. Топоровым (2013)

ТОПОРОВ:

Сережа! Приехал человек из Киева по поводу выставки. Сегодня где-то с пяти мы будем с ним в «Борее». Хорошо бы Вы подъехали тоже и презентировали (в том или ином виде) книги, обглоданные крысами.

НОСОВ:

Виктор Леонидович! Сегодня перевожу вещи на новую квартиру, вряд ли смогу выбраться в «Борей», да и объекты упакованы в одной из сумок (искать надо). Речь идет о трех книгах с разной степенью погрызанности. Одна сгрызана крысами почти на треть! И название хорошее — что-то вроде «Их имена не забудут». Две другие погрызаны незначительно (стихи Межелайтиса и еще какая-то). Плюс четвертая — моя собственная («Памятники», с автографом автора), погрызанная собакой. Убегаю. Если что, звоните на трубку.

(Вдогонку).

Нашел три книги. Одна из них оказалась «Днем поэзии — 1990» (первая степень погрызанности), другая лениздатовская «Их имена забыться не должны» (вторая степень погрызанности), третья (и соответственно, третья степень погрызанности) — с предположительным названием «Римский-Корсаков на Псковщине», имя автора уничтожено целиком. Для того чтобы четче сформулировать концепцию, хорошо было бы знать идею всего предприятия. Хотя бы в двух словах.

ТОПОРОВ:

Сны наяву. Визионерство. Особый взгляд на мир. Зыбкая грань между клиническим сумасшествием и художественным творчеством. Артефакты.

НОСОВ:

Если так? «Книга как пищевой объект: от духовного к материальному». Демонстрация пяти объектов: от цельной книги до трухи в баночке (съедено целиком). Сопроводить текстом.

ТОПОРОВ:
Хорошо. Я бы только добавил (или озаглавил) «Дематериализация книги».

НОСОВ:
Отлично!.. Надо только подумать о парадоксальности дематериализации: пища-то духовная как раз в материальную превращается.

Убегаю.

Самоцитатник

«...Я вот с некоторых пор живу на Карповке — в тупичке за нашим домом начинается промзона. Каждый день прохожу мимо обыкновенных окон первого этажа (сорок метров от нашей парадной), за которыми 10 октября 1917 года на тайном заседании руководства партии большевиков Ленин, откуда-то появившийся (мы знаем откуда), сумел убедить своих сподвижников приступить к немедленной подготовке вооруженного восстания. Через две недели всё и случилось. Как-то это странно мне понимать — что живу рядом с местом, где был дан мощнейший толчок к повороту мировой Истории. И не последние персонажи мировой Истории — Ленин, Троцкий, Сталин (и другие товарищи) — собрались в ту ночь по соседству ну как бы со мной, чтобы ее (мировую Историю) подтолкнуть к повороту. Как-то странно мне это... особенно когда вижу бомжей, сидящих тут на поребрике с пластмассовыми стаканчиками для подаяний в ожидании паломников к гробнице Иоанна Кронштадтского, что в монастыре на той стороне

Карповки... Или когда монахиня вечером высыпает
на асфальт из ведерка крупу на радость слетающим-
ся голубям... Или когда, перегнувшись через перила,
видишь, как подземная труба из того исторического
дома одаривает мутную Карповку чем-то еще более
мутным, привлекающим внимание рыбки-колюшки,
а также уток... Я затем это все говорю, что Ленин на
том заседании был в парике и, само собой, без усов
и бороды. И это тоже как-то странно представить.
Не то, что он выглядел так, а то, что История верши-
лась при маскараде. Вот что странно. Как ни крути,
а то, что он выдавал на том заседании без протокола,
по силе воздействий на ход грядущих событий было
важнее всего произнесенного им за последнее время:
с броневика и балкона он изрекал декларации, а здесь
надо было переубеждать возражавших и убеждать ко-
леблющихся. В своем лохматом парике он яростно
атаковал Каменева и Зиновьева (Сталин запомнит),
готов был порвать обоих на части, а Зиновьев был
тоже на себя не похож — он был с бородой, отчего по
пришествию на эту квартиру даже не всеми был узнан вначале (тоже скрывался). Не только по вопросу
отношения к вооруженному восстанию, но и по вопросу отношения к бороде они были в противофазе:
один сбрил, другой отрастил бороду...»

> *Из книги «Конспирация, или Тайная жизнь*
> *петербургских памятников—2»*

Не вспомнить

Ленин приснился. Будто мы за столом, человека четыре, и тут еще подсаживается один: Ленин. И стано-

вится ясно, что это Ленин, такой от него волей веет. А он достает шкалик вроде как из готовальни (там еще кремы какие-то, пузырьки: «Сами не знают (сказал), что изготовляют»); наливает нам, и все мы пьем водку, а я про себя: «Надо же, Ленин!» И очень интересный случается разговор, я потом его пытаюсь запомнить в деталях, это уже когда понимаю, что Ленин приснился, а не был наяву, однако, сам еще сплю, но повторяю про себя случившееся, чтобы запомнить сон, ибо знаю, что это был сон, но сон уникальный, а когда проснусь, забуду (все это чувствую во сне как бы по прошествии сна о Ленине), и вот просыпаюсь, и вот забываю весь наш разговор, а что помню, так только это.

Некто попросил политического убежища на Украине, объявив себя известным российским писателем

И вдруг о нем (на короткое время) узнали все. Теперь он в самом деле известный. Не известно только, что написал. Этот человек, задержанный на границе, поставил в щекотливое положение Украину. Не дать политического убежища никак нельзя. Но убежище в данном случае означало бы подтверждение профессионального статуса гонимого, а это для принимающей стороны в силу отсутствия соответствующих свидетельств момент весьма деликатный. Лично мне в этой истории нравится одно: слово «писатель» в общественном сознании еще не пустой звук — ведь объявил он себя не актуальным художником и не солистом балета, а известным писателем. Так что я за писателей рад.

И?

Картошка при варке всплыла. Это признак чего? Чего предзнаменование? Зачем всплывает картошка? Раньше такого не было.

Какаэф

Ночью читал «Историю Клуба–81» покойного Б.И.Иванова — интересно, особенно про отношения с КГБ. Там и про интеллигентскую мнительность есть, присущую тогдашнему мироощущению. Решил выключить комп, и тут мне — аж мурашки по телу: «Сергей, похоже, что какой-то незнакомый вам человек недавно прокомментировал вашу общедоступную публикацию. Нам кажется, самое время проверить некоторые настройки». И подпись: Команда по конфиденциальности на *Facebook*. — Стало быть, *KKF*.

Лаурает

Максим Жуков получил премию им. Геннадия Григорьева.

Я догадывался, что так и будет. И вот почему.

Недели две назад случилось мне выпивать с Павлом Крусановым и Сергеем Коровиным на кухне у последнего. Зашел разговор о поэзии, вот я и спросил Крусанова, члена жюри, за кого же он проголосовал в первом туре (или как там это называется?). Павел Васильевич по большому секрету выдал свои предпочтения. Он сказал:

— Девять баллов я дал Юле Беломлинской.

Хороший выбор.

— А десять?

— Десять баллов дал человеку, — сказал Крусанов, — о котором никогда не слышал, его фамилия... — и тут член жюри запнулся, — нет, — сказал он, — я догадываюсь, о чем вы подумаете, но это совсем не так...

И мы с Коровиным, зная страсть Крусанова к жесткокрылым (у него их дома тысячи, тысячи, и в каждом его значительном тексте — обязательно будут жуки) в один голос спросили:

— Жуков?

— Ну да, — слегка смутившись, ответил Крусанов, — но я правда не из-за фамилии.

Позже я залез в «Журнальный зал» и почитал, что пишет поэт по фамилии Жуков.

Крусанов прав. Максим Жуков — отличный поэт.

По четыре часа и дольше

Смею предположить, что очередь на Серова в двадцатиградусный мороз это коллективная реакция на стресс — на телеящик с его новостями, на господство попсы, на «Россия — страна-дауншифтер», на срач наш фейсбучный. Возможно, в этом еще и коллективная тоска по поступку. Ведь и в другое время можно посмотреть Серова — без очереди и мороза.

Я, например, давно говорю, что водка должна быть горькой, невкусной. Опрокинуть — это поступок. А если пьется как пепси — это не истинное. Не водка. Не то.

Бутафорское фото

Почему они не улыбаются — почти никто? Почему так серьезны — в этих забавных и трогательных декорациях?

Так фотограф велел? Того требует жанр?

Но фотографы, как известно, любят, когда в объектив улыбаются. «Сейчас вылетит птичка!»

Выдержка как элемент экспозиции и длительность жизни улыбки уже давно соизмеримы (техника фотографии шагнула вперед), — из объектива стали выпархивать шустрые «птички», знаменуя остановки счастливых мгновений.

Только тут без «птичек», тут все очень и очень серьезно.

Не похоже, что они *играют* роль, похоже, что скорее воображают себя действительно на коне, в аэроплане, в автомобиле, в рассекающей волны ладье. Вернее, думают, что другие, глядя на это, так и поймут: все настоящее — все всерьез.

Это как если бы Дед Мороз, наш современник, одаривая участников корпоратива зубочистками и зажигалками, вообразил бы вдруг, что они серьезно верят в натуральность его бороды и в то, что он настоящий. Стоит лишь допустить, что с ватной своей бородой он думает именно так, и на офисную вечеринку упадет зловещий отсвет страшилки.

Вот что-то и в этом есть жутковатое.

Лично мне на ум приходят посмертные фотографии конца позапрошлого века, пост-мортем (кто видел, тот не забудет). Особенно те, где умершие празднично одеты и посажены, как живые, в кресло или за стол, и попробуй-ка догадайся, что на смеженных веках у них всё умеющим фотографом нарисованы открытые глаза. Пытаясь обмануть смерть в своей ли, в чужой ли памяти, пытаясь подменить реальное горе *сейчас* бутафорным благополучием *вообще*, живые фотографируются с любимыми мертвецами, как бы живыми — как бы живыми по-настоящему.

А кто знает, как будут смотреться когда-нибудь наши обманки?.. наш фотошоп — и в самом широком смысле?..

Улыбайтесь, господа... больше дурачьтесь!

Чтобы к ней относиться слишком серьезно, слишком она серьезная штука — жизнь.

Наблюдение

Я заметил, в самоубийство Есенина не верят в основном люди непьющие.

Похоже, пьющие знают чуть больше о жизни.

«У! У!»

Вышел я тут по случайной ссылке на какой-то трек, а там про Путина поют — не то за, не то против, — уже отключить хотел, и вдруг мой полуторагодовалый внук, еще говорить не умеющий, начинает «у! у!» восклицать и куда-то пальчиком показывать.

Смотрю, а там на полке — бюст Путина, который мне Крусанов однажды подарил. Ну, не бюст — бюстик, и вообще — солонка. Это понятно, соль — в Путине. Но что у детей в головах?!

Слух

Говорят, всех дураков заставят богу молиться.

Г-г/Ц-г

Розанов, как известно, стремился «преодолеть литературу». Одолеть, как он говорил, Гутенберга, его холодный печатный станок. Возвратить письменной речи живое слово.

По-настоящему, литературу одолели уже в наши дни, причем так, как это и не снилось Розанову. Книгу одолел интернет. Типографскую краску на бумаге одолели электрические заряды в полупроводниках. Избранничество одолено всеобщей доступностью. Неподражаемость — инфляцией выражений. Гутенберга одолел Цукерберг.

Полагаю, сегодня потребность сделать прыжок из «профессии» испытывают многие профессиональные литераторы. Не каждый на это решается и не у всех получается. Куда уйти от себя? В себя ж самого? В социальные сети?

После условного Цукерберга с его короткой электронной памятью хочется Гутенберга — живого, почти что вечного и что ни на есть бумажного.

Хочется, выпрыгнув, впрыгнуть.

Из недописанного предисловия

Вам никогда не кажется, что за вами кто-то наблюдает? Может быть, даже из другого измерения?

Не кажется. И это хорошо.

И моим героям не кажется. Хотя как раз за ними есть кому наблюдать.

За ними есть кому наблюдать, а им не кажется.

За ними наблюдает читатель. Только они этого не знают.

Я уже молчу про автора-рассказчика, который их ведет по жизни, но ведь и он тоже по-любому читатель, причем активный (ему еще и вычитывать приходится, править), — но где уж знать об этом персонажам!..

В прямом смысле они у меня зрячие, а некоторые почитают себя дальновидными. Как и мы себя почитаем достаточно дальновидными — в нашей реальности. А увидеть нашу подслеповатость (и их, и нашу) способен Читатель. Если таковой есть.

И если это ему интересно.

Я уже не помню, почему меня по молодости так занимала эта авторская стратегия — создавать ситуации, когда читатель видит больше, чем персонаж. А иногда даже больше, чем рассказчик, как в рассказе «Лунное затмение», где прием утрирован до предела (впрочем, там рассказчик и есть персонаж, повествование затеяно от первого лица).

Буквально сейчас (в «Борее», где пишу эту страницу) услышал цитату из Юрия Дышленко, героя ленинградского андеграунда (роман его, впрочем, не читал): «Я пришел в этот мир, чтобы достойно проиграть сражение с неопределенностью. Надо уметь проигрывать». — Вот-вот, и мои герои, возможно, захотели бы так сказать, если бы знали они, зачем пришли и с чем сражаются (да и вообще — что сражаются), иными словами: если бы знали они — кому проиграли.

Замысел пьесы о любви клептомана

В голове ночью голоса звучали. Герой крадет чужую невесту — при том что оба до того даже знакомы не были — любовь с первого взгляда (это его), у нее ссора с другом, в общем, она позволяет себя украсть... Он и она. Она и он. Чувства. Клятвы. «Где ты таким словам научился?». А потом выясняется, что он клептоман, у кого-то мобильник украл — едут в поезде, говорят о высоком, хорошем, а в кармане звенит и звенит, — тут хозяин идет на звонок и находит мобильник... Бьют, но не сильно. Она жалеет его. Но не может понять... Она тоже вещь? Ну и т.д.

Вдруг

Спросили на радио, что думаю по поводу памятника гопнику в СПб — все-таки установят или нет?

Потрясающе. Некто из Новосибирска, откровенно представляющийся специалистом по партизанскому маркетингу, в частном порядке завел сайт с опросом, надо ли в Петербурге устанавливать памятник гопнику (абсурдистское обоснование прилагается). И весь огромный город это всерьез обсуждает — надо ли, а если надо, то где: в спальном районе или напротив гостиницы «Октябрьская»? В заголовках уже как о решенном деле: «Памятник гопнику установят в Петербурге». Синдаловский на полном серьезе протестует в газете «Метро». Всеобщее возбуждение, граничащее с паникой. Партизану-маркетологу звонят в прямом эфире в Новосибирск. Представляю, как ему весело. Судьба Петербурга в его руках.

СПб

Многим в Петербурге не нравится, когда говорят «Питер». А мне проще «Питер» сказать, чем произносить «Санкт-Петербург». Я и не говорю никогда «Санкт-Петербург». А Питер еще у дедушки Крылова есть. Да вот же! Андрей Белый — в качестве географического постулата — в самом начале «Петербурга»:

«Петербург, или Санкт-Петербург, или Питер (что — то же) подлинно принадлежит Российской Империи».

Секацкий

Все одеты по-зимнему, один докладчик налегке — рассказывает про миссию пролетариата.

Кто знает

Пишут, что *Panasonic* возрождает выпуск проигрывателей виниловых пластинок.

А я думаю, производство пишущих машинок тоже наладится.

И случится это раньше, чем грохнутся все компьютеры.

К вопросу о присвоениях имперской Россией украинских изобретений

С борщом у меня дело имеют в четырех романах: собираются приготовить в «Хозяйке истории», готовят в «Члене общества», непосредственно едят в «Обезьяне» и «Фигурных скобках», правда, в последнем случае — борщ холодный.

А вот щи едят только в рассказах. Не знаю, почему так.

Три микроприключения в минских автобусах

Заплатить за билет я сумел только с третьей попытки.

1) Надо было проехать одну остановку. Проехал. Даю водителю 20 000 (билет стоит 5 500), он отсчитывает сдачу, одновременно закрывая двери. «Откройте, пожалуйста!» — «Вам выходить?» Дает деньги и открывает. Выйдя из автобуса, обнаруживаю, что он вернул все мои двадцать, только разменял. Или за одну остановку не захотел брать, или решил, что я вошел в автобус исключительно для того, чтобы разменять деньги.

2) Проехал две остановки. Хотел заплатить за проезд, но водитель отмахнулся, — поленился связываться, я полагаю.

3) Дал шесть бумажек по одной тысяче. Водитель пять взял, одну вернул и попросил заменить. Я решил, что дефектная: смотрю на нее и не могу понять, что в ней плохого. Оказывается, вместо тысячи я дал ему таковых пятьдесят. Купюры номиналом 1000 и 50 000, на взгляд приезжего, не различимы. Исправив ошибку, с отрадной мыслью о честности минских водителей я наконец приобрел билет.

Инопланетное

Спрашивают, есть ли такие, кто не видел ни одной серии «Звездных войн».

Есть.

P.S. Спрашивают, кто спрашивает. Ну не знаю. Инопланетяне, наверное.

Чтение вслух

Ну вот как такое можно было написать!

«...сказал он, успокоивая Пьера, вместо того чтоб быть успокоиваемым им».

Ведь нарочно же он это «им» в такой позиции тут — для пущей корявости.

Но, кажется, ничего — сумел выговорить. Прочитал кусочек в прямом эфире.

Выдюжил.

Отчет

А ведь у меня много про девяностые — про ту атмосферу и мозгов состояние. Целиком — «Член общества, или Голодное время» и «Дайте мне обезьяну», флешбеки в романе «Грачи улетели», рассказы всякие («Закрытие темы», «Набоб» и пр.), половина текстов из «Памятника Во Всем Виноватому» и «Музея обстоятельств», включая дневники. Пьесы «Дон Педро» и «Берендей», а также одноактовки и просто мелочь, написанная в основном для радио. Не говоря уже о комментариях к григорьевской «Доске» (и личном участии в ней на правах персонажа). И недописанного (отложенного) немало. Смотрю на себя в зеркало и вижу, на что смотрю: дык ты ведь и есть энциклопедия девяностых. Их, дык, атмосфера.

Непредусмотрительность

Паразит заинтересован в жизнедеятельности хозяина. Забавна критика, утверждающая, что литературы нет.

(Так, к слову — по случаю.)

Конец трилогии

Посмотрел наконец — чуть ли не первым сеансом в городе — про голубя, который сидит на дереве и размышляет, значит, о смысле бытия. Рой Андерссон, он и есть Рой Андерссон. Мой режиссер. Куда бы теперь себя ни отправил — в автобус, на почту, в магазин, — ощущение, что так и не вышел из фильма.

Прямым текстом

Меня спрашивают: имеет ли отношение крем «Доктор Носов» к моему роману о межпозвоночной грыже («Франсуаза, или Путь к леднику»)?

Ответственно заявляю: нет.

Между прочим

В переводе на английский «Фигурные скобки» это *"Braces"*, обратный перевод дает «Скрепы».

Несомненно

Нынешнее поколение российских граждан будет жить при телепортации.

Про нас

Посмотрел «Грозу» в БДТ, постановка Могучего. Ночью засыпал с мыслью «что это было?» — а утром проснулся с устойчивым ощущением, что это было со мной: как бы был я вчера двуногим и с перьями.

Птицы воспринимают людей не так совсем, как люди себя. С точки зрения птиц, человеки не говорят, а поют и чирикают (чаще чирикают). И вообще, человеки, с точки зрения птиц, недоптицы. Несвободны и много мозгов.

Птицы смотрят на нас, на наши драмы-трагедии, удивляются и нас понимают — все мы вместе твари живые. Человеку бы человека понять.

И пускай не птичье это дело в креслах сидеть, мы сидели вчера с открытыми ртами, то бишь клювами.

Востребованность

Любопытно было бы узнать, как это происходит. Вот поднимается композитор Юрий Лоза на Лобное место и объявляет на всю Красную площадь: «Аристотель — дурак!» — а журналисты уже тут как тут, и разносится новость по просторам необъятной Родины... Или же они ему все-таки сами звонят с известной регулярностью: «А что вы думаете об Эйнштейне?.. А о Гагарине?.. А о Чайковском и о балете "Щелкунчик"?..»

Альберт Леонидович Филозов

Мне повезло. Он играл в «Доне Педро» вместе с Алексеем Васильевичем Петренко.

Недолго. Должны были привезти в СПб, а на него в Москве напали какие-то уроды. Потом у Петренко прихватило сердце.

Здорово играли. Самим нравилось.

Помню, перед премьерой на фестивале в Челябинске попросил разрешения заменить одну реплику. «Без проблем. А какую?» «Ну, эту... "К чертовой бабушке"». Не переносил «черта» и всего с той стороны.

Попросил разрешения!

Словарь русских синонимов

Синонимы к слову «телевизор», интернет-версия (есть неожиданные):

Брехло. Брехун. Быдловизор. Быдлоящик. Врун. Вход в иной мир. Гавноящик. Голубой унитаз. Голубой экран. Дибилизатор. Домашний экран. Дуроскоп. Жопа. Зад. Задница. Зомбификатор. Зомбовизор. Зомбоящик. Кретиноскоп. Лгун. Лицо. Телебобер. Телемусоропровод. Телеящик. Телик. Тивисет. Тивишник. У голубого экрана. Чужой. Шайтан-коробка. Шарманка. Ящик. Ящик для идиотов.

Самое неожиданное здесь «лицо». Почему «лицо»?

Нет, «жопа», «зад», «задница» — тоже странные, но с этим проще смириться.

Не понять

Социальные сети — сплошной стресс. Постоянно приходится решать, кто перед тобой — правдолюбец, дурак или провокатор.

Хуже всего, когда все трое в одном лице.

Будний день

Иду вдоль Фонтанки, навстречу некто — с просветленным лицом.

— С праздником вас, — и протягивает руку.

Я — машинально:

— И вас тоже.

(А с каким?)

Он — поставленным голосом:

— Минуточку. Сегодня в наш город приезжает с единственным концертом...

Я поворачиваюсь и ухожу.

Он — уже с раздражением:

— Да возьмите же билет пригласительный!..

Прочь, прочь, прочь!

(А в самом деле, какой праздник сегодня?)

Хорошо

Вчера разговаривал с таким же, как я, коллекционером избирательных бюллетеней. Он признался, что, если будет второй тур, он пойдет и проголосует, изменив принципам. Я возликовал. Ценность моего бюллетеня резко возрастет.

Репутационное

«ЕС запретил продавать напитки от имени Шекспира». — Забавно, что речь идет об ущербе репутации Королевской Шекспировской компании. Репутация самого Шекспира никого не волнует.

Может ли волновать сомнительная репутация?

Сомнительная — в силу сомнительности самой персоны.

Поток событий

Занят так, что новости узнаю урывками. Что происходит? Зачем голые девки пилят крест, установленный в память жертв незаконных репрессий? И почему это снимают многочисленные журналисты? Кто укусил полицейского — собака или гроссмейстер?.. А как с тем, который чихал и плевался? Помните, недавно — на портрет Путина? Его же судили? И что с ним теперь? Уже забыт?

Короткая память.

Отказ от боления

Купили двух игроков за сто миллионов евро. Это прекрасно. Но — я? Почему я должен болеть за эту команду бесплатно?

Документы

Неприкосновенными должны быть памятники. Что Ельцину, что Ленину. И не так важно, Дзержинский ли он или Чижик-Пыжик в Санкт-Петербурге. Памятник — это документ. Ельцин Екатеринбургский — страшноват, неказист, почти карикатурен. Но тем выше его ценность как документа эпохи.

За последовательность

Странно наблюдать, как в некоторых знакомых, казалось бы, вполне вменяемых людях, вдруг пробуждается Емельян Ярославский. Предлагается восстановить бассейн «Москва»? Давайте уже тогда построим Дворец Советов.

Персональные страшные сны

...Был мне сегодня сон театральный. Будто где-то на малой сцене какой-то (а я в зале) ставят «Времени вагон» и — ничего похожего. Актриса забыла текст, все время говорит «э-э-э» и «как это». А после перерыва (был!) вообще пошла какая-то околесица. Да еще с кордебалетом. Я пьесу не узнал. Так и проснулся с ощущением стыда и ужаса.

Как-то спросил К-ва — как драматурга, как сочинителя: не снятся ли ему тексты (мне снятся), — а он ответил как актер: «Мне снится, что я играю на сцене, а зрители покидают зал...»

Новое в 2002-м. Свидетельство

Характерная деталь конкретного времени: мобильники. Они стали звенеть повсеместно. То Моцарт, то «Кармен», то просто на манер будильника. У меня — Бах. Такой получил в подарок, с Бахом.

Вдруг откуда-то из паха
раздается фуга Баха.

Значит, кто-то мне звонит,
фугой Баховой звенит.

Больше жизни

...В том журнале платят сразу, как только получают
материал. Им, в частности, требуются рассказы, но
не как рассказы, а как случаи — без авторской интонации, без авторского я. Там рады всему — лишь
бы «о жизни». Но авторские тексты им не нужны.
Другое дело: «пересказал такой-то», «записал тот-
то», «услышано тем-то». Только не авторство. Они
принципиально против авторства. Читателю будто
бы не нравится, когда кто-то сидит за столом и при-
думывает, сочиняет. Читатель не любит писателей.
Читатель любит «жизнь».

Когда ж это было?

...Юбилей МХАТа по ОРТ, прямая трансляция.
Додумались посадить актеров на сцене за столики
и ублажать их спиртными напитками. Очень скоро
за столиками стали вести себя как в ресторане. Ефремов был и за тамаду, и за виновника торжества, и за
конферансье, иногда пропадал надолго, его искали.
Поздравительное действие происходило соответственно на авансцене — между столиками и зрителями в зале, тех тоже пытались обносить. Магомаев
пел финальный монолог Сони (про небо в алмазах).
Кричали чайкой. И не один раз. Письмо Рахмани-
нова Станиславскому тоже было почему-то спето

(вот написал Рахманинов Станиславскому частное непритязательное письмо, — мог ли подумать, что спустя годы его эпистолу будут петь перед многомиллионной аудиторией?). До глубокой ночи показывали, мы спать легли...

Конец девяностых

Галя на радийной летучке о бесфактурном времени: не надо ни актеров, ни драматургов. От нашего времени не останется голосов. Грядет черная дыра.

Барахолка на Сенной

— Свинцовые тапочки! Кому свинцовые тапочки? Подошел посмотреть. Ну конечно, ослышался: *джинсовые*.

Хорошие дети

Премьера детского спектакля по Линдгрен, инсценировка Игоря Шприца, режиссер Владимир Воробьев; зал, полный детей. Зинчук, Шуляк и я сидели в ложе — нас пригласил Игорь. Зрители шумели. Актеры кричали. Когда «мальчик» Эмиль спросил со сцены, не одолжит ли ему кто-нибудь немножечко денег (чтобы купить коня), с мест сорвались дети и понесли ему свои кровные копейки; Эмиль не успевал благодарить, действие зависло; пришлось вмешаться билетершам — детей перехватывали в проходе.

На самом деле все хорошо

Зашел в Театр комедии к Марине Быковой... Спрашивает, не знаю ли я, как Михельсон. Я: «А как Михельсон?» — «Он же лишился памяти...» — «Елки зеленые! Так значит это был Михельсон!»

Несколько дней назад, переключая программы, я захватил хвост сюжета, самый конец — там некий человек почему-то лишился памяти и забыл свое имя. В остальном врачи нашли его здоровым. Вот он сидит где-то, кажется, в милиции с глуповатым лицом, корреспондент сует ему в нос микрофон и спрашивает имя, а тот говорит: «Не помню». Какая-то сердобольная женщина ведет к себе домой — будет у нее жить до опознания. Голос за кадром просит опознавших позвонить в редакцию. Человек, потерявший память, был до жути похож на Михельсона, глав. режиссера театра «Особняк». Но я подумал: «Не может быть». Не поверил глазам.

Теперь Марина рассказала мне, что ему, оказывается, из окна упала на голову бутылка. Шел человек по улице, а ему — тюк. Ей же об этом рассказывала московская критик Р.П.Кречетова (с которой, кстати, Михельсон меня в прошлом году знакомил). Предполагаю, что она видела тот сюжет целиком.

Посокрушались.

Правда, я в силу своего цинизма все-таки предположил, что это розыгрыш (а вдруг?) — (потому что знаю, что театр «Особняк» как-то связан с программой «Сегоднячко»), но, во-первых, сказала Марина, сейчас не 1 апреля, а во-вторых, уважаемый человек и пр.

Дома позвонил Образцову. Он ничего не знал. Воспринял очень серьезно, почти трагично. Сказал, что будет звонить в «Особняк» (я ж не решаюсь).

Перезванивает. — Шутка. Это они так решили обратить на себя внимание. — «Ребята дают».

Еще одна шутка

Образцов рассказал, как пошутил в юности драматург В. Приятель В. снес его стихи Роберту Рождественскому, — вот, мол, умер талантливый поэт. Рождественский по доброте душевной опубликовал их в «Лит. Учебе» со своим предисловием — в качестве некролога.

Дела житейские

Дневник Кафки. — «Человек, не имеющий дневника, неверно воспринимает дневник другого человека. Когда он читает, например, в дневнике Гёте, что тот 11 января 1797 года целый день был занят дома «различными распоряжениями», то этому человеку кажется, что сам он еще никогда так мало не делал».

Помню, кто-то из поэтов укорял Бунина за недопустимо житейскую дневниковую запись в день «Кровавого воскресенья».

Сам Кафка 2 августа 1914 записал:

«Германия объявила России войну.

После обеда школа плавания».

Один из нас

Почти семь лет не виделись.

Встретились у Казанского.

Это не худоба, это дистрофия.

Зрачки мутные, в уголках рта словно мел. Седой. Мокрая ледяная ладонь. На нем рубашка с длинными рукавами; я спросил в лоб: ты на игле? — Говорит, нет.

О том, как снизошел на него Святой Дух. У пятидесятников. Позвали, пришел, слушает; они поют наивные песенки, Бога хвалят, а кто-то один: «А!.. А!.. А!..» — Он оглянулся: сидит инвалид в коляске, весь покореженный, немой, безъязыкий, и Бога хвалит по-своему: «А!.. А!.. А!..» — вместе со всеми. Вот тут он и почувствовал.

На паперти европейских храмов будет продавать рисунки ангелов (сам нарисует). Пять евро за штуку. Потом поедет в Вифлеем на вырученные деньги. Ездил сегодня в Университет, где ему перевели на несколько языков: «Помогите добраться до Вифлеема». Оказалось, что нет кафедры итальянского, некому перевести. — «А и хорошо, я в Италию тогда не поеду».

«Выросли на молоке петербургского идиотизма». — О здешней культуре.

Как-то стал читать «Петербург» Белого и почувствовал, что останавливается сердце — бросил сразу. У Белого был гной в селезенке, сказывалось на голове. Здесь все сходят с ума. Вот Гоголь приехал в Петербург, начал малороссийскими повестями, пожил немного, и куда его понесло? Гоголя и Достоевского надо вообще запретить — они заражают шизофренией. Он и сам если пишет, получается шизофрения, а он не хочет никого заражать. Надо не писать, а хвалить Бога. В Вифлееме.

В Женеве у него спрятаны документы. Получив документы, он их прячет куда-нибудь, не носит с собой. Если что-нибудь натворит, попробуй разберись кто он и откуда (куда депортировать?). В конце концов отпускают.

Полгода сидел в тюрьме; взяли в Женеве, на улице. Какой-то хмырь, с которым поссорился еще в Голландии, заявил на него в полицию, что он сексуальный маньяк, серийный убийца, которого разыскивают по всей Европе. Приезжали следователи из Парижа, допрашивали. Произносит по-немецки: «Выключите, пожалуйста, свет». Но языка так и не выучил. Ни одного.

Я пересказал «Берендея», он не читал. Повеселел. «Так все и есть!» — Будто бы некоторые ради прикола называются Пушкиным Александром Сергеевичем или Лермонтовым, например. И получают документы на эти имена. Таких много на Западе, попросивших убежище. А тот, кто на него донес в полицию, — ни много ни мало Махно.

Вообще, порядочных «наших» там трудно найти — или жулики, или шизофреники (в сферах ему доступных).

Один из нас (продолжение)

В ТЮЗе сегодня премьера спектакля по Чехову, я его звал: «Пойдем посмотрим, познакомлю с ре-

жиссером, с драматургами. Там тебя все знают...»
(по «Берендею»). — Нет: ему надо спешить домой,
в Павловск — дочь обещала нарисовать голубя (он
будет продавать ангелов и голубей); завтра в дорогу, если будет поезд «бесплатный» (т.е. на котором можно с его инвалидовским удостоверением).
Главное — до Словении. «А в Европе я как рыба
в воде».

О дочке:

— Она большая. Умница. Только рожать не хочет.

— А сколько ей?

— А сколько тебе?

— 42.

— Значит, мне 41. Ей 21.

— Как-то ты странно ее возраст с моим связал.

— Я просто знаю, что я ее старше на 20 лет, а ты
меня на год. А сколько мне, забываю все время.

О Вагинове

Я открыл его сам — примерно в восьмидесятом.
Сначала стихи, потом прозу. Был заворожен «Козли-
ной песнью». Два других романа прочел в Публичке, меня только туда записали. Разыскал некролог,
нашел номер «Абракаса», где ранняя проза. Нашел
все, что печаталось, — его и о нем (не за границей).
Что-то сам попытался о нем написать, получилось
наивно. По адресной книге узнал дом и квартиру
Вагенгеймов и захотел посмотреть, кто там сейчас.
Открыл мужчина в майке. Нет, о писателе он ничего не слышал, здесь никогда не было никакого писателя. Здесь живет милиционер. Ну и хорошо.

Тогда Вагинова не переиздавали у нас, только мелькнула пара стихотворений в «Дне поэзии–67». Никто и не знал о нем. Помню ощущение: я читаю его, никому неизвестного (почти никому), и он во мне оживает...

Несколько лет назад в «Комсомолке» была заметка о неком молодом человеке, точно так же открывшего для себя Вагинова. И так же, как я, был зачарован. Я поразился сходству — вплоть до деталей. Его туда потянуло. Он тоже пошел по адресу, но был последовательнее меня — разыскал престарелую вдову, живущую с больным сыном, и как-то помог, чем сумел.

А я, когда познакомился с Веткой, показал ей свои записки о Вагинове; она их выучила наизусть и прочитала на экзамене по сценической речи, как «современную прозу» («писатель Носов»; экзаменатор о нем, понятно, не знал ничего, как и о Вагинове, но не показал вида); моя будущая жена получила пятерку и устную похвалу за «хороший выбор». — А «Козлиную песнь» читать не смогла. «Это невозможно читать».

Книга с комментариями

Э.Ф.Голлербах, удрученный падением культуры (1939), рассказывает анекдотец, не предполагая степени дотошности будущего комментатора (своего внука). — *«Какая-то учительница обратилась ко мне в библиотеке Ленгиза с вопросом: "Как вы думаете, неужели здесь нет «Бедной Лизы»"? Я пересмотрела в каталоге все карточки на Достоевского».*

Взгляд останавливает сноска. Заглядываю в примечания в конце книги: *"Бедная Лиза" — название повести (1792) Н.М.Карамзина».*

Ах, вот в чем юмор!

Далее: *«Напрасно Вы беспокоили Достоевского, — ответил я* (рассказывает Голлербах), *— посмотрите карточки на Карамзина».*

Опять сноска. *«Николай Михайлович Карамзин (1766–1826) — прозаик, историк».*

Смешно.

(Нет? Мне одному?)

Битовские булочки

Во сне — под утро — смеялся во весь голос. Подумалось еще, вот Ветка удивится, но она не услышала — уже на кухне была, детей провожала в школу. Сон был очень рельефный, хотел запомнить, но запомнил только смешное, каким мне это казалось во сне. То есть вот что. Андрей Битов, писатель, показывал, над чем он работает: булочки печет в виде буковок. Из этих булочек можно слова складывать. Тут я и засмеялся.

Дематериализация книги. Из каталога

В общекормовой базе человека и крысы книга всегда занимала особое место. Не потребляя книги физически, человек всегда находил в них источник так называемой духовной пищи. Вместе с тем книга, будучи вещественным объектом, представляла для человека определенную материальную ценность, и это обстоятельство затрудняло крысам свободный доступ к печатным изданиям. Ситуация стала меняться по мере изменений вкусовых предпочтений человека: книга, потерявшая значение источника духовной пищи, как пищевой объект оказалась востребованной крысами, и в частности серой крысой пасюк. Естественную утилизацию книги посредством употребления крысами справедливо рассматривать не только в бытовом, но и в философском аспекте: именно на примере книги мы видим, как идея объекта, воплощающего в себе духовно-материальный дуализм человеческих претензий, обретает в результате дематериализации объекта абсолютную чистоту и беспримесность и вместе с тем становится фатально не познаваемой.

Композиция демонстрирует стадии дематериализации книги.

Объект № 1. Образец цельной книги, до сих пор не подвергнутой физическому обгрызанию. Полная сохранность всех элементов изделия. (100×160).

Объект № 2. Книга, употребленная одной или двумя крысами, возможно, сравнительно сытыми. Спецификация: сборник «День Поэзии 1990» — изначально для чтения. Первая степень обгрызанности. Незначительное повреждение текста на стр. 3, 9 и 14 (потери от одной до трех букв в нижней строке). Двуочаговая дематериализация книжной массы в пределах нижних полей первых пятидесяти страниц. (200×260).

Объект № 3. Книга, употребленная активной крысой. Спецификация: сборник очерков неизвестного автора «Их имена забыться не должны» — изначально для чтения. Вторая степень обгрызанности. Имя автора утрачено целиком. Диагональная дематериализация книжной массы со стороны верхнего правого угла изделия с потерей порядка 15% текста и 20% общего объема изделия. (125×170).

Объект № 4. Книга, употребленная голодными крысами. Спецификация: очерки с предположительным названием «Н.А.Римский-Корсаков на Псковщине» неизвестного автора — изначально для чтения. Третья степень обгрызанности. Утрачено имя автора и значительная часть названия книги. Фронтальная дематериализация книжной массы со стороны верхнего края, а также по периферийным направлениям со значительной потерей текста и общего объема изделия. (125×165).

Объект № 5. Книжная труха — вещественный след тотальной дематериализации книги (изначально для чтения) посредством ее употребления крысами. Сведения о книге, равно как и содержание изделия, утрачены целиком. (0,3 л).

Китайская тема

Однозначно: этой ночью — Конфуций (третьего дня купленный женой в «Буквоеде»). Не спится. Взял — открыл где открылось. Жена моя тоже не спит. Конфуция будет читать на работе. Мы оба не спим — Митька летит в Китай. Трудно представить: в Китай. Это как на другую планету. Пятнадцать часов перелета, с посадкой в Новосибирске. Наверное, он уже в небесах Поднебесной. У нас три часа ночи. У них уже утро. Если не день.

Князь Дин-гун спросил: «Как государь должен обходиться с чиновниками и как последние должны служить государю?» Философ ответил: «Государь должен обходиться с чиновниками вежливо, а чиновники должны служить ему с преданностью».

Хороший завет.

Минувшим днем сняли несколько высокопоставленных чиновников, связанных с мебельной мафией. Одного — из администрации самого государя, прямо в Кремле.

А ближе к ночи (Митька летел уже за Уралом) застрелили крупного чиновника Центрального банка — в ранге министра. Видел в ночных новостях: кровь на асфальте. Сказано: это лично ему четыре десятка коммерческих банков обязаны лишением лицензий.

Забыл передать просьбу Павла Крусанова привезти из Китая жука. Крусанов собирает жуков. Вечером он мне позвонил: «Разве я не передавал коробочку?»

Учение без размышления бесполезно, но размышление без учения опасно.

Была у них, помню, кампания (помню из школьного детства) — критика Конфуция и Линь Бяо. Нет: критика Линь Бяо и Конфуция. А кто такой Линь Бяо, не вспомнить уже.

Ночью еще (еще — потому что сентябрь) мешают спать комары — городские, неуловимые, днем находящие убежище на потолке.

Не знаю, можно ли вывозить из Китая жуков, хотя бы и мертвых.

Законы у них суровые. Подозреваю, нельзя.

Китай от нас далеко.

Нам далеко до Китая.

На рынке

Они лежали рядом с весами. Ветка спросила:

— Бараньи?

— Нет, говяжьи, — ответила продавщица и стала рассказывать, как их готовят. — Вообще-то, это больше для мужчин, а не для женщин.

— Сейчас нет никаких мужчин, — сказала женщина, разглядывающая филе.

— Ну не скажите, — Ветка сказала.

Все посмотрели на меня.

— Значит, вам повезло, — сказала женщина.

— Если мужчину мясом кормить, он и будет мужчиной, — сказала продавщица.

Обсуждали мужчин.

— Если любит, то и мужчина...

Между тем Ветка продолжала коситься на говяжьи яйца. Я испугался, что купит.

— Пойдем.

Увел.

На рынке (продолжение)

С этой же продавщицей у меня был разговор месяц назад. Попросил мясо получше, «а то жена домой не пустит». Она восприняла мои слова очень серьезно:

— Какие мужчины пошли пугливые!

И добавила:

— Были бы с женщинами строже, все бы у нас по-другому было!

Будем стоять

Сон Коли Федорова. — Двор. Снег. Огромная очередь. Федоров, я и Григорьев стоим где-то в хвосте. Снимают фильм по моему сценарию, и эта очередь — тех, кто пробуется на главную роль. Григорьев и Коля пытаются уговорить меня воспользоваться положением (я ж автор сценария) и пройти так, в обход... А я не хочу. Вот и стоим.

Ночное

Друг-писатель попросил сочинить стишок в роман — «про животных». Не помню, оглашено ли было в частном порядке, но поутру на трезвую голову вспомнилось:

Покрыли землю плиткой,
а мне ползти, ползти,
о Господи, улиткой,
улиткою, прости.

Сон о моей повести

Что было сначала, уже не вспомню. Что-то было. Я где-то не дома. Передо мной книги — их пять, толстенькие, в бумажных обложках. На каждой свой номер. Сборники чего-то художественного. Я знаю, там, во втором — рецензия на мою повесть. Надо бы прочитать. Листаю, нахожу, вот она. Короткие строчки, иногда лесенкой. Первую страницу рецензент посвятил себе самому. Пишет о своих заслугах. Он сконструировал печь, которую сейчас внедряют в Соединенных Штатах. Перелистываю. А вот и обо мне. Повесть ему, говорит, понравилась. Он удивлен: я для него новое имя. Кто я — не знает он — писатель? инженер? строитель?.. Далее рецензент распространяется об особенностях своего восприятия, но как-то очень сумбурно. Я вчитываюсь, я добросовестно пытаюсь понять смысл его рассуждений. А смысла никакого нет. Набор фраз. Начинаю сначала и — опять вязну в тексте, уже не могу разобрать ни одного слова. Абракадабра. Внезапно догадываюсь, что моя повесть напечатана в этом же сборнике. Листаю, ищу. Ага! Вот моя фотография: подбородок и часть бороды, остальное не влезло. Недоумеваю, почему поместили такую? Это же брак! Вижу название и ужасаюсь: «Предназначение человека». Они изменили название! Кто им позволил!?. Так по-дурацки я никогда не назову свою повесть!.. Я возмущен. Хочу вспомнить — мое, настоящее — и не могу!.. Почему я забыл? Где она?.. Почему вместо нее что-то другое? Вот страница, сложенная гармошкой... Разворачиваю — длинная лента — подборка стихов каких-то поэтов... Где моя повесть? О чем она? Мне страшно за повесть, я боюсь ее потерять. Изнуряю рассудок, вспоминая, о чем же я написал, — долго, отчаянно — до самого пробуждения, — в момент которого вдруг понимаю, что повести нет.

Давай посмеемся

Первый. Мы давно не смеялись. Давай посмеемся.

Второй. Давай.

Первый. Начинай. Ты первый.

Второй. Сейчас.

Первый. Ну?

Второй. Сейчас.

Первый. Ну?

Второй. Подожди минутку. Сейчас.

Ждут минутку.

Второй. Что-то не очень.

Первый. Не смешно? Разве тебе не смешно?

Второй. Не очень смешно.

Первый. И мне не смешно.

Второй. Помолчим.

Молчат четыре минуты.

Первый. Давай посмеемся.

Второй. Теперь ты.

Первый. Сейчас.

Молчат шесть минут.

Первый. Вот.

Второй. Готов?

Первый. Готов.

Молчат полторы минуты.

Первый. Я смеюсь.

Второй. Ты смеешься?

Первый. Смеюсь!

Второй. Но ты не смеешься.

Первый. Смеюсь!

Второй. Я не слышу твоего смеха.

Первый. Я смеюсь внутри себя — внутренним смехом!

Второй. А разве внутри тебя есть еще один ты?

Первый. Почему же «еще один»? Тот же самый.

Второй. Тот же самый и внутри тебя?

Первый. По-твоему, я есть только снаружи? Нет, я есть и внутри. Я есть, и я смеюсь. Внутри себя! Я хохочу!

Второй. И ты его слышишь? Собственный хохот?

Первый. Слышу. А как же? Внутренним слухом.

Второй. А внешним?

Первый. Внешним слышу тебя.

Второй. Это самообман. Ты не смеешься.

Первый. Смеюсь.

Второй. Я не верю.

Первый. Смеюсь.

Второй. Может быть, ты плачешь.

Первый. Смеюсь!

Второй. Нет, не смеешься.

Первый. Смеюсь и смеюсь. Хохочу.

Молчат четыре минуты.

Второй. И над чем ты смеешься?

Первый. Над всем. Над мироустройством, над человечеством.

Второй. Значит, надо мной решил посмеяться.

Первый. Ты-то при чем?

Второй. Я тоже принадлежу роду людскому.

Первый. Я смеюсь над человечеством в целом.

Второй. Ты эгоист.

Первый. Это не так.

Второй. Ты смеешься один.

Первый. Присоединяйся. Вдвоем веселее.

Второй. Но мне не смешно.

Первый. А мне очень смешно.

Второй. А мне не смешно. Слышишь, я плачу!

Первый. Не слышу. Наверное, внутренний плач?

Второй. Я плачу, я плачу навзрыд!

Первый. А я смеюсь.

Второй. Мне жалко тебя. Я плачу навзрыд.

Первый. А я смеюсь.

Второй. Мне жалко тебя и себя. И все, над чем ты смеешься.

Первый. А я смеюсь.

Второй. А я плачу, я плачу, и ты меня не заставишь не плакать!

Молчат.

Литературно-художественное издание

Носов Сергей Анатольевич

ПОСТРОЕНИЕ КВАДРАТА НА ШЕСТОМ УРОКЕ

16+

Главный редактор *Елена Шубина*
Редактор *Алла Шлыкова*
Корректоры *Екатерина Кулагина, Надежда Шакурова*
Младший редактор *Вероника Дмитриева*
Компьютерная верстка *Елены Илюшиной*

Подписано в печать 03.11.2017. Формат 84x108/32.
Печать офсетная. Усл. печ. л. 18,48.
Тираж 2 000 экз. Заказ 5703/17.

http://facebook.com/shubinabooks

http://vk.com/shubinabooks

ООО «Издательство АСТ»
129085 г. Москва, Звездный бульвар, д. 21, строение 1, комната 39
Наш электронный адрес: www.ast.ru
E-mail: astpub@aha.ru

Отпечатано в соответствии с предоставленными материалами
в ООО "ИПК Парето-Принт", 170546, Тверская область
Промышленная зона Боровлево-1, комплекс №3А
www.pareto-print.ru

«Баспа Аста» деген ООО
129085 г. Мәскеу, жұлдызды гүлзар, д. 21, 1 құрылым, 39 бөлме
Біздің электрондық мекенжайымыз: www.ast.ru
E-mail: astpub@aha.ru

Қазақстан Республикасында дистрибьютор және өнім бойынша арыз-талаптарды
қабылдаушының өкілі «РДЦ-Алматы» ЖШС, Алматы қ.,
Домбровский көш., 3 «а», литер Б, офис 1.
Тел.: 8(727) 2 51 59 89,90,91,92, факс: 8 (727) 251 58 12 вн. 107;
E-mail: RDC-Almaty@eksmo.kz
Өнімнің жарамдылық мерзімі шектелмеген.

Алексей Сальников

ПЕТРОВЫ В ГРИППЕ И ВОКРУГ НЕГО

Роман

«Пишет Сальников как, пожалуй, никто другой сегодня, а именно — свежо, как первый день творения. На каждом шагу он выбивает у читателя почву из-под ног, расшатывает натренированный многолетним чтением "нормальных" книг вестибулярный аппарат.

Все случайные знаки, встреченные гриппующими Петровыми в их болезненном полубреду, собираются в стройную конструкцию без единой лишней детали. Из всех щелей начинает сочиться такая развеселая хтонь и инфернальная жуть, что Мамлеев с Горчевым дружно пускаются в пляс, а Гоголь с Булгаковым аплодируют».

Галина Юзефович

Михаил Шишкин

ПАЛЬТО С ХЛЯСТИКОМ

Михаил Шишкин — прозаик, автор романов «Записки Ларионова», «Взятие Измаила», «Венерин волос», «Письмовник» и литературно-исторического путеводителя «Русская Швейцария», лауреат премий «Большая книга», «Русский Букер» и «Национальный бестселлер». В книге короткой прозы «Пальто с хлястиком» пишет о детстве и юности, прозе Владимира Набокова и Роберта Вальзера, советских солдатах и эсерке Лидии Кочетковой... Но главным героем — и в малой прозе это особенно видно — всегда остаётся Слово.

«В первый раз я тогда испытал это удивительное чувство. Впервые всё замкнулось, стало единым целым: и пальто с хлястиком, и беззубая улыбка Бобби Кларка, и сугроб Роберта Вальзера, и тот раздолбанный 77-й автобус, который когда-то не дотянул до Дорогомиловской, и пришлось топать по лужам. И я, печатающий сейчас на моем ноутбуке эти слова. И тот или та, кто читает сейчас эту строчку.

И единственная возможность умереть — это задохнуться от счастья».

Михаил Шишкин

Дмитрий Воденников

ВОДЕННИКОВ В ПРОЗЕ

Дмитрий Воденников — автор восьми книг стихов, «король поэтов», ведущий программы «Поэтический минимум» на «Радио России». И еще — блестящий эссеист. Более того, последние годы он так и представляется: «эссеист Дмитрий Воденников». «Поэт?» — уточняют новые знакомые. «Эссеист», — мягко поправляет Дмитрий. В этой книге собраны лучшие эссе. Так же, как и стихи, проза Воденникова удивляет редким сочетанием иронии, лиризма и пронзительной энергии.

«Мир куда сложнее, чем мы себе в нашем упрямстве разрешили знать. Мир куда больше наших рифмованных строк. Иногда что-то главное проваливается мимо них. И я бы хотел это всё, провалившееся, вытянуть. Вытянуть обратно. Вот я и тяну».

Дмитрий Воденников

Дмитрий Быков

ОДИН

Сто ночей с читателем

В книгу «Один: сто ночей с читателем» вошли разговоры о литературе, писателях и режиссерах, возникшие спонтанно, «по заказу» полуночных слушателей радио «Эхо Москвы». Дмитрий Быков — один на всех — в режиме онлайн превращает ответы на вопросы в увлекательные лекции.

Иосиф Бродский и Алексей Иванов, Александр Галич и братья Стругацкие, Осип Мандельштам и Геннадий Шпаликов, Борис Гребенщиков и Джордж Мартин, Юрий Трифонов и Томас Манн, Федор Достоевский и Людмила Улицкая…